Kohlhammer

Die Autorinnen und Autoren

Dr.'in Uta Häsel-Weide ist Professorin für Sonderpädagogische Förderung im Fach Mathematik am Institut für Mathematik der Universität Paderborn.

Dr.'in Katharina Kammeyer ist Professorin für Didaktik der Evangelischen Religionslehre unter besonderer Berücksichtigung von Inklusion am Institut für Evangelische Theologie der Universität Paderborn.

Dr.'in Iris Kruse ist Professorin für Germanistische Literaturdidaktik mit dem Schwerpunkt Sprachliche Grundbildung am Institut für Germanistik und Vergleichende Literaturwissenschaft der Universität Paderborn.

Dr.'in Désirée Laubenstein ist Professorin für Sonderpädagogische Förderung und Inklusion in der Schule mit dem Förderschwerpunkt Emotionale und Soziale Entwicklung am Institut für Erziehungswissenschaft der Universität Paderborn.

Dr. Oliver Reis ist Professor für Katholische Religionspädagogik mit dem Schwerpunkt Inklusion am Institut für Katholische Theologie der Universität Paderborn.

Dr.'in Katharina J. Rohlfing ist Professorin für Psycholinguistik am Institut für Germanistik und Vergleichende Literaturwissenschaft der Universität Paderborn.

Franz Schröer ist wissenschaftlicher Mitarbeiter in der Arbeitsgruppe Sachunterrichtsdidaktik mit sonderpädagogischer Förderung im Department Physik der Universität Paderborn.

Uta Häsel-Weide, Katharina Kammeyer,
Iris Kruse, Désirée Laubenstein, Oliver Reis,
Katharina J. Rohlfing, Franz Schröer

Inklusion verstehen

Szenen aus dem Unterricht in interdisziplinärer Reflexion

Verlag W. Kohlhammer

1. Auflage 2024

Gesamtherstellung: W. Kohlhammer GmbH, Stuttgart

Print:
ISBN 978-3-17-043024-2

E-Book-Formate:
pdf: ISBN 978-3-17-043025-9
epub: ISBN 978-3-17-043026-6

Inhaltsverzeichnis

1 Inklusion verstehen – Einleitung

Katharina Kammeyer, Uta Häsel-Weide und Désirée Laubenstein

Der Anspruch von Inklusion, gesellschaftliche Teilhabe für alle Kinder, Jugendlichen und Erwachsenen unabhängig ihrer soziokulturellen Herkunft, ihres Geschlechts, ihres Alters, ihrer Religion oder ihrer Behinderung zu ermöglichen, ist heute in vielfältigen Diskursen verankert: (schul-)politisch, gesellschaftskritisch oder wissenschaftstheoretisch. Gleichzeitig ist inzwischen offensichtlich, dass in den Praktiken der Umsetzung dieses Anspruches oder auch seiner Reflexion in wissenschaftlichen Disziplinen unterschiedliche Verständnisse aus unterschiedlichen Erfahrungshintergründen eingeschrieben sind. Sich *dem* Verständnis von Inklusion und damit geforderten Praktiken anzunähern, gilt deshalb nach wie vor als Herausforderung (vgl. KMK, 2011; Urton, Wilbert & Hennemann, 2014; Grosche, 2015). Dies ist auch darin begründet, dass von unterschiedlichen Disziplinen verschiedene und höchst uneinheitliche Bezugspunkte gesetzt werden. Konstruktiv gewendet zeigt sich darin eine Mehrperspektivität diskursiver Auseinandersetzungen je unterschiedlicher Teildisziplinen, die in einen gemeinsamen Erfahrungsraum zusammengeführt werden können, um gerade die individuellen und disziplinären Einschreibungen sichtbar und damit selbst diskutierbar zu machen. Unter dieser Prämisse entstand die Idee von Vertreterinnen und Vertretern schulbezogener Fachdisziplinen der Universität Paderborn, ihr Inklusionsverständnis zu diskutieren, Professionsbezüge herauszuarbeiten und sich auf die Suche nach einem konsensuellen Bereich zu machen, der die Beteiligten in einen zirkulären Verständigungsprozess eintreten lässt, der je unterschiedliche Wissenschaftsbezüge und Einschätzungen beobachtbarer Praxis in dem zusammenbringt, was den Titel des Projektes zielangebend prägt: Inklusion verstehen.

Unser Blick richtet sich auf das Spektrum von Unterricht als Ort des fachlichen und sozialen Lernens, geprägt durch (normative) fachdidaktische und (sonder-)pädagogische Prinzipien in der Unterrichtsplanung und -gestaltung (Guthöhrlein, Lindmeier & Laubenstein, 2020). Weil Unterricht sich als gemeinsamer Handlungs- und Erfahrungsraum konstruiert und konturiert, in dem soziale Prozesse und individuelle Bedürfnisse von und zwischen Lehrkräften und Schülerinnen und Schülern aufeinandertreffen (Proske & Rabenstein, 2018), ist die Gestalt, die Inklusion in ihm bekommt, vieldimensional und komplex. Welche Praktiken werden sichtbar im Unterricht, der sich als inklusiv versteht? Und wie lassen sich wiederum diese Praktiken verstehen?

1.1 Inklusionsbegriffe und Perspektiven

Im Beziehungsgefüge dessen, was unter Inklusion verstanden wird, bilden sich unterschiedliche Perspektiven ab, die je nach Blickwinkel den Gegenstandsbereich aus einer spezifischen Fokussierung beleuchten, so z. B. schulorganisatorisch, rechtlich, normativ, deskriptiv, fachdidaktisch oder (sonder-)pädagogisch, und dabei wiederum unterschiedliche Bezüge und Perspektiven einnehmen.

> »Die uneinheitliche Verwendung des Inklusionsbegriffs, die aus einer Vielzahl von Definitionen und Begriffsverständnissen resultiert, führt in Wissenschaft und Praxis zu unterschiedlichen Schwierigkeiten und Missverständnissen« (Egener, Scheer, Laubenstein & Melzer, 2020, S. 198)[1].

Gleichwohl handelt es sich nicht um eine reine Pragmatik, denn Inklusion ist »als Herausforderung für bildungswissenschaftliche Reflexion, didaktische Theoriebildung und empirische Forschung« (Musenberg & Riegert, 2016, S. 7) zu verstehen. Hier verdeutlicht sich bereits eine Vielfältigkeit des Verstehens unterschiedlicher (Teil-)Disziplinen, das eines Aushandlungsprozesses darüber bedarf, was denn nun Inklusion ist, was sie anstrebt, welche Handlungsstrategien sie vorgibt, welche Praktiken des Miteinanders unter einem von diesem Begriff geprägten Dach konturiert werden.

1.2 Praxistheoretisch inspirierte Annäherungen an das Verstehen inklusiven Unterrichts

Wie also nehmen Disziplinen Unterrichtssituationen unter dem Maßstab von Inklusivität wahr? Wie gelingt ein multiperspektivischer Blick auf sichtbar werdende Praktiken und Handlungsverflechtungen? Und welches Wissen lässt sich generieren aus einem solchen interdisziplinären Blick, der – so wäre es das Forschungsideal – zu einem Brennglas wird für Erkenntnisse über Bestehendes, Nötiges und Mögliches im Handlungsfeld der Heterogenität an Schulen?

Ein gelingender inklusiver Schulentwicklungsprozess scheint uns angewiesen zu sein auf diesen Brennglaseffekt Disziplinen vermittelnden Denkens, mithin auf Einigungsprozesse, die – selbst gleichsam ›inklusiv‹ – zu fassen versuchen, was Inklusion ist, sie in ihren Kulturen, Strukturen und Praktiken zu erkennen, zu benennen und zu erklären. Annäherungsversuche an ein Verstehen von Inklusion, wie sie beispielsweise in praxisnahen Publikationen zum Thema (z. B. Nöldeke, 2018) oder in Arbeitshilfen (z. B. Booth & Ainscow, 2016) vorgenommen werden, zeigen

1 Mit Blick auf die schulische Praxis beeinflussende Inklusionsverständnisse der Akteurinnen und Akteure wurde in dieser Studie ein Fragebogen zur Erfassung subjektiver Definitionen von Inklusion (FEDI) entwickelt und psychometrisch evaluiert.

vielfach starke normative Setzungen und Lenkungen, die es zumindest in Bezug auf eine gemeinsame Begriffsannäherung, Begriffsbestimmung und im Hinblick auf die zugrundeliegenden immanenten pädagogischen Praxen kritisch zu hinterfragen (vgl. Ahrbeck, 2016) und in ihren wissenschaftstheoretischen Bezügen transparent darzustellen gilt (vgl. Scheer & Laubenstein, 2018, S. 128 ff.).

Die Referenzperspektive, die in unserer Forschungsgruppe über unsere Fachzugehörigkeit eingenommen wird, ist divers, aber uns vereint ein sozialkonstruktivistischer Blick. Im Sinne sinnverstehender Unterrichtsforschung (Proske & Rabenstein, 2018) betrachten wir Unterricht als soziales Phänomen, dem sich aus unterschiedlichen Perspektiven genähert werden kann. Eine dafür genutzte und für uns in der weiteren Auseinandersetzung gewinnbringende Annäherung stellt der praxistheoretische Blick dar (Proske, 2018).

Anders als in didaktischer Perspektive wird in der Praxistheorie nicht danach gefragt, wie sich Lehr-Lernprozesse begründen, planen und umsetzen lassen. Auch steht in dem Ansatz nicht wie in Schuleffektivitäts- und Lehr-Lernforschung vor allem der Ertrag von Unterricht in Gestalt von Leistungen der Lernenden oder die Kompetenzen der Lehrpersonen als Forschungsgegenstand im Fokus. Vielmehr sind geplante, aber auch ungeplante, überraschende und ggf. unbemerkte Wirkungen des Handelns der Lehrperson und weitere, sich beeinflussende Wirkungen unterschiedlicher Akteurinnen und Akteure von Interesse. Dies können neben den verschiedenen anwesenden Personen auch Verhalten, Artefakte, mentale Zustände sein (Schäfer, 2016), die allesamt die kulturelle Ordnung von Schule prägen. Mit dem Fokus auf Praktiken entwerfen Praxistheorien ein spezifisches Verständnis von sozialer Ordnung: Sie heben die Dichotomie von Individuum und Gesellschaft auf und verorten das Soziale stattdessen auf der Ebene der Praktiken. Dadurch wird das Soziale beobachtbar und die soziale Ordnung, der für die Inklusion relevante Zustand, ausgehend von Praktiken konzeptualisiert (Schäfer, 2016, S. 40).

Diese Perspektive impliziert, dass Handlungsspielräume durch die vorhandenen Praktiken der jeweiligen Kulturen nicht unerheblich vorbestimmt sind und dass sich zugleich Umgangs- und Entwicklungsspielräume in ihnen abzeichnen. Inklusive Kulturen und Praktiken können folglich nicht schlicht »eingeführt« werden. Vielmehr ist mit Schäfer (2016, S. 10) einerseits nach Spielräumen und Handlungsmöglichkeiten der Akteurinnen und Akteure innerhalb der kulturellen Ordnung zu fragen, andererseits die Entwicklung dieser kulturellen Ordnungen, ihre Reproduktion und Transformationen zu klären.

Was aber sind Praktiken? Praktiken stellen in praxistheoretischen Perspektiven die fundamentale theoretische Kategorie dar (Schäfer, 2019). In Praxistheorien werden Praktiken als wiederkehrende Regelmäßigkeiten verstanden und ent-fachlicht. Sie sind »das Tun, Sprechen, Fühlen und Denken, das wir notwendig mit anderen teilen. […] Sie werden nicht nur *von uns* ausgeführt, sie existieren auch *um uns herum* und historisch *vor uns*« (Schäfer, 2019, S. 20). Das Denken und Tun einzelner wird also immer in Verbindung mit dem Handeln anderer gesehen, handelnde Personen nicht unabhängig von Praxis gedacht, sondern als »sozialisierte Körper«, die in enger Abhängigkeit zu den Bedingungsstrukturen der Praxis stehen (Hillenbrand, 2015, S. 439). Auf unserer Suche nach Momenten inklusiver bzw. exklusiver Schulkultur fragen wir daher nach »doing school« (Keßler, 2017) bzw.

»doing culture« und damit nach Praktiken in ihrem Vollzug. Es geht weniger um Vorhaben, Absichten und Einstellungen, sondern um die Auswirkungen derselben im Handeln von Lehrpersonen und Schülerinnen und Schülern im Rahmen dessen, was in der jeweils schulkulturell vorfindlichen Konstellation verabredet und vereinbart bzw. für die Beteiligten sinnvoll ist und womit andere am Geschehen beteiligte Personen überrascht oder irritiert werden.

Um Praktiken auszuführen, sie aufzubauen oder aufrecht zu erhalten, bedarf es mehrerer Individuen. In diesem Zusammenhang von gemeinsamen Handlungen, den Schatzki als »field of practices« bezeichnet (Schäfer, 2016, S. 11), besitzen Körperlichkeit, Materialität und Routinen für die praxeologische Sicht einen besonderen Stellenwert. Die im Handeln sichtbar werdende Logik dieser Praktiken ist daher für uns interessant, denn mit ihnen schaffen sich die Akteurinnen und Akteure »eine entsprechende ›Sinnwelt‹ [...], mit denen die Gegenstände und Personen eine implizit gewusste Bedeutung besitzen, und mit denen sie umgehen, um routinemäßig angemessen zu handeln« (Reckwitz, 2003, S. 292). Unsere Fragegestellung knüpft hier an und sucht nach Momenten, in denen solche Praktiken sichtbar werden, die den schulischen Alltag prägen. Gesucht werden gemeinsame Handlungen, die sich wiederholen und so stabil bleiben. Sie werden vor einem fachlichen Hintergrund betrachtet. Die Praxistheorie kann dabei aufzeigen, dass sich innerhalb von Kulturen Räume für Variantenbildung und somit Veränderungen entwickeln. Dies betrifft etwa die Rolle, die akademische Leistung spielt, oder das Aushandeln schulkultureller Codes insbesondere im Wechselspiel mit peerkulturellen Codes (Keßler, 2017). Adressierungen von Schülerinnen und Schülern durch Lehrpersonen lassen sich mit einem praxistheoretischen Blick als Praktiken untersuchen, die Positionierungen von Kindern und Jugendlichen als »selbstständige« oder »hilfsbedürftige« Personen bewirken bzw. »Anerkennung« verteilen oder entziehen (Reh, Rabenstein & Idel, 2011, S. 215). Die Frage nach der Verteilung von Handlungsressourcen in pädagogischen Bezügen und daraus resultierenden Praktiken, werden dabei praxistheoretisch mitgedacht (Reh et al., 2011, S. 215).

Im Kontext inklusiver Schulentwicklungsprozesse einer gleichberechtigten Bildungsteilhabe muss hier beobachtet und analysiert werden, welche Praktiken es braucht, um allen Akteurinnen und Akteuren einen zuverlässigen Handlungsrahmen zu bieten und wie diese Praktiken stabil gehalten werden können. Genauso wichtig ist aber auch die Frage, wieviel Instabilität erlaubt ist, damit ein Entfaltungsraum für Individualität entsteht. Ausgehend vom Modell der regelmäßigen Wiederholung von Praktiken fragt ein praxistheoretischer Ansatz somit einerseits nach der Stabilität des Sozialen in der Zeit. Diese geht mit einer Homogenisierung und gleichförmigen Reproduktion einer Praxis einher. Andererseits fragt ein praxistheoretischer Ansatz aber auch nach Instabilität und identifiziert diese als eine Verschiebung und eine zeitliche Transformation von Praktiken, die typisch für Individualisierung ist.

1.3 Vignetten als methodischer Zugang zu domänenspezifischen Perspektiven auf inklusiven Unterricht

Bei der Suche nach einem geeigneten methodischen Weg für einen interdisziplinären Austausch über das, was wir unter Inklusion verstehen, haben wir uns inspirieren lassen vom phänomenologischen Ansatz der Innsbrucker Vignettenforschung (Schratz, Schwarz & Westfakk-Greiter, 2012). Deren Ziel ist es, Erfahrungen von Akteurinnen und Akteuren im pädagogischen Feld (in der Schule) als »protokollierte Erfahrung *in medias res*« (Schratz et al., 2012, S. 36) sichtbar zu machen. Einzelne Erfahrungsmomente aus dem schulischen Alltag werden in Schriftvignetten explizit gemacht und gleichsam ins Licht gestellt mit dem Ziel, die Aufmerksamkeit auf etwas zu lenken, was Lehrpersonen im Alltagshandeln nicht wahrnehmen (können). Dem Versuch einer Annäherung an Ideen von Inklusion scheint dieser Ansatz in besonderer Weise zu entsprechen, weil er zum einen nah an Unterricht und darin aufgehobene Praktiken herangeht und überdies die Auswahl bedeutsamer Unterrichtsszenen und -ereignisse mit thematisiert bzw. thematisierbar werden lässt. Damit nämlich eine Vignette als verdichtete Erzählung erlebter Erfahrung entsteht, muss aus der Fülle des Beobachtbaren im Unterricht etwas ausgewählt werden. »[E]twas Entscheidendes, Einschneidendes, zuweilen Prekäres« (Schratz et al., 2012, S. 12) muss zunächst fokussiert und im Nachhinein erzählerisch aufbereitet werden.

Was aber gerät in den Fokus? Was wird ausgewählt und von der Beobachterin resp. dem Beobachter sprachlich verdichtet zur Darstellung gebracht? Weil in diesem Auswahl- und Darstellungsprozess, der zur Schriftvignette führt, aufscheint, was der schreibenden Person jeweils wichtig und bedeutsam ist, während anderes in den Hintergrund tritt und nur kurz oder gar nicht erzählt wird, liegt in der vertieften Arbeit mit Vignetten dieser hoch subjektiven Prägung hohes Potenzial für die interpersonelle und zugleich interdisziplinäre Verständigung, die wir in unserer Forscherinnen- und Forschergruppe anzielen. Indem die Vignette »nicht präzise [ist] in dem Sinne, dass sie detailgetreu abbildet, was sich im Feld tatsächlich ereignet hat« (Schratz et al., 2012, S. 35), sondern vielschichtige Einschreibungen dessen enthält, was der oder dem zunächst beobachtenden, dann schreibenden Forscherin oder Forscher wichtig ist, wird sie für uns prägnant und zu einem gehaltvollen Ausgangspunkt für weitere erkenntnisgenerierende Zugriffe.

Eine Vignette dieser Prägung beabsichtigt keine eindeutige Erklärung dessen, was beobachtet wird. In ihrer Form der Nacherzählung des Moments bringt sie vielmehr eine in ihren Details reichhaltige Beobachtung und Darstellung als Konsequenz mit sich, die sich produktiv im weiteren Forschungsprozess nutzen lässt. Dieser sieht vor, dass jede Schriftvignette einen Lektüre- und Ausdeutungsprozess innerhalb der Forschungsgruppe durchläuft, der ihr Alternativdeutungen an die Seite stellt. Indem die Rezipierenden an die Fülle der zur Verfügung gestellten Details anknüpfen und den in ihnen aufgehobenen Bedeutungsüberschuss aufnehmen und ihrerseits fortschreiben, erschließen sich nochmals weitere Bedeutungsebenen.

Verfassen von Vignetten im Projekt ›Inklusion verstehen‹

Für unseren Ansatz der Vignettenforschung erweist es sich als konstitutiv, dass der Fokus der Vignettenautorinnen und -autoren unterschiedlich sein kann und sich die Beobachtungsschwerpunkte je individuell ausrichten. Gemeinsamer Kern aller zu Vignetten führenden Beobachtungen ist der Wille, ›etwas, das mit Inklusion zu tun hat‹, einzufangen und zur Darstellung zu bringen. Während sich der Fokus der Innsbrucker Vignettenautorinnen und -autoren an den sichtbar werdenden Lernerfahrungen und -vollzügen der Schülerinnen und Schüler orientiert und damit möglichst »nah am Kind« (Schratz et al., 2012, S. 36) bleibt, ist der Blick unserer Forschungsgruppe weiter und die Fokusse sind diverser. Während einige Vignetten ›zoomen‹, also einzelne, spezifische Momente der Interaktionen einfangen, ›zappen‹ andere zwischen verschiedenen Momenten in einer Gesamtsituation, ›scannen‹ nach Irritationen und springen dabei von Momenten der Schärfe zu Momenten der Unschärfe im Bemühen, das Gesamtsystem unterrichtlicher Praxis in ihren Merkmalsausprägungen zu erfassen. Anders formuliert: Einige Vignetten haben einen monoszenischen, andere einen pluriszenischen Blick. Immer aber sind sie vieldeutig und werden aus ihrer Übercodiertheit heraus zu ›Seziertischen‹, auf denen die jeweiligen Ordnungen der Fachspezifität sichtbar werden. Sie tragen eine ›Ordnung der Blicke‹ (vgl. Reich, 1998a; 1998b) in sich, die unterrichtliche Praxen und in ihrem Netz die Akteurinnen und Akteure hervortreten lässt und hervorbringt. Im Selbstverständnis unserer Forschungsgruppe geht es dabei um die Arbeit mit Einzelfällen und um die Besonderheiten einzelner Situationen. Bezüge auf allgemeine Themen sind nur in dem Bewusstsein möglich, dass keine Verallgemeinerungen ausgehend von der vorliegenden Schilderung möglich sind.

Was fließt nun konkret in die Entstehung einer Vignette ein? Die Sprache der Anwesenden ebenso wie hörbare Geräusche und mit allen anderen Sinnen wahrnehmbare Reize, die die Gestaltung des Raumes, der Menschen im Raum und der vorfindlichen Medien betreffen. Dabei sind folgende Leitfragen, mit denen die Innsbrucker Vignettenforschung arbeitet, auch für unser Forschungsanliegen hilfreich: »Was passiert? Wer ist anwesend? Wer sagt und tut was? Wie fühlt sich das an? Wie ist die Stimmung? Was ist hörbar, sichtbar, spürbar? Welche Blicke, Bewegungen, Töne, Klänge [sind wahrzunehmen]? Welche Bilder entstehen? Gibt es eine Wende? Was markiert den Schluss? Was bleibt offen?« (Schratz et al., 2012, S. 38).

Es bleibt die Frage, wie das Anliegen erreicht werden kann, sich vor Analysen und Interpretationen zu hüten und vor allem darzustellen. Während die Innsbrucker Gruppe die Vignette im Team auf ihre Resonanz geprüft und gemeinsam weiterentwickelt hat, liegt die Verantwortung für Form und Inhalt jeder einzelnen Vignette unserer Forschungsgruppe jeweils bei deren Verfasserin resp. deren Verfasser, die bzw. der zugleich auch die Beobachterin resp. der Beobachter der zur Darstellung kommenden Situation ist. Dadurch gelingt es den jeweils spezifischen Blick der bzw. des Vignettenschreibenden, geprägt durch die jeweilige Forschungsrichtung, den persönlichen (fach-)sprachlichen Ausdruck und den je eigenen Blick auf die eingefangene Unterrichtssituation deutlich zu Tage treten zu lassen.

Die Frage, wie viel Hintergrundinformationen über die sicht- und hörbar gewordenen Szenen notwendig sind, was also an Unterrichtshandeln vor der gewählten Momentaufnahme geschah und wie die beteiligten Kinder bzw. Jugendlichen beschrieben wurden, hat die Diskussionen unserer Gruppe bewegt. Ist es hilfreich, Kenntnisse über medizinische und pädagogische Diagnosen und Förderschwerpunkte zu erhalten und diese in den Vignetten oder Lesarten zu nennen? Brauchen wir Beschreibungen dessen, was Kinder und Jugendliche inhaltlich konnten und wussten, um genauer zu fassen, was in den beschriebenen Situationen erfahren/erlebt/gelernt wurde? Oder dienen diese Rahmeninformationen eher dem Denken in Vorerwartungen und verstellen den Blick?

Wir haben uns ebenso wie die Innsbrucker Gruppe dafür entschieden, in einem ersten Schritt auf die Darstellung dieser Rahmenbedingungen zu verzichten, um die Offenheit der Interpretationswege bewusst zu erhalten. Statt des gewohnten didaktischen Blicks und des Bemühens um das Planen von nachvollziehbaren Lernschritten steht hier der durch die Praxistheorie herausgeforderte Blick im Vordergrund, der unabhängig von geplanter und vermeintlich gewusster Ausgangslage danach sucht, was wirkt. Auf eine Einordnung der Situation wird verzichtet, weil mehr Faktoren in die Lernerzählungen einfließen, als dargestellt und vergleichend rückverfolgt werden könnten. Das Innsbrucker Autorinnen- und Autorenteam merkt an:

> »Der Wunsch, Bescheid zu wissen, wird von der Vignette nicht erfüllt, weil sie nicht didaktisch angelegt ist. Vielmehr öffnet die Vignette eine Tür in eine Erfahrungswelt, die unklar und mehrdeutig ist« (Schratz et al., 2012, S. 44).

Die Bereitschaft, Offenes auszuhalten und fragend zu lesen, wird diesem Vignettenforschungsprinzip zufolge als professionelle Haltung angesehen. Mit Sichtweisen konfrontiert zu werden, die der eigenen didaktischen Absicht widersprechen, löst dabei Erfahrungen aus, die »widerständig mit uns umgehen« (Schratz et al., 2012, S. 46), so die praxistheoretisch anmutende Formulierung. Während der didaktische Blick geübt darin ist, gelernte Antworten zu geben, fordert die Arbeit mit der Vielfalt der Interpretationen einer Vignettensituation dazu auf, umzulernen und auszuhalten, dass die Vielschichtigkeit didaktischen Handelns viele Fragen herausfordert.

Lesarten zu Vignetten im Projekt ›Inklusion verstehen‹

Eindeutige Interpretationen von Vignetten sind mithin weder möglich noch gewollt:

> »Vignetten verhindern, falls ihnen die Verdichtung gelungen ist, eine unmittelbare Interpretation. Weil wir stets mehr gesehen haben und wissen, als wir sagen können, erzeugen wir im Vignettenschreiben unbemerkt Überschüsse für die Lesenden« (Meyer-Drawe & Schwarz, 2015, S. 128).

Die Fülle der Vignette und ihre Offenheit für Assoziationen, die durch sie ausgelöst werden, macht sie zu einem gewinnbringenden Text für ihre Leserinnen und Leser. Diese bleiben an einzelnen Passagen oder Aussagen hängen, die eine Reaktion, eine Idee, eine Empfindung auslösen. Die Polyphonie der Vignette »ruft Resonanzen hervor, die zum schreibenden Erläutern drängen, das sich in den Lektüren niederschlägt oder festsetzt, die verschriftlichen Schatten der eigenen Erfahrungen, Stellungnahmen oder das Beziehen eines Standortes im Rahmen einen gegebenen Horizontes sein können« (Bauer & Schratz, 2015, S. 172). Dabei wird keine Analyse nach einem vorgegebenen Schema vorgenommen und es werden auch keine vergleichbaren Kategorien generiert, sondern die Vignette wird gelesen und die hervorgebrachten Assoziationen, Fragen, Irritationen werden als sogenannte Lesart (schriftlich) formuliert.

Perspektivvielfalt ist bei der Verfassung von Lesarten ein wichtiges Thema des Wechselspiels von Vignettentext und Lesarten. Die Innsbrucker Gruppe betont, nicht vom konkreten Beispiel auf allgemeine Diskussionen und Aussagen zu verweisen, sondern auf die geschilderte Erfahrung wiederum mit »Erfahrungen, die wir kennen« (Schratz et al., 2012, S. 38), zu antworten. Es geht darum, »die Fülle und Reichhaltigkeit von Erfahrung, die sich in ihnen artikuliert, auszudifferenzieren und in möglichst vielen Facetten und in unterschiedlichen Lektüren zu zeigen« (Schratz et al., 2012, S. 39).

Leitend für Lesarten sind deshalb Betrachtungen dessen, was sich in Vignetten zeigt, hervorgehoben, also sichtbar gemacht wird oder verborgen bleibt. Die Lesarten sind gleichwohl auch geprägt, was die lesenden Personen anspricht, bewegt, irritiert und berührt. In der Lesart formulieren die Lesenden diesen je ihrem eigenen, von Erfahrungen geprägten Blick. Diese wird – soweit der eigenen Reflexion zugänglich – durch das explizite Rekurrieren auf theoretische Rahmungen expliziert und mit in einen wissenschaftlichen Diskurs gebracht. In diesem Feld des Resonanzraumes zwischen Vignette und Lesart mit Blick auf das Verständnis von Inklusion eröffnen sich dabei im interdisziplinären Diskurs fachtheoretische, fachdidaktische und professionsspezifische Schärfen und Unschärfen, Differenzen, Divergenzen und gemeinsame Verständnisse von inklusiven Praktiken in unterrichtlichen Settings. Der praxistheoretische Blick wird dabei immer als eine der Perspektiven eingenommen.

Lesartenantworten im Projekt ›Inklusion verstehen‹

Die schriftlichen Lesarten, die von Mitgliedern unserer Forscherinnen- und Forschergruppe verfasst wurden, werden wiederum gelesen. Und die Lektürewirkung, die von diesen resonanten Texten ausgeht, ist erneut von entscheidender Bedeutung für den Prozess der interpersonalen und -disziplinären Verständigung. Wie wirken die Lesarten auf die Vignettenschreibenden zurück? Löst die in der Lesart sichtbar werdende Wirkung der Vignette Irritationen, Bestätigungen, neue Assoziationen aus? Überrascht das, was andere in der Vignette gesehen haben? In welchem Verhältnis steht es zur eigenen Wahrnehmung und zu den eigenen Empfindungen? So wie die Vignette selbst, werden auch die Lesarten zu einem Klangkörper, dessen Schwingungen aufgenommen werden und auf die in einem neuerlichen Text reagiert wird: Die Verfasserin resp. der Verfasser der Vignette antwortet auf die Lesarten mit einem Antworttext, den wir im Rahmen unseres Projektes als »Lesartenantwort« bezeichnen. Resultiert aus den Eindrücken, die in den Lesarten vermittelt werden, eine Veränderung des eigenen Blicks auf die zur Darstellung gebrachte

Szene? Weiten die disziplingeprägten Blickwinkel die eigene Perspektive? Steht die erlebte und ausgewählte Szene womöglich in einem anderen neuen Licht? Die Lesartenantworten tun das, was ihren Namen prägt: Sie versuchen Antworten zu geben auf diese Fragen, die die Lesarten aufwerfen und geben damit Auskunft über deren subjektiv empfundene Wirkung.

Mit den Lesartenantworten, die eine methodische Fortschreibung der Forschungspraktiken der Innsbrucker Vignettenforschung darstellen, komplettiert sich ein Textpaket, das wir als »Vignettenbündel« bezeichnen. Ein solches Bündel enthält 1. eine Vignette, 2. drei Lesarten und 3. eine Lesartenantwort.

1.4 Entstehung, Aufbau und Einsatzmöglichkeiten des vorliegenden Buches

Die vorliegende Sammlung von insgesamt fünf Vignettenbündeln aus Vignetten, Lesarten und Lesartenantworten ist Produkt eines zweijährigen gemeinsamen Weges von Kolleginnen und Kollegen unterschiedlicher Disziplinen der Universität Paderborn. Der Entstehungsprozess von der gemeinsamen Idee, der Entstehung der ersten Vignetten, ihrer fachspezifischen Lesarten, der zunehmenden Ausschärfung und immer stärker praxistheoretischen Prägungen der Sichtweise der Gruppe und der Lesarten bis zum vorliegenden Buch, das dem Gesamtkorpus aller Vignettenbündel den Versuch einer kategorienbildenden praxistheoretisch grundierten Gesamtlesart (Kapitel 5) hinzufügt, kann als organisch charakterisiert werden. Erste Vignetten und Lesarten entstanden, während sich die Zusammensetzung der Paderborner Gruppe final formierte und sich das Vorgehen des Umgangs mit den Texten und der Form des gemeinsamen Diskurses ausschärfte. Es fand also keine Pilotierung im engen Sinne statt, sondern die Gruppe begab sich auf einen gemeinsamen Weg, begeistert von neuen Perspektiven im interdisziplinären Diskurs. Im Fokus stand hierbei die Frage nach einem Verständnis von Inklusion und seiner unterrichtlichen Praktiken. In diesem intensiven Austausch rückten Schärfen und Unschärfen pädagogischer Denkkonstrukte und Alltagsroutinen in den Mittelpunkt der Betrachtung der Gruppe, die maßgeblich den Prozess der Gestaltung bestimmten. Begleitet wurden die inhaltlich anregenden Diskurse, der Austausch der Lesarten, ein sich zunehmendes Offenbaren und Verstehen der Sichtweisen vom Ringen um ein stringentes methodisches Vorgehen.

Legt man einen für alle Vignettenbündel gleichermaßen eingehaltenen Prozess von

1. Einfangen der Vignetten im Erleben inklusiven Unterrichts,
2. individuellen Erstellen von Lesarten aus den drei unterschiedlichen Disziplinen mit
3. nachfolgendem Diskurs in der Paderborner Gruppe und einer

4. anschließenden Formulierung der Lesartenantwort

zugrunde, kann das Vorgehen methodisch zufriedenstellen. Dabei musste sich auch unsere Forschungsgruppe der Herausforderung der durch die Corona-Pandemie bedingten Schulschließung stellen, da fraglich war, wie nun Vignetten eingefangen werden konnten. Dies wurde produktiv gewendet und durch das Aufnehmen einer Vignette aus dem Homeschooling sichtbar gemacht.

Gerahmt von Einleitungs- und Diskurskapitel finden sich im Buch die fünf Vignettenbündel. Die Reihenfolge ihres Abdrucks entspricht der Chronologie ihrer Entstehung. Die Lesarten und die Lesartenantworten wurden vor der Veröffentlichung in diesem Buch von ihren Verfasserinnen und Verfassern insofern überarbeitet, dass Quellen stringent ausgewiesen, theoretische Bezüge expliziert und sprachliche Anpassungen vorgenommen wurden.

Die einzelnen Vignettenbündel sind unabhängig voneinander zu lesen und zu verstehen. Gerne sind Sie, liebe Leserin, lieber Leser, eingeladen, in einem chronologischen Lesen unserem zunehmenden praxistheoretischen Verständnis nachzuspüren. Die Vignetten können jedoch aus den Bündeln herausgelöst werden und als eigene Textsorte auf ihre Lesenden wirken. Sie laden ein, selbst (schriftliche) Lesarten zu verfassen, auszutauschen und diese mit den Vorliegenden zu kontrastieren. Die Bündel können anregen, eigene Bündel einer Gruppe zu erstellen und so einen eigenen Weg des Verstehens von Inklusion zu gehen.

Literatur

Ahrbeck, B. (2016). *Inklusion. Eine Kritik* (3., aktualisierte Auflage). Stuttgart: Kohlhammer.

Bauer, C. & Schratz, M. (2015). Phänomenologisch orientierte Vignettenforschung. Eine lernseitige Annäherung an Unterrichtsgeschehen. In M. Brinkmann, R. Kubac & S. S. Rödel (Hrsg.), *Pädagogische Erfahrung. Theoretische und empirische Perspektiven* (S. 159–180). Berlin, Heidelberg: Springer.

Booth, T. & Ainscow, M. (2016). *Index für Inklusion: Ein Leitfaden für Schulentwicklung.* Weinheim: Beltz.

Egener, L., Scheer, D., Laubenstein, D. & Melzer, C. (2020). Entwicklung und psychometrische Evaluation eines Fragebogens zur Erfassung subjektiver Definitionen von Inklusion (FEDI). In M. Grosche, J. Decristan, K. Urton, N. C. Jansen, G. Bruns & B. Ehl (Hrsg.), *Sonderpädagogik und Bildungsforschung – Fremde Schwestern?* (S. 198–204). Bad Heilbrunn: Klinkhardt.

Grosche, M. (2015). Was ist Inklusion? Ein Diskussions- und Positionsartikel zur Definition von Inklusion aus Sicht der empirischen Bildungsforschung. In P. Kuhl, P. Stanat, B. Lütje-Klose, C. Gresch, H. A. Pant & M. Prenzel (Hrsg.), *Inklusion von Schülerinnen und Schülern mit sonderpädagogischem Förderbedarf in Schulleistungserhebungen* (S. 17–39). Wiesbaden: Springer.

Guthöhrlein, K., Lindmeier, C. & Laubenstein, D. (2020). *Unterrichtsentwicklung und Unterrichtsgestaltung.* Stuttgart: Kohlhammer.

Hillebrandt, F. (2015). Praxistheorie und Schulkultur. Identifikation und Analyse schulischer Praktiken. In J. Böhme, M. Hummrich & R.-T. Kramer (Hrsg.), *Schulkultur. Theoriebildung im Diskurs* (S. 429–444). Wiesbaden: Springer.

Keßler, C. I. (2017). *Doing School. Ein ethnographischer Beitrag zur Schulkulturforschung.* Wiesbaden: Springer.

KMK, Sekretariat der Ständigen Konferenz der Kultusminister der Länder in der Bundesrepublik Deutschland (2011). Inklusive Bildung von Kindern und Jugendlichen mit Behinderungen in Schulen.

Meyer-Drawe, K. & Schwarz, J. F. (2015). (Über-)Sehen, (Über-)Hören, Zuschreiben. Lernende im Licht und im Schatten der Aufmerksamkeit. In M. Brinkmann, R. Kubac & S. S. Rödel (Hrsg.), *Pädagogische Erfahrung. Theoretischen und empirische Perspektiven* (S. 125–142). Wiesbaden: Springer.

Musenberg, O. & Riegert, J. (2016). *Didaktik und Differenz.* Bad Heilbrunn: Klinkhardt.

Nöldeke, T. (2018). *Inklusion: Ganz oder gar nicht. Wie wir das gemeinsame Lernen retten können.* Göttingen: Vanderhoeck & Ruprecht.

Proske, M. (2018). Wie Unterricht bestimmen? Zum Unterrichtsbegriff in der qualitativen Unterrichtsforschung. In M. Proske & K. Rabenstein (Hrsg.), *Kompendium Qualitative Unterrichtsforschung. Unterricht beobachten – beschreiben – rekonstruieren* (S. 27–62). Bad Heilbrunn: Klinkhardt.

Proske, M. & Rabenstein, K. (2018). Stand und Perspektiven qualitativ sinnverstehender Unterrichtsforschung. Eine Einführung in das Kompendium. In M. Proske & K. Rabenstein (Hrsg.), *Kompendium Qualitative Unterrichtsforschung. Unterricht beobachten – beschreiben – rekonstruieren* (S. 7–24). Bad Heilbrunn: Klinkhardt.

Reh, S., Rabenstein, K. & Idel, T. S. (2011). Unterricht als pädagogische Ordnung. Eine praxistheoretische Perspektive. In W. Meseth, M. Proske & F.-O. Radtke (Hrsg.), *Unterrichtstheorien in Forschung und Lehre* (S. 209–222). Bad Heilbrunn: Klinkhardt.

Reich, K. (1998a). *Die Ordnung der Blicke.* Band I. München: Luchterhand.

Reich, K. (1998b). *Die Ordnung der Blicke.* Band II. München: Luchterhand.

Reckwitz, A. (2003). Grundelemente einer Theorie sozialer Praktiken. Eine sozialtheoretische Perspektive. *Zeitschrift für Soziologie,* 32 (4), 282–301.

Schäfer, H. (2016). Einleitung. Grundlage, Rezeption und Forschungsperspektiven der Praxistheorie. In H. Schäfer (Hrsg.), *Praxistheorie. Ein soziologisches Forschungsprogramm* (S. 9–25). Bielefeld: transcript.

Schäfer, H. (2019). Konstruktivismus und Praxistheorie. In G. Büttner, H. Mendl, O. Reis & H. Roose (Hrsg.), *Praxis des Religionsunterrichts* (Jahrbuch für konstruktivistische Religionsdidaktik, Band 10) (S. 19–29). Babenhausen: Ludwig Sauter.

Scheer, D. & Laubenstein, D. (2018). *Schulische Inklusion entwickeln. Arbeitshilfe für Schulleitungen.* Stuttgart: Kohlhammer.

Schratz, M., Schwarz, J. F. & Westfall-Greiter, T. (2012). *Lernen als bildende Erfahrung. Vignetten in der Praxisforschung.* Innsbruck: Studien-Verlag.

Urton, K., Wilbert, J. & Hennemann, T. (2014). Der Zusammenhang zwischen der Einstellung zur Integration und der Selbstwirksamkeit von Schulleitungen und deren Kollegien. *Empirische Sonderpädagogik,* 6 (1), 3–16.

2 Lesartenbündel zur Vignette »Kommt jetzt bitte mal besoffen!«

2.1 Vignette aus dem Deutschunterricht »Kommt jetzt bitte mal besoffen!«

Iris Kruse

Zu Unterrichtsbeginn am heutigen Donnerstagmorgen steht in der 2a der sogenannte »Lernwörtertest« an. Zehn gelernte Wörter sollen den Kindern diktiert werden. Dafür sitzen alle Kinder der Klasse an ihren Tischen und bekommen von der Lehrerin ein kleines Schreibblatt ausgehändigt, auf dem Linien für genau zehn Wörter vorhanden sind. Bevor es mit dem Wörterschreiben losgehen kann, werden zunächst noch Sichtschutzmauern aufgebaut. Routiniert stellen die Kinder Schulranzen in die Mitte der Tische und stellen vor sich ihre Federmäppchen auf. Wahre Schreibfestungen entstehen, innerhalb derer sich die solchermaßen vereinzelten Kinder über ihre Blätter beugen. Sogar Maxi, der an einem von den anderen abgerückten Einzeltisch vorn vor der Wandtafel sitzt, hat sein Federmäppchen aufgestellt und kauert sich dahinter. Die Lehrerin diktiert das erste zu schreibende Wort. Es lautet passend zur Jahreszeit *Winter.* Es ist still im Raum. Die Kinder schreiben konzentriert. Auch Maxi schreibt. Nachdem er seine Buchstaben zu Papier gebracht hat, reckt er sich und ruft laut und vernehmlich »Das zweite Wort ist besoffen!« Die Lehrerin ignoriert seinen Einwurf und formuliert in der auch von Maxi benutzten Wendung den Schreibauftrag für das zweite Wort: »Das zweite Wort ist … Silvester.« Wieder herrscht konzentrierte Schreibstille. Nach einer kleinen Weile flüstert Maxi leise, aber doch vernehmlich hinter seiner Federmäppchen-Wand: »So, und jetzt kommt besoffen.« Das Wort, das die Lehrerin diktiert, lautet »und«. Maxi kommentiert dies mit dem Ausruf »uuuund: besoffen!«, dann aber schreibt er, was diktiert wurde. Allerdings nur, um unwesentlich später zu rufen »Kommt jetzt bitte mal besoffen?«. Die Lehrerin, die bereits in unmittelbarer Nähe zu Maxis Tisch stand, tritt jetzt direkt zu ihm, legt die Hand auf seine Tischplatte und sagt scharf: »So, Maxi, jetzt reicht's! Du bist jetzt ruhig!« Das Diktat schreitet voran. Die Wörter *Ferien*, *lesen*, *zwölf*, *Kalender*, *wünschen*, *Schnee* und *glänzen* kommen mehr oder weniger richtig auf die Schreibblätter der Kinder. Nach jedem diktierten Wort formt Maxi mit seinen Lippen deutlich erkennbar das Wort *besoffen.*

2.2 Eine Lesart zu Spannungsmomenten zwischen Struktur und Partizipation im inklusiven Unterricht

Franz Schröer und Claudia Tenberge

Situationsbeschreibung – Leistungsüberprüfung oder Übungssituation

Die Vignette vermittelt den Eindruck, eine Situation der Leistungsüberprüfung/-kontrolle zu beschreiben, wobei die Formulierung offenlässt, inwiefern dies tatsächlich der Fall ist. Eingangs ist zwar von einem ›Lernwörter*test*‹ die Rede, typische Elemente für dieses *Ritual*, wie das Einsammeln der Zettel im Anschluss sind aber nicht ausformuliert bzw. könnten auch im Anschluss an die beschriebene Situation stattfinden. Der ritualisierte, also in seiner Struktur quasi automatisierte Handlungsvorgang wird, so die Beschreibung, in seinem typischen Ablauf unterbrochen, wobei die Unterbrechung durch ein aus Sicht der Lehrperson nicht angepasstes Verhalten durch den Schüler Maxi ausgelöst wird. Die strukturgebenden Elemente des Rituals, maßgeblich die Schritte der Abgrenzung der Schülerinnen und Schüler voneinander, die Stillarbeit und das Diktieren der Lehrperson an die Schülerinnen und Schüler impliziert ein Verständnis von Leistung, das stark auf die Erreichung einer standardisierten Norm (deutsche Rechtschreibung) hinzielt und somit überwiegend kriterienorientiert ist (vgl. Dickhäuser & Rheinberg, 2003). Der Zeitpunkt, zu Unterrichtsbeginn (Z. 1), impliziert, dass die ›Lernwörter‹ vorab geübt wurden.

Theoretische Verknüpfung

Die Vignette löst in erster Instanz Assoziationen zu Formen der Erhebung von Bewertung schulischer Leistungen aus. In erster Linie formen dabei die gängigen Kategorien der Orientierung an Bezugsnormen (individuell, kriterial und sozial) und der Beschreibung der Erhebungssituation bzw. des Erhebungszeitraums (Produkt- und Prozessbezogenheit) die theoretische Grundlegung der Analyse und Bewertung der Vignette (Adamina, 2019). Damit im Zusammenhang steht auch das, was für uns einen Teil der Prägnanz der Vignette für Inklusion ausmacht: Das Dilemma der Beurteilung und Bewertung von Leistung im Kontext von Inklusion (Seifert & Müller-Zastrau, 2014). Hier lassen sich bezogen auf die o. a. Kategorien viele Fragen an die Vignette richten.

In zweiter Instanz ist der Umgang mit Störungen als Bestandteil des Classroom-Managements prägnanter theoretischer Bezugsrahmen für diese Lesart (u. a. Gold & Holodynski, 2011). So sind entsprechend auch die Abschnitte zu den beteiligten Personengruppen und deren Darstellung in der Vignette zu verstehen. Als inklusionsbezogene Betrachtung und Bewertung der Handlungen der Beteiligten, von der Beobachterin in Union mit der Verfasserin der Vignette bis hin zu Maxi.

Personen – Maxi, die Lehrperson und die Mitschülerinnen und Mitschüler

Die Situation berücksichtigt grundsätzlich vier Personen(-gruppen). Die Lehrperson, die der Gruppe der Schülerinnen und Schüler Lernwörter diktiert. Maxi ist einer dieser Schüler. Er wird durch sein der Situation nicht angepasstes Verhalten auffällig. Seine Mitschülerinnen und Mitschüler sind eine weitere Personengruppe. Sie werden als routiniert im Durchführen des Rituals und konzentriert beim Schreiben beschrieben. Wie die Formulierung ›Schreibfestungen‹ andeutet, wirken sie mit einiger Begeisterung am Lernwörtertest mit. Zuletzt ist auch die beobachtende Person mit ihrer Sichtweise in die Vignette, zumindest subtil, eingeschrieben.

Die Lehrperson führt scheinbar eine Methode mit der Lerngruppe durch, in der sie selbst und die Schülerinnen und Schüler scheinbar einige Routine haben. ›*Sogar*‹ Maxi, der allein sitzt, wobei kein Grund dafür beschrieben wird, baut eine ›Sichtschutz*mauer*‹. Diese schützt üblicherweise davor, dass niemand sich bei Ratlosigkeit Hilfe holen kann. Weder der die Mauer Errichtende noch der durch die Mauer Abgeschirmte. Sinngemäß der visuellen Trennung der Kinder voneinander ist in der Vignette überwiegend die Rede von den Kindern und kaum von der Klasse, was die Exklusion von Maxi aus der Gruppe der Kinder syntaktisch erleichtert. ›*Es ist still im Raum. Die Kinder schreiben konzentriert. Auch Maxi schreibt*‹ *(Z. 10–11)*. Maxi hat sich zwar durch das Bauen einer Sichtschutzmauer um seinen Platz von den anderen abgeschirmt, jenes aber vermutlich eher um, wie alle anderen, auch eine eigene Mauer zu haben. Eine Mauer also, mit der er paradoxerweise versucht dazu zu gehören.

Maxi hebt sich insofern von der Gruppe der konzentriert, still und routiniert schreibenden Kinder ab, als dass er vor allem nicht *still* schreibt. Grundsätzlich schreibt er zunächst alle Wörter ›*mehr oder weniger richtig*‹ *(Z. 21)* (hier werden alle Kinder, auch Maxi, adressiert). Auch schreibt er die Wörter dem Ritual gemäß auf. Ganz im Stil der Lehrperson fordert er mit zunächst zu- und dann abnehmender Vehemenz die Aufnahme von ›besoffen‹ in die Liste der Lernwörter. Wobei unklar bleibt, ob ›besoffen‹ üblicherweise Teil der Liste der Lernwörter ist und mit welcher Hintergrundidee Maxi das Wort in die Liste der Lernwörter aufgenommen wissen möchte. Die Möglichkeiten, was Letzteres angeht, scheinen schier unbegrenzt. Vielleicht kamen Maxis Eltern bei dem Ritual zugehörigen *Üben* der Lernwörter am Vortag lediglich auf die Idee, »besoffen« dem üblichen Zustand der Verwandten zu Silvester entsprechend, in die Liste wichtiger Lernwörter aufzunehmen.

Maxis Vehemenz setzt die Lehrperson Sanktionen für sein Verhalten beginnend mit Ignoranz entgegen, was wenn man davon ausgeht, dass Maxi das Bedürfnis nach sozialer Eingebundenheit (negativ gewendet Aufmerksamkeit) verspürt, wohl die Höchststrafe sein dürfte. Entsprechend lässt Maxi mit auf die Ignoranz hinzu nehmender Vehemenz seinen Wunsch lauter und dringlicher werden (*›reckt sich und ruft laut und vernehmlich‹ (Z. 12) > ›leise, aber doch vernehmlich‹ (Z. 15) < ›kommentiert dies mit dem Ausruf‹ (Z. 17) < ›später zu rufen »Kommt jetzt bitte mal besoffen?«‹*). Was dann schließlich eine Reaktion der bzw. die vehemente Maßregelung von Maxi durch die Lehrperson zur Folge hat. Maxi setzt seinen Wunsch bzw. seine Forderung anschließend leise und unauffällig fort und folgt dabei dem Ritual gemäß den zentralen Regeln: alleine schreiben, richtig schreiben, leise schreiben, auswendig schreiben.

All dies scheint die Gruppe der Mitschülerinnen und Mitschüler nicht zu stören, sie werden jedenfalls nicht weiter erwähnt.

Theoretische Verknüpfung

Unter einem weiten Verständnis von Inklusion, so es ein solches in Abgrenzung von einem engen Verständnis überhaupt gibt (vgl. Grosche, 2015), sind Personen und Personengruppen in ihrer Interaktion aufgefordert, über Gegebenheiten für eine gleichberechtigte Teilnahme und Teilhabe an einem Gut, im Fall der Vignette Unterricht, zu reflektieren (Budde & Hummrich, 2014). Präsent werden unter diesem Verständnis theoretische Andockungspunkte z. B. bei John Rawls (2014), der Gerechtigkeit dahingehend beschreibt, dass in einem gerechten Umfeld privilegierte Personen(-gruppen) nicht berechtigt seien, Privilegien oder Ressourcen für sich zu sichern, ohne dabei im gleichen Umfang auch Privilegien oder Ressourcen für marginalisierte Personen(-gruppen) zu schaffen. Unsere Lesart versucht sich einer Antwort auf die Frage zu nähern, inwiefern Maxi tatsächlich oder durch die Formulierung der Vignette marginalisiert und in der Konsequenz ggf. exkludiert ist. Entscheidend ist hier, dass die Vignette bestimmte Auseinandersetzungen mit Inklusion und Exklusion zulässt oder begünstigt. Den Blick auf Fragen der De-Segregation bzw. Differenzierung oder auf Fragen nach der Berücksichtigung von Vielfalt verbirgt die Vignette durch die Grenzen der Situation, die sie beschreibt. Ausgehend von gängigen Kategorien der Beschreibung der Rolle der Lehrperson z. B. der Formulierung von Lernzielen in der Zone der nächsten Entwicklung (Vygotskij, 1978), der Unterteilung lernunterstützender Maßnahmen (Scaffolding) in solch kognitiver Aktivierung oder inhaltlicher Strukturierung (Kleickmann, 2012; van de Pol, Volman & Beishuizen, 2010), erscheint die Vignette atypisch für einen moderat-konstruktivistisch ausgerichteten Unterricht insbesondere unter dem Topos Inklusion. So erscheint die Vignette durch zentrale Merkmale der Beschreibung, (1) stark kriterial orientierte Situation der Erhebung von Schülerinnen- und Schülerleistungen, (2) keine Möglichkeiten der Öffnung oder Partizipation sowie (3) vereinzelte Betrachtung einer Person (Maxi) als gegenüber dem Rest der Klasse besonderer bzw. *verbesonderter* als Gegenbeispiel für Inklusion. Dabei lässt die Vignette offen, ob das die Intention der Verfasserin ist. Ob also als prägnantes Beispiel, Maxi an seiner Situation (allein sitzen) ggf. partizipativ beteiligt war und selber ein Einsehen darin hat, sie vielleicht sogar selber als wohlbegründet ansieht, kann die Vignette nicht fassen. Hierin liegt das maßgebliche Moment der Offenheit ihrer Bewertung, bei auf den ersten Blick solcher Eindeutigkeit, dass man gleich Partei für Maxi ergreifen möchte. Fragen zu Strategien der (Deeskalation in Reaktion auf Störungen rücken dadurch in den Hintergrund. Wir möchten ihnen dennoch in Bezug auf die Anlage von Unterricht und das Verhalten der Lehrperson im folgenden Raum geben.

Classroom Management – Rituale und Routinen als Entlastung

Der Begriff *Ritual* scheint hier angemessen, da das gewählte Vorgehen den Kindern bekannt, quasi automatisiert in seinem Ablauf und konstruktiv ausgerichtet ist (vgl. Petersen, 2002). Interessant ist die Frage, was die in der Situation erwartete Leistung determiniert. Inhaltlich scheint dies das fehlerfreie Schreiben bekannter oder unbekannter (auch hier liegt eine spannende Frage an die Vignette) Wörter zu sein, die inhaltlich aus Sicht der Lehrperson mit der Jahreszeit zu tun haben. Darüber hinaus implizieren die hergestellten Bedingungen und Maßregelungen, dass erwartet wird, dass die Kinder im Stande sind, die Wörter alleine richtig zu schreiben und dass sie dies tun, ohne einen bestimmten Lautstärkepegel zu überschreiten. Bezogen auf die routinierte (Z. 5) und konzentrierte (Z. 11) Durchführung des Rituals scheint die Gruppe sehr geübt. Routiniert werden Sichtschutzmauern gebaut und insbesondere Maxis Äußerung in Zeile 13 lässt vermuten, dass die exakt gleiche Formulierung wie im Diktat bewusst gewählt ist. Entsprechend scheint die Entlastung auf Seiten der Lehrperson durch das Ritual vor allem in der sich möglicherweise anschließenden Bewertung und nicht in der Strukturierung für die Schülerinnen und Schüler zu bestehen. Maxis Fordern, das in einem Bitten mündet, lässt vermuten, dass für eigene Lernwörter kein Platz in der entsprechenden Kartei ist oder sie mangels sozialer Vergleichbarkeit keinen Platz im Lernwörtertest haben.

Theoretische Verknüpfung

Die Vignette fordert von dem Verfasser und der Verfasserin der Lesart, wie oben bereits angedeutet, den betrachteten Ausschnitt auf weitere, nicht explizierte Unterrichtssituationen zu transferieren. Ausgehend von einer der zentralen Fragen der Gestaltung von Sachunterricht, jener nach der Ausgewogenheit der Orientierung am Kind und der Wissenschaft, fragten wir uns beim Verfassen der Lesart: Was ist die Sache bzw. der Gegenstand der beschriebenen Situation? Handelt es sich im Sinne inklusionspädagogischer Überlegungen für Unterricht um einen *gemeinsamen* Gegenstand (Feuser, 1989 bis 2018; Seitz, 2005), da alle Kinder am gleichen Gegenstand arbeiten? Beide Fragen lassen nur dann eine sinnvolle Antwort zu, wenn das Ritual/die Methode, der Lernwörtertest, zum Gegenstand wird und nicht dessen Inhalt. Dadurch wird die Situation von einer (fach-)didaktisch zu betrachtenden zu einer pädagogischen. Die Beurteilung ist dann weniger auf durch das Fach implementierte Lernziele oder deren Erreichung und mehr auf die Implementierung einer Routine bzw. den Umgang mit deren Störung hin ausgerichtet. Es schließt sich die Frage nach dem Verhältnis bzw. der Ausgewogenheit von *Routine* und *Offenheit* im inklusiven Unterricht an. Mit Blick auf das Classroom-Management kann das Vorgehen der Lehrperson aufgrund der Begrenzung der Situation auf einen kleinen Ausschnitt nicht bewertet werden, ohne dabei umfangreiche über die Vignette hinausgehende weitere Vorannahmen über alle beteiligten Personen und die Situation zu treffen. Für uns eine Grenze der Interpretierbarkeit der Vignette.

Das transportierte Bild – Wie wird die Lehrerin (›und sagt scharf‹ Z. 20) und wie wird (›sogar‹ Z. 8) Maxi beschrieben

Die Vignette erzeugt ein Bild von Maxi als verbesondertem Schüler. ›Sogar‹ Maxi, der von den anderen Kindern isoliert ist, versucht am Ritual teilzunehmen, indem er auch sein Etui hochkant auf den Tisch stellt. So erscheint sein Verhalten wenig originell oder überraschend, wenn man seine exkludierte Situation berücksichtigt. Von der Lehrperson entsteht dem entgegenstehend ein fachdidaktisch rückständiges Bild. Das Bild von der autoritären Lehrerin, die versucht, prozessorientierte und individuelle Bewertung durch wiederholtes Einsammeln kriterial gesteuerter Tests zu erzeugen. Der Begriff lernen im Sinne ›gelernter Wörter‹ beschränkt sich hier überwiegend auf das Lernen angepassten Verhaltens im Lernwörtertest. Maxi hat vielleicht einige Lernwörter der deutschen Rechtschreibung entsprechend aufgeschrieben, aber angepasst am Lernwörtertest teilgenommen hat er nicht.

Theoretische Verknüpfung

Die Vignette könnte, ob durch die Verfasserin intendiert oder nicht, die Demonstration eines Machtgefälles zwischen Lehrperson und Maxi vermitteln.

Dabei ist unklar, ob die »äußeren« Exklusionen (räumlicher Ausschluss und Verbesonderung in der Kommunikation) sich auch in der Innenbetrachtung der Lehrpersonen oder Schülerinnen und Schüler wiederfände (vgl. Katzenbach, 2012; Carle, 2017).

Hierin liegt das Potenzial der Forschung an und mit Vignetten und insbesondere der Vergleich und die Gegenüberstellung verschiedener Lesarten vor dem Hintergrund eigener »Lesebrillen«. Ihr interpretativer Charakter und ihre Uneindeutigkeit lassen einen Aushandlungsprozess darüber zu, wie Inklusion zu verstehen sei. Es handelt sich entsprechend nicht um eine Beurteilung der beschriebenen Vignette, sondern mehr um eine Aushandlung über die Frage, inwiefern die beschriebene Praxis, implementiert durch die Handlungen der Akteurinnen und Akteure (Schäfer, 2013), einen bzw. welchen Platz sie im je eigenen Verständnis von inklusiver Schule und inklusivem Unterricht einnehmen könnte.

Literatur

Adamina, M. (2019). Lernen begutachten und beurteilen. In P. Labudde & S. Metzger (Hrsg.), *Fachdidaktik Naturwissenschaft 1.–9. Schuljahr.* (S. 197–212). Bern: Haupt.

Budde, J. & Hummrich, M. (2013). Reflexive Inklusion. *Zeitschrift für Inklusion*, 8 (4).

Carle, U. (2017). Eckpunkte für die Entwicklung inklusiven Unterrichts. In F. Hellmich & E. Blumberg (Hrsg.), *Inklusiver Unterricht in der Grundschule* (S. 15–33). Stuttgart: Kohlhammer.

Dickhäuser, O. & Rheinberg, F. (2003). Bezugsnormorientierung: Erfassung, Probleme, Perspektiven (Tests und Trends). In J. Stiensmeier-Pelster & F. Rheinberg (Hrsg.), *Diagnostik von Selbstkonzept, Lernmotivation und Selbstregulation* (S. 41–56). Göttingen: Hogrefe.

Feuser, G. (1989). Allgemeine integrative Pädagogik und entwicklungslogische Didaktik. *Behindertenpädagogik*, 28 (1), 4–48.

Feuser, G. (2018). *Wider die Integration der Inklusion in die Segregation.* Bern u. a.: Internationaler Verlag der Wissenschaften.
Gold, B. & Holodynski, M. (2011). Klassenführung. In: E. Kiel & K. Zierer (Hrsg.), *Basiswissen Unterrichtsgestaltung. Band 3: Unterrichtsgestaltung als Gegenstand der Praxis* (S. 133–151). Baltmannsweiler: Schneider-Hohengehren.
Grosche, M. (2015). Was ist Inklusion? In P. Kuhl, P. Stanat, B. Lütje-Klose, C. Gresch, H. A. Pant & M. Prenzel (Hrsg.), *Inklusion von Schülerinnen und Schülern mit sonderpädagogischem Förderbedarf in Schulleistungserhebungen* (S. 17–39). Wiesbaden: Springer.
Katzenbach, D. (2012). Die innere Seite von Inklusion und Exklusion. In J. Heilmann & G. Bruns (Hrsg.), *Außenseiter integrieren: Perspektiven auf gesellschaftliche, institutionelle und individuelle Ausgrenzung* (S. 81–112). Gießen: Psychosozial Verlag.
Kleickmann, T. (2012). *Kognitiv aktivieren und inhaltlich strukturieren im naturwissenschaftlichen Sachunterricht.* Kiel: IPN Leibniz-Institut f. d. Pädagogik d. Naturwissenschaften an d. Universität Kiel.
Petersen, S. (2002). Regeln und Rituale. Orientierung bieten in Schulstunden. *Zeitschrift für Pädagogik,* 54 (4), 30–33.
Rawls, J. (2014). *Eine Theorie der Gerechtigkeit.* 19. Herausgabe. Berlin: Suhrkamp.
Seifert, A. & Müller-Zastrau, A. (2014). Das Dilemma der Leistungsbewertung in der inklusiven Grundschule. In E. Franz, S. Trumpa & I. Esslinger-Hinz (Hrsg.), *Inklusion – Eine Herausforderung für die Grundschulpädagogik* (S. 155–165). Baltmannsweiler: Schneider-Hohengehren.
Schäfer, H. (2013). *Die Instabilität der Praxis.* Weilerswist-Metternich: Velbrück Wissenschaft.
Seitz, S. (2005). *Zeit für inklusiven Sachunterricht.* Baltmannsweiler: Schneider Hohengehren.
van de Pol, J., Volman, M. & Beishuizen, J. (2010). Scaffolding in Teacher–Student Interaction: A Decade of Research. *Educational Psychology Review*, 22, 271–296.
Vygotskij, L. S. (1978). *Mind in Society: the development of higher psychological processes.* Cambridge: Harvard University Press.

2.3 Eine Lesart aus machttheoretischer Perspektive

Désirée Laubenstein

Dominanzpraktiken

Beim Lesen der Vignette fällt die Strukturiertheit und Ordnung im Klassenzimmer auf. Jedem Kind wird ein Platz im Raum zugewiesen, was die Assoziation mit Foucaults (1994) Disziplinierungstechniken hervorruft. »Die Parzellierung ist zunächst die Verteilung der Körper im Raum durch Einschließung, [...] jedem Individuum wird eine Stelle zugewiesen« (Neuenhaus, 1993, S. 56). Jede Schülerin, jeder Schüler weiß, was von ihr oder ihm erwartet wird. Die Maßnahme der absoluten Abschottung zum Diktat wird von keiner Seite, weder von der Lehrkraft noch von den Schülerinnen und Schülern, angezweifelt. Diese scheint gut eingeübt und ein vertrauter, ritualisierter Umgang mit der beschriebenen Unterrichtsmethode des Lernwörtertests zu sein und zeigt sich als routinierte Handlung im schulischen Alltag, als Alltagsroutine, die in Anlehnung an Schäfers (2016, S. 140 f.) praxeologische Ausführungen mit Bezug zur Phänomenologie von Waldenfels jedoch als »Paradox der Wiederholung« zu identifizieren ist, als eine Wiederkehr des Ungleichen, das als Gleiches wahrgenommen wird und dadurch die Stabilität des Sozialen zu sichern scheint, die sich bei näherer Analyse in ihrer Fragilität offenbart.

Ähnlich dem panoptischen Prinzip wird durch die Parzellierung ein hierarchisierender Überwachungsmechanismus hergestellt (Foucault, 1994), dem die Schülerinnen und Schüler unterworfen sind, den sie, durch die fraglose Ausübung der eigenen Platzierung, jedoch selbst stützen. Die Macht selbst bleibt dabei ein Abstraktum und erscheint lediglich über ihre Praktiken des Baus von ›Sichtschutzmauern‹ und ›Schreibfestungen‹ durch die Schülerinnen und Schüler, was den Kampf um territoriale Abgrenzung allein durch die Wortwahl untermauert. In der Ausführung dieser von allen implizit (an)erkannten Praktik der Vereinzelung, die keiner expliziten Aufforderung von Seiten der Lehrkraft mehr bedarf, zeigt sich die Macht in ihrer Wirkungsweise als etwas Relationales; sie existiert erst, weil sie in der spezifischen sozialen Beziehungskonstellation zwischen Lehrkraft und Schülerinnen und Schüler realisiert wird (vgl. Anter, 2012, S. 16) und genau an diesem Platz ihre Wirkmächtigkeit zur Disziplinierung der Subjekte entwickelt, jedoch nicht als Repressionsmodell, sondern als normative Orientierung, die sich in die Individuen selbst hineinverlagert und in ihre Körper und Handlungspraxen eingeschrieben hat und sich in Anlehnung an Elias (1997) als »Prozess der Zivilisation im Bildungskontext« kennzeichnen lässt. In diesem, die Situation gesellschaftskritisch und diskursanalytisch analysierenden Blick zeigt sich ein Mikrosystem der »Dominanzkultur« (Rommelspacher, 1995), hier insbesondere eines bildungsbürgerlichen Habitus im Hinblick auf Leistungsüberprüfung im schulischen Setting, und gleichzeitig eine Unausweichlichkeit der Macht, die pädagogische Beziehungen durchdringt und bestimmt. Auch Maxi, der wie beschrieben, allein vorn vor der Wandtafel sitzt, ist mit der Methode der Parzellierung vertraut und hat diese als Handlungsroutine internalisiert, ohne die Vorgabe ob ihrer Sinnhaftigkeit zu hinterfragen.

In der Platzierung der Individuen im Raum mit Maxi allein vorn vor der Wandtafel zeigt sich ein weiterer Mechanismus von Disziplinierung, Dominanz und Kontrolle: dem des Einschlusses und des Ausschlusses, denn *»sogar Maxi … hat sein Federmäppchen aufgestellt und kauert sich dahinter.«* Trotz des ›Kauerns‹ kann er jedoch dem überwachenden Blick nicht entgehen.

Durch die explizite Erwähnung von Maxi wird diesem eine besonderer Rolle in der Differenz von ›Ich und Andere‹ zugesprochen. Innerhalb der Handlungspraxis der Parzellierung als soziale Praktik wird Maxi als Subjekt konstituiert; jedoch nicht im Sinne einer Zugehörigkeit zu der Gruppe der Schülerinnen und Schüler, sondern als Einzelner, als besonders Hervorzuhebender. Zugleich erhält er mit der Namensnennung eine unverwechselbare Identität: »Ich habe dich bei deinem Namen gerufen« (Jesaja 43, 1), jedoch in dieser ersten Erwähnung nicht von einem anderen interagierenden Subjekt (erst später nennt ihn die Lehrerin beim Namen), sondern von einer Beobachterin, der Vignettenautorin, die jedoch selbst nicht als Subjekt, als Agierende der Szenerie erscheint.

Das Erscheinen des Subjekts

Das Prägnante an der Vignette ist die Interaktion zwischen Lehrkraft und Maxi, der bemüht ist, seine Lebenswelt zu verdeutlichen und damit als Ich, als unverwechselbares Subjekt wahrgenommen zu werden. In der Suche nach Adressierung (vgl. Schleiffer, 2014) und der Aufforderung an die Lehrkraft, gesehen zu werden, offenbart sich die durch das Begehren lebenslang motivierte, dahinterstehende Frage nach dem ›Wer bin ich?‹, die sich nach dem französischen Psychoanalytiker Lacan (1991) erstmalig im Spiegelstadium zeigt und in dem der Spiegel als Symbol für das menschliche Gesicht steht. »Ich sehe und werde gesehen, also bin ich« kann hier in Anlehnung an Winnicott (1974) formuliert werden. Doch »das Subjekt, das in den Spiegel schaut, wird nicht allein von einem realen Spiegel, sondern auch von einer symbolischen Repräsentation des wichtigen Anderen gesehen« (Kernberg, 2008, S. 15).

Diese Frage nach dem Sein, nach der eigenen Identität unterliegt sowohl in der interpersonellen Differenz von Ich und Anderer als auch bereits in der innerpsychischen Differenz von je und moi einer Verkennung, so dass Lacan hier vom »dezentrierten Subjekt ($)« spricht (1991). Dieser Mechanismus der (Selbst-)Entfremdung bedingt sich durch den Prozess der Verdopplung: Das Ich lässt sich nicht umstandslos als erste Person titulieren, weil es sich in *I* und *me*, in *je* und *moi* verdoppelt. »Das ›Ich‹ des Aussagens deckt sich niemals mit dem ›Ich‹ des Ausgesagten« (Waldenfels, 1997, S. 27 f.). Letztlich zeigt sich die Fremdheit im Spiegelphänomen selbst, da das Subjekt sich mit den Augen des Anderen erblickt.

> »Eine Identität, die sich in Spiegelungen, letzten Endes im Spiegel des fremden Blicks herstellt, wird stets eine gebrochene Identität bleiben. Der Andere sieht mich dort, wo der eigene Blick nicht hinreicht. Er sieht mich so, wie ich mich selbst nie sehe. Das Gesicht, mit dem wir uns dem Anderen präsentieren, das Gesicht, das wir wahren oder verlieren, bedeutet zugleich einen Blickfang, der uns verraten kann. So markiert auch der blinde Fleck meines Gesichtsfeldes eine unaufhebbare Fremdheit. Das Ich ist nicht Teil, sondern Grenze der Welt, wie es bei Wittgenstein heißt« (Waldenfels, 1997, S. 147).

Die Frage nach dem Sein wird hier gleichsam verdoppelt, denn Maxi fordert durch sein Rufen, das *»laut und vernehmlich«* im stillen Klassenraum widerhallt, zur Adressierung durch den Blick des Anderen (in diesem Fall der Anderen) als konstitutives Moment seiner Subjektivität auf, die durch die Akustik der Adressierung bei Namensnennung verstärkt würde.

> »Was ich im Sprechen suche, ist die Antwort des anderen. Was mich als Subjekt konstituiert, ist meine Frage. Um vom anderen erkannt zu werden, spreche ich das, was war, nur aus im Blick auf das, was sein wird. Um ihn zu finden, rufe ich ihn bei einem Namen, den er, um mir zu antworten, übernehmen oder ablehnen muss« (Lacan, zit. nach Bowie, 1994, S. 79).

Doch: *»die Lehrerin ignoriert seinen Einwurf«*. Sie adressiert ihn nicht, weder durch ihren Blick noch durch ihre Stimme. Die »bedeutungsvolle Andere« (Mead, 2013, S. 206) antwortet nicht. Sie adressiert ihn weder positiv (als Bestärkung eines Welt- und Selbstvertrauens), noch negativ; Maxi bleibt in diesem Moment bedeutungslos.

> »Derjenige, der eine Garantie geben kann, ist nicht ein spiegelbildlicher anderer, sondern ein symbolischer Anderer. Dieser symbolische Andere spricht mit dem Kind und es ist das Sprechen, das ihm letztlich die Gewissheit gibt« (Widmer, 2004, S. 17).

Indem Maxi *»laut und vernehmlich«* ruft: *»Das zweite Wort ist besoffen!«* verweist er auf die Differenz der Lebenswelten (vgl. Hiller, 1989). Diese divergierenden Lebenswelten verdeutlichen sich zwischen der Differenz des von der Lehrerin *»passend zur Jahreszeit«* gewählten Wortes *›Winter‹* und des von Maxi als bedeutsam erachteten Wortes *›besoffen‹*. Die von der Lehrkraft gewählten Wörter haben für ihn nicht den hohen Bedeutungsgehalt, dem er dem Wort ›besoffen‹ zumisst. Um seinem Anspruch des Ausdrucks auf relevante Wörter als Ausdruck seiner Lebenswirklichkeit gerecht werden zu können, bleibt ihm nur der ständige Hinweis, dieses Wort mit in den Kanon der 10 wichtigsten Wörter mit aufzunehmen.

In diesem wiederkehrenden »Paradox« zeigt sich die Substanz des Widerstandes des Subjekts, denn Maxi fordert die Aufnahme des von ihm als bedeutungsmächtig konnotierten Wortes zunächst direktverbal, als Ausdruck eines »Kampfes um Anerkennung« (Honneth, 1992) und als Manifestation seiner Autonomie, mit der Ignoranz und späteren Zurechtweisung der Lehrkraft jedoch immer leiser. In der Bewegung zwischen Wort und Widerwort oder zumindest zwischen Wort und Wortergänzung, *»Das zweite Wort ist … Silvester«*, so die Lehrkraft, woraufhin Maxi *»nach einer Weile flüstert … leise, aber doch vernehmlich hinter seiner Federmäppchen-Wand: ‚So, und jetzt kommt besoffen!'«*, entspinnt sich der Kampf, der verdeutlicht, dass die Macht in einem sozialen Bedingungsgefüge zwischen Individuen subversiv verwoben ist.

> »Und die Individuen zirkulieren nicht nur in ihren Maschen, sondern sind auch stets in einer Position, in der sie diese Macht zugleich erfahren und ausüben; sie sind niemals die unbewegliche und unbewusste Zielscheibe dieser Macht, sie sind stets ihre Verbindungselemente. Mit anderen Worten: die Macht wird nicht auf die Individuen angewandt, sie geht durch sie hindurch« (Foucault, 1978, S. 82).

Hier zeigt sich die Instabilität des Sozialen, die jedoch am Ende eine Stabilisierung erfährt, denn letztlich flüstert Maxi das für seine Lebenswelt bedeutsame Wort nur noch nach jedem vorgegebenen Wort der Lehrkraft. Zwar bezeichnet er so seine Unabhängigkeit, Autonomie und seinen Widerstand gegenüber einer Welt, die seine Lebensrealität nicht abzubilden vermag und somit keine Passung zu den jeweils gelebten Realitäten zwischen Lehrkraft (mit der Vorgabe der Erfüllung eines Curriculums) und ihm bietet, unterwirft sich jedoch der »Ordnung der Dinge« (Foucault, 1995) und erkennt ihre Deutungsmacht an.

Das Verstörende liegt an der Gestaltung der Interaktion, die von der Lehrkraft gleichsam gar nicht aufgenommen wird. So findet keine Nachfrage von Seiten der Lehrkraft über die offensichtliche Bedeutsamkeit des geforderten Wortes *›besoffen‹* von Maxi statt. Wird der Kommunikationsversuch von Maxi zu Beginn von der Lehrkraft (und auch allen anderen Schülerinnen und Schülern) ignoriert, fühlt diese sich durch das wiederholte Hineinrufen von Maxi bei der Durchführung ihrer Unterrichtsmethode gestört und äußert diesen Unmut deutlich, indem sie Maxi auffordert, seine Unterbrechung zu unterlassen: *»So, Maxi, jetzt reicht's!«* und eine klare Handlungsvorgabe formuliert: *»Du bist jetzt ruhig!«* und stellt damit die Stabilität des Sozialen, deren Instabilität in einem kurzen Moment der Widerständigkeit sichtbar wurde, wieder her.

Erneut verdeutlicht sich die Bedeutung des Anderen für die Konstitution des Subjekts als Ich, wie sie uns im »Spiegelstadium als Bildner der Ich-Funktion« bei Lacan (1991) erscheint.

> »Wenn das sich im Spiegel anblickende Kind die tadelnde oder ablehnende Stimme des Anderen hört, büßt sein Spiegelbild an Idealität ein. Damit erfährt das Kind, dass eine andere Macht im Spiel ist, die nicht zur Ordnung des Sichtbaren gehört und dennoch ins Sichtbare eingreift: die Stimme des Anderen« (Widmer, 2001, S. 23).

Blick und Stimme transformieren sich hier in einen identitätsstiftenden Modus. Die Spiegelung des Subjekts an der imaginären Achse determiniert die positive und negative Konnotation des intersubjektiven Raumes, in dem sich die sozialen Handlungen der Interaktion abspielen. Gleichzeitig determiniert diese Achse auch die Beziehung, die das Subjekt zu seinem Spiegelbild und damit zu sich selbst hat.

In der Analyse der Situation verdeutlicht sich, dass Interaktions- und Kommunikationsangebote von Maxi keine Resonanz bei der Lehrkraft auslösen, da durch die strikte Weigerung der Lehrkraft, auf diese einzugehen, zunächst ein wiederholtes Sich-Zeigen von Maxi notwendig wird. Durch das Ignorieren seines Anspruchs auf ein Gehört-Werden, läuft seine Aufforderung, ihn und damit seine Lebenswelt zu erkennen, ins Leere, so dass er einzig sich selbst die Wichtigkeit des Wortes ›*besoffen*‹ immer wieder spiegelt, indem er dieses Wort kontinuierlich wiederkehrend vor sich hinmurmelt. Durch die Nichtbestätigung des bedeutsamen Anderen bleibt Maxi in seiner Selbstvergewisserung jedoch gleichsam stecken. Seine Frage nach der Bedeutsamkeit seiner Lebenswelt bleibt ungehört und unbeantwortet, ja wird gleichsam abgeschmettert und mit einem ›*jetzt reicht's*‹ abgeblockt und als irrelevant abgewehrt. Ein gemeinsamer konsensueller Bereich zwischen Lehrkraft und Maxi, der die Bedeutsamkeit lebensrelevanter Lerninhalte speichern und sich in seiner Fülle ausdehnen könnte, so dass hierdurch symbolische Inhalte erweiterte Bedeutungsdimensionen durch die Anerkennung des Imaginären, ja sogar des Realen (vgl. Laubenstein, 2008) gewinnen, die für zukünftiges Lernen bedeutsam sind, wird nicht geschaffen. Die Ordnung wird gewahrt!

Literatur

Anter, A. (2012). *Theorien der Macht. Zur Einführung.* Hamburg: Junius.

Bowie, M. (1994). *Lacan.* Göttingen: Steidl.

Elias, N. (1997). *Über den Prozess der Zivilisation.* Berlin: Suhrkamp.

Foucault, M. (1978). *Dispositive der Macht. Über Sexualität, Wissen und Wahrheit.* Leipzig: Merve.

Foucault, M. (1994). *Überwachen und Strafen – Die Geburt des Gefängnisses.* Berlin: Suhrkamp.

Foucault, M. (1995). *Die Ordnung der Dinge* (13. Auflage). Berlin: Suhrkamp.

Hiller, G. G. (1989). *Ausbruch aus dem Bildungskeller: Pädagogische Provokationen.* Langenau-Ulm: Vaas.

Honneth, A. (1992). *Kampf um Anerkennung.* Berlin: Suhrkamp.

Kernberg, P. F. (2008). *Spiegelbilder. Der Einsatz des Spiegelns in der klinischen Arbeit mit Kindern und Jugendlichen.* Stuttgart: Klett-Cotta.

Lacan, J. (1991). Das Spiegelstadium als Bildner der Ich-Funktion wie sie uns in der psychoanalytischen Erfahrung erscheint. In J. Lacan, *Schriften I* (3., korrigierte Auflage) (S. 61–70). Berlin: Quadriga.

Laubenstein, D. (2008). *Sonderpädagogik und Konstruktivismus. Behinderung im Spiegel des Anderen, der Fremdheit, der Macht.* Münster, New York: Waxmann.

Mead, G. H. (2013). *Geist, Identität und Gesellschaft* (17. Auflage). Berlin: Suhrkamp.
Neuenhaus, P. (1993). *Max Weber und Michel Foucault. Über Macht und Herrschaft in der Moderne.* Herbolzheim: Centaurus.
Rommelspacher, B. (1995). *Dominanzkultur. Texte zu Fremdheit und Macht.* Berlin-Weißensee: Orlanda.
Schleiffer, R. (2014). *Der heimliche Wunsch nach Nähe. Bindungstheorie und Heimerziehung* (5., durchgesehene Auflage). Weinheim, München: Beltz Juventa.
Schäfer, H. (2016). Praxis als Wiederholung. In H. Schäfer (Hrsg.), *Praxistheorie. Ein soziologisches Forschungsprogramm* (S. 137–159). Bielefeld: transcript.
Waldenfels, B. (1997). *Topographie des Fremden. Studien zur Phänomenologie des Fremden 1.* Berlin: Suhrkamp.
Widmer, P. (2001). Zwei Schlüsselkonzepte Lacans und ihre Bedeutsamkeit für die Praxis. In H.-D. Gondek, R. Hofmann & H.-M. Lohmann (Hrsg.), *Jacques Lacan – Wege zu seinem Werk* (S. 15–48). Stuttgart: Klett-Cotta.
Widmer, P. (2004). *Angst. Erläuterungen zu Lacans Seminar X.* Bielefeld: transcript.
Winnicott, D. W. (1974). Die Spiegelfunktion von Mutter und Familie in der kindlichen Entwicklung. In D. W. Winncott, *Vom Spiel zur Kreativität* (S. 128–135). Stuttgart: Klett-Cotta.

2.4 Eine praxistheoretische Lesart gegen den inklusionspädagogischen Strich

Oliver Reis

Der theoretische Rahmen der Lesart

Die Praxistheorie ist darin stark, vereindeutigtes Akteurin- und Akteursgefälle gegenzublenden, indem herausgearbeitet wird, wie Personen an bestimmten Praktiken beteiligt sind. Eine vollzogene Praxis braucht die Kompetenzen aller Beteiligten (Schäfer, 2016, S. 10 ff.). Das hebt sonst eingeschliffene Unterscheidungen wie Täterin resp. Täter und Opfer, Subjekt und Objekt, machtvolle Lehrkräfte und ohnmächtige Schülerinnen und Schüler usw. auf und stellt den Vollzug in die Leistung aller (Schäfer, 2016, S. 10 ff.). Die Praxistheorie schneidet Situationen als Bündel von Praktiken und versucht die Praktiken in diesem Bündel überhaupt erst einmal zu rekonstruieren (Cress, 2021, S. 30). Dafür müsste man eigentlich mehrere Situationen sehen, um die Wiederholung, die Struktur überhaupt erst einmal zu sehen. Welche Handlungsvollzüge, mit welchen Artefakten und mit welchen mentalen Zuständen bilden überhaupt die Praktik? Wenn man wie bei den Vignetten nur den einmaligen Vollzug vorliegen hat, ist es nur indirekt über die Selbstverständlichkeit, die Nicht-Thematisierung von Dingen, die Bezeichnung von Dingen durch die Vignettenschreiberin oder den Vignettenschreiber möglich, das Wiederholte zu erkennen. Für diesen Prozess wird in der Lesart der Vignette fachdidaktisch erinnertes Wissen zu den aufgerufenen Praktiken eingebracht. Das hilft, um die Choreografie einzuschätzen, wird aber nicht weiter fachlich geprüft. Und dann achtet die Praxistheorie gleichzeitig auf die Variation der Praktiken. Auch die Variation ist ein gemeinschaftlicher Vollzug und braucht Mitmachende. Eigentlich lässt sich Variation auch nur in der Wiederholung sehen, was bei den Einzelvignetten ebenfalls schwierig ist (Büttner, Mendl, Reis & Roose, 2019, S. 11).

Setzt man voraus, dass die Vignette nach Definition das Besondere in einer Situation ansprechen will, dann geht diese Lesart davon aus, dass die Vignette selbst die Situation unter der Spannung von Wiederholung und Variation setzt. Das für die Inklusion Interessante ist also vermutlich entweder die inklusive Grundpraxis, die durch Variationen gestört wird, oder die exklusive Grundpraxis, die in der Variation aufgebrochen wird und damit ein für die Inklusion bedeutsames Moment festhält. Gegen diese Voreinstellung versucht die Lesart flächig zu bleiben und mögliche normative Rahmungen zu neutralisieren bzw. auszubalancieren, indem der erste Aspekt der gemeinsamen Kompetenz aller für eine Praxis betont wird. Daraus ergibt sich eine vierfache Aufgabe: 1. Praktiken aus dem Bündel herausschneiden und dabei die Wiederholung, das Selbstverständliche, das Normale betonen. 2. In der Praktik die gemeinsame Kompetenzleistung herausarbeiten. 3. Die Variation als Erweiterung, Veränderung, Verschiebung auf der Ebene Praktiken im Praxisbündel nachzeichnen und dabei ebenfalls auf die gemeinsame Kompetenz achten. 4. Die Auswirkung der Variation für das Praxisbündel nachvollziehen.

Die interpretative Lesart zur Vignette

»Zu Unterrichtsbeginn am heutigen Donnerstagmorgen steht in der 2a der so genannte ›Lernwörtertest‹ an. Zehn gelernte Wörter sollen den Kindern diktiert werden. Dafür sitzen alle Kinder der Klasse an ihren Tischen und bekommen von der Lehrerin ein kleines Schreibblatt ausgehändigt, auf dem Linien für genau zehn Wörter vorhanden sind.«

Die Beobachterin ruft die Praktik ›Lernwörtertest‹ auf. Diese Praktik ist in eine robuste Praxis, die gut in das Grundsetting von Schule und den Deutschunterricht passt. Es gibt einen Grundwortschatz, der über die Zeit in Lernpakete zerlegt wird. In den Lese- und Schreibübungen eines Zeitraums werden die Wörter benutzt. Den Kindern stehen die Wörter eines Zeitraums in Listen oft auch im Raum visualisiert zur Verfügung. Der Lernwörtertest wählt zufällig Wörter aus – Nomen, Verben und Adjektive –, die Wörter des Zeitraumes, die aus Sicht der Kinder nun alle in der Lostrommel sind (Köhler & Weiß, 2021, S. 73 f.). Die Lehrkraft bedient den Lernwörtertest, die Auswahl ist getroffen. Diese Auswahl bringt die Lehrerin für die Kinder verborgen in die Klasse. Sie weiß, welche Wörter ausgewählt wurden. Die Kinder nicht. Sie kann die Wörter auch schon schreiben. Auf vielen Eben erzeugt der Lernwörtertest eine klare Asymmetrie zwischen Schülerinnen und Schülern und der Lehrerin. Der Lernwörtertest ist ein Test. Es geht darum, eine Ressource zu testen, keine Reflexion auszulösen (Hartig & Klieme, 2006, S. 127 ff.; Kauffeld, 2006). Der Lernwörtertest will wissen, was in den einzelnen Gehirnen aller Kinder ist. Alle schreiben die Auswahl auf, so gut es geht. Das Wort wird genannt. Alle können etwas schreiben, die Leistungsdifferenz besteht darin, die Schreibweise zu den gesprochenen Wörtern aus dem Gedächtnis in 1:1 Abbildung zu produzieren. Dem Lernwörtertest ist wichtig, dass alle Kinder gleichzeitig arbeiten, sie sehen sich beim Arbeiten, aber es ist eine individuelle Leistung. Man soll die Leistungsbereitschaft sehen, das Lernen der Lernwörter zu zeigen. Um das Schreiben geht es, den Akt der Gedächtnisproduktion selbst. Die Bewertung ist Teil der Praktik, die Rückgabe der Zettel auch, aber es sind nur kleine Teilnoten, sie sind auch schnell wieder vergessen. Durch den Wechsel der Wörter bedeutet jeder Zeitraum eine neue Chance, jeder kann theoretisch davon überzeugt sein, dieses Mal alle Wörter richtig zu schreiben. Im Schreibakt selbst wird die Leistungsdifferenz nicht sichtbar, es wird nur die Leistungsbereitschaft sichtbar. Das ist die Aufgabe aller Akteurinnen und Akteure: einen Akt herzustellen, der der Lehrkraft zeigt: »Wir haben gelernt!« Strenge Regeln sind wichtig, sie zeigen die Ernsthaftigkeit aller: Lernen ist wichtig, wir wollen richtig schreiben können! Die Lehrkraft erhält Resonanz: »Ich habe euch etwas beigebracht, ihr seid erfolgreich!« Formal ist der Lernwörtertest eine Leistungsdiagnostik, daher kommt auch ein Teil des Ernstes, die Bewertung, der Zusammenhang mit dem Lernprozess, die Passung zwischen Prüfungsauftrag, Lernprozess und Prüfungsform. Aber diese Struktur schafft nur den Rahmen für den konzentrierten Akt selbst, der sich möglichst so auswirkt, dass die Lernwörter nachhaltig behalten werden. Die Korrekturen, die Überarbeitungen der falschen Wörter sind wichtig, um die Wörter nicht falsch abzuspeichern.

»Bevor es mit dem Wörterschreiben losgehen kann, werden zunächst noch Sichtschutzmauern aufgebaut. Routiniert stellen die Kinder Schulranzen in die Mitte der Tische und stellen vor sich ihre Federmäppchen auf. Wahre Schreibfestungen entstehen, innerhalb derer sich die solchermaßen vereinzelten Kinder über ihre Blätter beugen. Sogar Maxi, der an einem von den anderen abgerückten Einzeltisch vorn vor der Wandtafel sitzt, hat sein Federmäppchen aufgestellt und kauert sich dahinter.«

Die nächste Praktik ist die der ›Wagenburg‹ oder des ›Schützengrabens‹: »Wir sind im Krieg.« Um den angreifenden Worten und den feindlichen Blicken der Mitschülerinnen und Mitschüler, die eine Lösung rauben könnten, nicht schutzlos ausgeliefert zu sein, werden Schutzakteure errichtet. Dieses Moment des Krieges aller gegen aller ist nur auf den Blick kontraproduktiv. Das Kauern hinter den Mauern unterstützt die Abschottung für die Erhöhung der Konzentration. Sie ist ein Handeln gegen die Dinge, gegen die eigentliche Funktion der Mäppchen (Röhl, 2019, S. 30 ff.), aber sie verschmilzt funktional mit der Praktik des Lernwörtertest. Die Vereinzelung als Sozialform (Ricken, 2018, S. 195 ff.) unterstützt die individualdiagnostische Ausrichtung. Der Kriegszustand unterstützt den Ernst und der wiederum die Konzentration. Die Synchronisation aller in der Praktik unterstützt die Homogenität, sich an der anderen Praktik zu beteiligen. Genau hier ist aber auch die Sollbruchstelle des Praktikbündels, das überfordern kann, so dass Konzentration in Stress umschlägt. Es ist eine Gratwanderung, dass die Praxis der Wagenburg minimale ironische Züge hat, die auch von der Beobachterin im Stil aufgenommen wird. Und schon gar nicht darf die Lehrkraft diese Praxis einfordern. Sie stellt ein Gegengewicht zur Praxis des Lernwörtertests dar, unterstützt diesen aber letztlich.

»Die Lehrerin diktiert das erste zu schreibende Wort. Es lautet passend zur Jahreszeit Winter. Es ist still im Raum. Die Kinder schreiben konzentriert. Auch Maxi schreibt.«

Aus der Rahmung des Einstiegs in die Praxis und durch die Unterstützung der Wagenburg vollzieht sich die Praxis. Sie umfasst alle Kinder, auch ein Kind, das räumlich abgesondert ist. Diese Praxis homogenisiert die anderen, ermöglicht das Verstecken auch der abgesonderten Kinder. Maxi schreibt, er kommt dem Aufforderungsimpuls der Praxis nach. Ein Wort wird gesagt, es könnte mit dem Wort vieles gemacht werden, aber das Wort löst die eingeübte Unterrichtspraxis aus: Stimulus, Response, jetzt käme eine Bestätigung (Lüders, 2018, S. 137ff.), in dieser Praxis meist nonverbal, um die Wörterkette nicht zu stören. Die Rhythmisierung der ausgegossenen Lernwörter prägt die Rhythmisierung der Praxis. Die Praxis gewinnt ihren heiligen Ernst darin, dass die Kinder Worte erleben, sie fliegen zu ihnen und finden einen Knopf der Erinnerung und die Maschine bestätigt den Schreibapparat. Impuls-Reaktion-nonverbales Feedback-Impuls-... So würde die Kette weitergehen, bis 10 Wörter gesagt und geschrieben sind.

»Nachdem er seine Buchstaben zu Papier gebracht hat, reckt er sich und ruft laut und vernehmlich ›Das zweite Wort ist besoffen!‹ Die Lehrerin ignoriert seinen Einwurf und formuliert in der auch von Maxi benutzten Wendung den Schreibauftrag für das zweite Wort: ›Das zweite Wort ist... Silvester.‹ Wieder herrscht konzentrierte Schreibstille. Nach einer kleinen Weile flüstert Maxi leise, aber doch vernehmlich hinter seiner Federmäppchen-Wand: ›So, und jetzt kommt besoffen.‹«

Dieses Praxisbündel wird nun von Maxi mit der Praxis ›Reinrufen‹ variiert. Aus Sicht der Praxis ist die Schülerposition der falsche Ort für Variation. Eigentlich könnte nur die Lehrkraft unsichtbar für die Schülerinnen und Schüler die Auswahl abändern. Alles andere würde die Testung gefährden. Die besondere Form der Schönheit der Praxis besteht darin, dass alleine der Wortimpuls die Resonanz auslöst und diese wiederum den nächsten Impuls. Nicht einmal die Lehrerin dürfte eine Variation einfügen, wie: »Hmh, welches Wort überlege ich mir denn jetzt?« oder »Wer hat denn Lust, sich mal ein Wort auszudenken?« Dann würden nicht mehr alle Kinder das Wort erleben, eines würde es *handeln* (Luhmann, 1981, S. 67ff.). Die Kinder kämen in Reflexionen, die den Knopf-Schreibapparat stören könnten. Vielleicht reden welche rein, Kommunikation über die Schutzschilde entsteht, die Frieden stiftet, aber auch der heilige gemeinsame Akt, das Wunder der gemeinsamen Leistungsfähigkeit wäre gestört. Die Intervention von Maxi ist keine vollständige Imitation des Impulses der Lehrerin, diese sagt nur das Wort. Die Einleitung verändert. Ähnlichkeit und zugleich Veränderung verstellen den Blick auf die Störung an sich. Das Reinrufen führt nicht immer zum Abbruch des Unterrichtsflusses. Reinrufen an sich ist zwar undiszipliniert, kann aber ja *mit den Dingen disziplinär* anschlussfähig geschehen (Röhl, 2019; Röhl, 2015). Ob Lehrkräfte Reinrufen als Impuls oder Resonanz außerhalb der Regeln akzeptieren, hängt zum einen davon ab, ob der Inhalt den Fluss trägt, und zum anderen, wer spricht. Die Lehrerin akzeptiert den Reinruf als Fortsetzung nicht. Sie markiert den Reinruf als informationsloses Rauschen. Aber trotzdem ist auch diese Markierung ein Response auf den Impuls des Schülers. Dieses Verhalten liegt nahe, da Maxi sowohl die Sprachform als auch den Inhalt als auch die Regeln der Praxis insgesamt variiert. Drei Variationen auf einmal – das als Rauschen zu markieren, kostet Aufmerksamkeit und führt zu einer Doppelbindung der Lehrerin: Sie muss den nächsten Impuls in der Kette des Lernwörtertests geben, um für die Kinder die Praxis aufrechterhalten, sie muss aber auch darauf achten, welches Feedback Maxi ihr nun für ihre Resonanz gibt. Zwei Ketten laufen jetzt parallel, aber in den Rollen asynchron: Maxi ist Responsgeber und Impulsgeber, die Lehrerin ist Responsgeberin und Impulsgeberin gleichzeitig. Jetzt hängt viel davon ab, ob sich die Kinder an die Praxis des Lernwörtertests halten und ob Maxi aufgrund des Feedbacks seine Praxis aufgibt. Noch ist sein Reinrufen vergessbar und damit noch keine Unterrichtsstörung (Winkel, 2018, S. 31). Es ist aber möglich, dass er sein Reinrufen zu einer elaboriert.

»Das Wort, das die Lehrerin diktiert, laute ›und‹. Maxi kommentiert dies mit dem Ausruf ›uuuund: besoffen!‹, dann aber schreibt er, was diktiert wurde. Allerdings nur, um unwesentlich später zu rufen ›Kommt jetzt bitte mal besoffen?‹. Die Lehrerin, die bereits in unmittelbarer Nähe zu Maxis Tisch stand, tritt jetzt direkt zu ihm, legt die Hand auf seine Tischplatte und sagt scharf: ›So, Maxi, jetzt reicht's! Du bist jetzt ruhig!‹

Die Lehrerin hält die Praxis des Lernwörtertests erfolgreich offen. Jetzt ist die Frage, wie Maxi den Response der Lehrerin in seiner eröffneten Interaktionskette bewertet. Maxi gibt der Lehrerin das Feedback, dass er mit der Markierung als Rauschen nicht einverstanden ist. Er steigert zuerst die Variation der Praxis, indem er das Lernwort nach vorne stellt, es als Lernwort ironisiert und dann seine eigene Wortwahl wiederholt. Dadurch stabilisiert er seine Praxis, die wie ein *Parasit* an der Praxis des Lernwörtertestes hängt (Luhmann, 1986; Serres, 1987). Ohne diese macht jene keinen Sinn. Er reagiert nach diesem erneuten Impuls an die Lehrerin deshalb auch in der Praxis des Lernwörtertests. Wenn diese nicht weiterläuft, kann er seine nicht fortsetzen. Die Lehrerin steigt nun aus der Praxis des Lernwörtertestes aus, sie drückt – so hofft sie zumindest – die Pausetaste für die Klasse. Diese reagiert wie eine Maschine und wartet, bis die Störung der Ordnung durch die Lehrerin behoben wird. Würden sie jetzt einschreiten und z. B. Maxi unterstützten, könnte die Praxis des Lernwörtertests nicht mehr einfach aufgenommen werden. Hier lauert die Praxis des ›Metagesprächs‹. Die Schülerinnen und Schüler wählen diese Option nicht, auch nicht die, die Lehrerin zu unterstützten. Das würde nur auf den ersten Blick helfen, auch dies würde ein Metagespräch eröffnen. Der Freeze-Modus lässt nur noch zwei Akteurinnen und Akteure unbetroffen, die Lehrerin und Maxi. Die Lehrerin gibt nun Maxi nur noch ein einfaches Feedback, das das Reinrufen zu einem echten Interaktionsgefüge erweitert. Die Lehrerin folgt Maxi in die Praxis der ›Unterrichtsstörung‹, die die Lehrerin durch den Impuls *erlebt*, die sie aber aufgerufen hat, indem sie den notwendigen Response gibt (Nolting, 2017, S. 70 f.). Der Response erfolgt durch eine räumliche Verschiebung. Maxi ruft die Lehrerin zu sich, die – obwohl sie ihn abgesondert hat – sich ihm nun annähert. Die körperliche Nähe ist aggressiv, sie missachtet die Wagenburg und überschreitet damit die Grenze. Die verbale Begleitung ist eindeutig. Die Lehrerin versucht, den Response zum Impuls zu machen und damit die Störungskette auszulöschen, damit die Lernwörterpraxis fortgesetzt werden kann. Die Praxis der Unterrichtsstörung ist selbst ein *undiszipliniertes Verhalten gegen die Dinge* (Röhl, 2019; Röhl, 2015). Es ist nur legitim, weil ein Impuls *erlebt* wurde. Als Impuls ohne vorherigen Impuls ist diese Praxis für alle schwierig. Sie ist genau in diesem Ausnahmezustand legitimes Mittel, um die eigentliche, von allen anderen stabilisierte Praxis aufrecht zu halten.

»Das Diktat schreitet voran. Die Wörter Ferien, lesen, zwölf, Kalender, wünschen, Schnee und glänzen kommen mehr oder weniger richtig auf die Schreibblätter der Kinder. Nach jedem diktierten Wort formt Maxi mit seinen Lippen deutlich erkennbar das Wort ›besoffen‹.«

Ob Maxi diese Praxis der Unterrichtsstörung *gewollt* hat, ist letztlich egal, er hat sie initiiert. Ob sein Verhalten *legitim* ist, ist abhängig davon, wie man die Praxis des

Lernwörtertests bewertet. Diese besondere Ästhetik der Praxis, ihre komplexe Stabilität, ihre unwahrscheinliche Robustheit lebt von der Geschlossenheit, der Verteilung der Positionen und dass alle mit ihren Kompetenzen diese Praxis stützen (Schatzki, 2002; Schäfer, 2019). Sie ist ein so normalisierter Akteur, dass sie sich sogar wieder selbst in Bewegung setzen kann und sich im Schreiten vollzieht. Es gibt schlicht keine legitime Variation ohne Folgen für die Gesamtstatik. Und genau diese Starre macht sie gerade anfällig für Variationen, die vielleicht ein Response von wo ganz anders her sein können. Auffällig ist, dass die Variation im gewünschten Lernwort ›besoffen‹ eine Schroffheit besitzt, die durch die Anpassung an den formalen Stil und den bittenden Ton so gemildert wird, dass Maxi überhaupt die Wiederholungsschleife bekommt und damit eine Praxis etablieren kann. Und dass die Lehrerin diese zulässt, zeigt, wie sie selbst an die Praxis gebunden ist. Folgt sie der Handlungsprogrammatik, die die Praxis ihr zuschreibt, ist kein Raum für disziplinierende Interventionen. Sie kann nur die Praxis des Lernwörtertests einfrieren und danach die Maschine wieder starten lassen und hoffen, dass die Praxis wieder simultan von allen übernommen wird. Sie wird aber vermutlich bei den nächsten Aufführungen der Praxis befürchten, dass wieder eine Variation passiert. Damit könnte die Selbstverständlichkeit gestört sein, wenn die Lehrerin subtile Maßnahmen ergreift und sich selbst eine Wagenburg baut, um im Krieg zu überleben. Dass sie Maxi durchgehen lässt, dass er seine Kette fortsetzt, aber so leise, dass ihr Response – die Nichtunterbrechung – die große Praxis nicht mehr stört, könnte auch ein Hinweis für eine andere stabile Lösung sein, die über die Aussonderung am eigenen Tisch hinaus eine subtile Form von Verbundenheit schafft, die der Praxis des ›Burgfriedens‹ ähnelt. Fein ausbalanciert wie in diesem Beispiel, ist er in der Lage, dass beide Seiten ihre Handlungsfähigkeiten auch unter Konfliktbedingungen aufrechthalten können. Zwei weiterführende Fragen sind für mich interessant: Wie fügt sich dieses komplexe Zueinander von Maxi und der Lehrerin in andere Praktiken weiter ein? Und wirkt sich diese Variationen auf die nächste Aufführung des Lernwörtertests aus?

Literatur

Büttner, G., Mendl, H., Reis, O. & Roose, H. (2019). Vom radikalen Konstruktivismus zur Praxistheorie. In G. Büttner, H. Mendl, O. Reis & H. Roose (Hrsg.), *Praxis des Religionsunterrichts* (Religion lernen, Band 10) (S. 7–18). Babenhausen: Lusa.

Cress, T. (2021). Soziale Praktiken und die Sakralisierung der Dinge. In U. Roth & A. Gilly (Hrsg), *Die religiöse Positionierung der Dinge. Zur Materialität und Performativität religiöser Praxis* (S. 27–36). Stuttgart: Kohlhammer.

Hartig, J., Klieme, E. (2006). Kompetenz und Kompetenzdiagnostik. In K. Schweizer (Hrsg.), *Leistung und Leistungsdiagnostik* (S. 127–143). Berlin: Springer.

Kauffeld, S. (2006). *Kompetenzen messen, bewerten, entwickeln.* Stuttgart: Schäffer-Poeschel.

Köhler, K., Weiß, L. (2021). *Leistungsbeurteilung in der Grundschule. Schülerleistungen souverän einschätzen, bewerten und Feedback geben.* Hamburg: AOL.

Lüders, M. (2018). Unterrichtssprache und indirekt instruierendes Lehrerverhalten. In A. Schulte (Hrsg.), *Sprache. Kommunikation. Religionsunterricht* (S. 137–156). Leipzig: Evangelische Verlagsanstalt.

Luhmann, N. (1981). Erleben und Handeln. In N. Luhmann: *Soziologische Aufklärung. Band 3: Soziales System, Gesellschaft, Organisation* (S. 67–80). Opladen: Westdeutscher Verlag.

Luhmann, N. (1986). *Ökologische Kommunikation. Kann die moderne Gesellschaft sich auf ökologische Gefährdungen einstellen?* Opladen: Westdeutscher Verlag.
Nolting, H.-P. (2017). *Störungen in der Schulklasse. Ein Leitfaden zur Vorbeugung und Konfliktlösung* (14., vollständig überarbeitete Auflage). Weinheim, Basel: Beltz.
Ricken, N. (2018). Die Sozialität des Pädagogischen und das Problem der Individualisierung – Grundlagentheoretische Überlegungen. In K. Rabenstein, K. Kunze, M. Martens, T-S. Idel u. a. (Hrsg.), *Individualisierung von Unterricht. Transformationen – Wirkungen – Reflexionen* (S. 195–213). Bad Heilbrunn: Klinkhardt.
Röhl, T. (2015). Auffordern. Postphänomenologische Überlegungen zur Materialität schulischen Unterrichtens. In T. Alkemeyer, H. Kalthoff & M Rieger-Ladich (Hrsg.), *Bildungspraxis. Körper – Räume – Objekte* (S. 235–260). Weilerswist: Velbrück Wissenschaft.
Röhl, T. (2019). Mit und gegen die Dinge lehren und lernen. In G. Büttner, H. Mendl, O. Reis & H. Roose (Hrsg.), *Praxis des Religionsunterricht* (Religion lernen. Jahrbuch für konstruktivistische Religionsdidaktik 10) (S. 30–41). Babenhausen: Lusa.
Schäfer, H. (2016). Einleitung. Grundlagen, Rezeption und Forschungsperspektiven der Praxistheorie. In H. Schäfer (Hrsg.), *Praxistheorie. Ein soziologisches Forschungsprogramm* (S. 9–25). Bielefeld: transcript.
Schäfer, H. (2019). Konstruktivismus und Praxistheorie. Charakteristika einer praxeologischen Methodologie. In G. Büttner, H. Mendl, O. Reis & H. Roose (Hrsg.), *Praxis des Religionunterrichts. Religion lernen* (Jahrbuch für konstruktivistische Religionsdidaktik, Band 10) (S. 19–29). Babenhausen: Lusa.
Schatzki, T. R. (2002). *The site of the social. A philosophical account of constitution of social life and change.* Pennsylvania: Penn State University Press.
Serres, M. (1987). *Der Parasit. Aus dem Französischen von Michael Bischoff.* Berlin: Suhrkamp.
Winkel, R. (2018). *Der gestörte Unterricht. Diagnostische und therapeutische Möglichkeiten.* Baltmannsweiler: Schneider-Hohengehren

2.5 Lesartenantwort – Priorisierung von Kindernot in phänomenologischer Sicht

Iris Kruse

Ästhetischer Modus des Deutschunterrichts als Kontext der Vignette

Die Vignette wurde im Rahmen des Projektes »PaViMo« (Paderborner Vignetten-Korpus zum ästhetischen Modus des Deutschunterrichts) verfasst, für das die Verfasserin über einen Zeitraum von mehreren Monaten (Januar bis April 2019) jeweils einen Tag in der Woche in einer Kasseler Grundschulklasse hospitierte. Kern ihres Beobachtungsinteresses war es, Unterrichtsszenen und -ereignisse einzufangen und in möglichst vielen Facetten mitzuvollziehen, auf die sie selbst als Beobachterin mit spezifischem Beobachtungsfokus in besonderer Weise respondierte. Fokus war der »ästhetische Modus des Lehrens und Lernens«. Im Zentrum des Projekts »PaViMo« steht damit eine Grundausrichtung schulischer Lernsituationen, die die bildende Bedeutung ästhetischer Erfahrungen für alle Kinder anerkennt. In lernerinnen- und lernerseitiger Ausrichtung geht es um die Schaffung und Wahrung von diversen

Möglichkeitsräumen für ästhetische Zugänge zu den Lerngegenständen. Es ist der weite Ästhetikbegriff der Postmoderne (vgl. Brandstätter, 2013), der hier zugrunde liegt. Mit ihm sind Erfahrungen angesprochen, die keineswegs nur den Umgang mit Kunst betreffen, sondern grundlegenden »Modellcharakter [haben] für menschliches Erfahren, Erleben und Erkennen überhaupt« (Brandstätter, 2013, S. 9). Das geht über die Erfahrungen mit Kunst weit hinaus und betrifft, wie die Musikpädagogin Ursula Brandstätter erläutert, die sinnliche Seite der Relation von Selbst und Welt:

> »Sie sind in der Sinnlichkeit der Wahrnehmung verankert, drängen aber zur reflexiven Verarbeitung, ohne dabei den Bezug zur Körperlichkeit zu verlieren. In ästhetischen Erfahrungen erleben wir uns selbst und die Welt gleichzeitig und werden zu vielfältigen Wechselspielen angeregt: zwischen Sinnlichkeit und Reflexion, zwischen Emotionalität und Vernunft, zwischen Bewusstem und Unbewusstem, zwischen Materialität und Zeichencharakter, zwischen Sagbarem und Unsagbarem, zwischen Bestimmtem und Unbestimmtem« (Brandstätter 2013, S. 9).

Diese Definition erweist sich mit ihren Kernelementen Sinnlichkeit, Selbstbezug und Weltbezug als fruchtbar für ein operationalisierendes Verständnis dessen, was den ästhetischen Modus schulischer Lernsituationen ausmacht. In ästhetisch grundierten Lernsituationen ist nämlich zu beobachten, dass die Lernenden mit sinnlichen, selbst- und weltbezüglichen Fragen befasst sind: Was nehme ich wahr? Was hat das mit mir zu tun? Was bedeutet das für die Welt und mein Leben in ihr? Freilich müssen die Antworten auf diese Fragen, die ästhetischen Lernbewegungen zugrunde liegen, nicht in jeder Situation expliziert werden. Das wäre ebenso überfrachtend für den Unterricht wie entmündigend für die Lernenden. Denn gerade die Antwortsuche ist es, die die von Brandstätter angesprochenen Wechselspiele des Denkens und Empfindens herausfordert. Diese Suche lässt die Lernenden zwischen sinnlichen Wahrnehmungen und kognitiver Reflexion hin- und hergehen in einer Bewegung empfindenden Denkens und Handelns. Das ist anschlussfähig an das Verständnis von ästhetischer Erfahrung nach Brandstätter (2013), weil neben dem Selbstbezug der »Freiraum für Eigensinn« (Kahlert, Lieber & Binder, 2006, S. 13) sowie die Ansprache an »Subjektivität« die Basis eines ästhetisch grundierten Unterrichts bilden. Subjektivität in diesem Sinn zeichnet sich aus durch »Aufmerksamkeit, Gefühle, Erleben, Vorstellungen, Erinnerungen« (Kahlert et al., 2006, S. 18).

Der Beobachtungsauftrag, dem die Beobachterin und spätere Verfasserin der Vignette folgt, ist offengehalten. Die Beobachtung ist darauf gerichtet, Situationen einzufangen, denen eine Bedeutsamkeit für den ästhetischen Modus zuzuweisen ist. Im Rahmen teilnehmender Beobachtung wird dabei sowohl auf Lehr-Lernsituationen respondiert, für die sich der ästhetische Modus im positiven Sinne als prägend erweist, als auch auf Situationen, die in gegenteiliger Ausrichtung unter der Abwesenheit des ästhetischen Modus leiden. Die Auswahl gehaltvoller Situationen obliegt dabei immer der individuellen Wahrnehmung.

In der Vignette »Kommt jetzt bitte mal besoffen« ist eine Situation eingefangen, für die die Abwesenheit des ästhetischen Modus zu konstatieren ist. Die Auswahl dieser Vignette für das Korpus »Unterrichtsszenen mit Bedeutsamkeit für Inklusion« ist im Wesentlichen zurückzuführen auf die starke Präsenz des Momentes der

Ausgrenzung eines Kindes aus der Gruppe der anderen sowie auf die Tatsache, dass der Junge Maxi der Beobachterin (und Vignettenschreiberin) von der Klassenlehrerin mit der auf Selektion ausgerichteten Äußerung vorgestellt wurde: »Den behalt ich nicht mehr lange. Der hat massive Lernschwierigkeiten und nicht nur das. An dem ist das BFZ auch schon dran. Ich kann den keinesfalls mitnehmen in Klasse 3« (Das BFZ ist das regionale Beratungs- und Förderzentrum der Stadt Kassel).

Eigenes Vorverständnis zur Bedeutsamkeit der Vignette für den Themenkreis Inklusion

In der Vignette »Kommt jetzt bitte mal besoffen« geht es um Ausgrenzung und Stigmatisierung, um Starrheit und Empathielosigkeit, um Teilhabebedürfnis und Identitätssicherung.

Ausgrenzung und Stigmatisierung Die Lernverhältnisse, in die hinein Maxi gestellt ist, drängen ihn in die Einsamkeit. Weil er sich nicht leicht einfügt in die Gruppe und die Mechanismen der institutionellen Lernstoffvermittlungsmaschinerie, muss er zur Vermeidung von Störungen in die Separierung. Einem Gruppentisch darf er nicht angehören. Er sitzt allein an einem abgerückten Einzeltisch. Äußerungen, die von ihm kommen, sind es nicht wert, wahr- und aufgenommen zu werden. Von ihm wird Unsinn erwartet. Hinhören und Hinfühlen sind nicht nötig. Weiche und auf Austausch gerichtete Zuwendung von der Lehrerin erfährt er nicht. Und das potenziell vorhandene Interesse der Mitschülerinnen und Mitschüler schafft durch den Druck der Verhältnisse den Weg nicht zu ihm. Auf Maxi zu reagieren, gehört sich nicht, zieht Sanktionen nach sich, die gefürchtet werden. Nicht zuletzt die Situation der Leistungsüberprüfung macht die Macht der Institution stark spürbar und hält die Kinder davon ab, auf Maxis Einwurf zu reagieren.

Starrheit und Empathielosigkeit Die Lehrerin in der Vignette begegnet dem Schüler Maxi starr und unempathisch. Seinen unbotmäßig in die Klasse gerufenen Äußerungen gegenüber zeigt sie keinerlei Interesse und drängt mithin Maxis Welterfahrung – denn als Ausdruck einer solchen ist die Nennung des Wortes ›besoffen‹ im Kontext der Winter-Wörter zu verstehen – aus ihrer Unterrichtswelt heraus. Sie hat kein gutes Wort für Maxi, keine annehmende Geste. Stattdessen lediglich Abwehr und Aggression. Die Lehrerin will ihr Unterrichtsprogramm – den Lernwörtertest – realisiert sehen und hält mit zäher Energie an ihrem Konzept fest. Dass dieser Starrheit Lerngelegenheiten zum Opfer fallen, wird entweder übersehen oder aber billigend in Kauf genommen. Der Nachdruck, mit dem Maxi um Aufmerksamkeit für sich und das Wort ›besoffen‹ wirbt, hätte als Chance für situativ-spontanes inklusives Unterrichtshandeln begriffen werden können. Warum gönnt die Lehrerin es dem Schüler Maxi nicht, dass er und sein ganz offensichtlich lebensweltlich bedeutsames Wort Aufmerksamkeit bekommen? Was hindert sie daran, der routinierten Praxis des Lernwörtertests eine Variation zuzugestehen und es zu ermöglichen, dass das Wort ›besoffen‹ eine Rolle spielen darf? Zu einem »gemeinsamen Gegenstand« im Sinne Feusers (1998) könnte Maxis Wort in zweierlei Hinsicht werden:

1. Indem alle Lernenden sich genau diesem Wort zuwenden, um ohne Scheu vor Tabus – sie schützen Maxis Lebenserfahrungen ohnehin nicht – über die Semantik des Wortes ›besoffen‹ zu sprechen; seine orthografischen Besonderheiten und damit die Formseite von Wörtern hervorzuheben sowie über weitere gleichartige Muster nachzudenken: a) dreisilbig, b) Akzent auf der zweiten Silbe, c) Silbengelenk: gelassen, vergessen, benennen…
2. Indem alle Lernenden im Rahmen des Lernwörtertests die Gelegenheit bekommen, ein individuell bedeutsames ›Winterwort‹ aufzuschreiben und mithin den zehn von der Lehrerin ausgewählten und in der Schreibung geübten Wörtern ein eigenes ggf. ungeübtes Wort hinzuzufügen. Eine Aussprache über die jeweils ausgewählten eigenen Winterwörter könnte anschließen.

Beiden Möglichkeiten – weitere wären denkbar – kommt neben dem inklusionsdidaktischen auch (recht)schreibdidaktisches Potenzial zu.

Teilhabebedürfnis und Identitätssicherung Der Schüler Maxi möchte teilhaben am Klassen- und Unterrichtsgeschehen und er möchte dazugehören zur sozialen Gruppe, was für ihn zunächst einmal bedeutet, seine Aussonderung auszugleichen. Er muss seine Separierung, die ihm von der Lehrerin qua institutioneller Macht zugefügt wurde, wettmachen; sie aufzuheben, steht nicht in seiner Macht. Er wählt zum einen den Weg des Mittuns. Womöglich aber ist ihm bewusst, dass seine Sichtschutzmauer, die er aufstellt wie alle anderen, keine wirkliche Funktion hat, unnötig, gar lächerlich ist. Denn er sitzt ja ganz allein an einem abgerückten Einzeltisch, auf den ohnehin niemand einen Blick werfen kann. Zur kompensatorischen Zusatzstrategie wird ihm das Hineinrufen eines Wortes in das Diktat. Es ist nicht irgendein Wort, das er auswählt aus seinem inneren Lexikon, sondern ein ganz bestimmtes. Es ist ein Wort, das für ihn dazugehört zur losen Reihe der Winterwörter, deren Schreibungen zu lernen waren. Dass es ihm einfällt in dieser Situation des Separiert-Seins, des Leistungsdrucks, der Einsamkeit und der Versagensangst ist kein Zufall. Es ist – im Gegenteil – das ›Fällige‹, das, was passt zu den Gefühlen in dieser Situation und zur inneren Logik dessen, was sein Leben von solchen Situationen durchzogen sein lässt. Das Wort ›besoffen‹ ist ein Wort, das die Verhältnisse benennt, die ihn immer wieder so einsam, so ›geworfen‹ sein lassen, die ihm Sicherheit, Geborgenheit, Zugehörigkeit versagen. Hätte Maxi nur stören oder provozieren wollen, um Aufmerksamkeit zu bekommen, hätte er irgendein Wort nehmen können. Auch dass er nicht von Diktatsituation zu Diktatsituation das Störungswort auswechselt, ist ein Zeichen für die spezifische Bedeutung, die gerade das Wort ›besoffen‹ für Maxi in dieser Situation hat. Natürlich weiß Maxi über alle individuelle Bedeutung hinweg auch um die Wirkung, die das umgangssprachliche Wort ›besoffen‹ hat, wenn es innerhalb der Institution Schule ausgesprochen wird, die ein anderes Sprachregister aufruft und gesichert wissen will. Dass er die Lehrerin, die als Vertreterin der Institution Schule die Sprachnorm sichert, mit diesem Wort provoziert, geschieht durchaus absichtsvoll. Eine weitere Absicht Maxis zielt auf die Wirkung, die das Wort bei seinen Mitschülerinnen und Mitschülern hat. Hier lässt das Wort ›besoffen‹ die Möglichkeit zu, dass der mit seiner Benutzung begangene Normbruch Bewunderung und Amüsement hervorruft. Weil die Lehrerin ihn mit Nichtbeachtung straft und die Mitschülerinnen und Mitschüler eine Komplizenschaft mit ihm nicht wagen, wird bei Maxi nur umso stärker die identitäre Bedeutung des Wortes aufgerufen. Er kann es nicht liegenlassen. Er kann nicht aufgeben. Um seiner selbst willen nicht. Und weil es in der Gemeinsamkeit nicht geht, muss er die Bedeutsamkeit des Wortes ›besoffen‹ schließlich mit und in sich selbst verhandeln. Flüsternd. Allein.

Befremdung, Irritation, Überraschung. Antworten auf ›fremde und andere‹ Lesarten und ihre theoretischen Markierungen

Methodologische Anmerkungen Indem es um »Fremdheitserfahrung im Forschungsprozess« (Koller, 2012, S. 164) geht und mithin darum, die Voraussetzungshaftigkeit der eigenen Wahrnehmung zu erkennen und genauer zu bestimmen, erfährt die praxistheoretische Ausrichtung unseres Forschungsprojekts hier eine phänomenologische Färbung. In der Phänomenologie ist es ein Ziel, die traditions- oder situationsbedingten Verdecktheiten von gegebenen Tatbeständen, Phänomenen oder von dem an der Oberfläche Wahrnehmbaren im Rahmen von grundlegenden Wahrnehmungsbedürfnissen genauer und methodisch kontrolliert zu erfassen. Dafür gibt es die Ausklammerungs- oder Reduktionsoperationen, die dazu dienen, elementare Merkmale von mehr oder weniger zufälligen zu unterscheiden. Im Sinne einer solchen Erfahrungstheorie der Phänomenologie (Waldenfels, 2012) geht es um die »Befremdung des eigenen Blicks und der Vorerfahrungen, Vormeinungen und Vorurteile« (Brinkmann, 2018, S. 3). Methodologisch interessant ist, ob dieses/unser Vorgehen des Respondierens auf fremde Lesarten geeignet ist, um vermittels »Befremdung« (Amann & Hitschauer, 1997, S. 12), »Irritation« (Koller, 2012, S. 164) und »Überraschung« (Bourdieu, 1993, S. 29) des eigenen Blicks zu weiterführenden Erkenntnissen zu kommen. Und: Welche Rolle kommt der ja auch denkbaren (und nachfolgend vorkommenden) Bestätigung des eigenen Blicks zu?

Antwort auf die Lesart und ihre theoretischen Markierungen von Désirée Laubenstein

Die Lesart löst das Gefühl des Verstanden-Seins aus. Selbst empfundene Virulenzpunkte werden hervorgehoben und in fortschreibender Weise interpretiert. Der Hinweis auf Foucault im Zusammenhang mit den Ordnungsprinzipien in der ritualisierten Prüfungssituation des Lernwörtertests geht Hand in Hand mit meiner Wahrnehmung der repressiven Machtverhältnisse in der Unterrichtssituation. Die Bezeichnung des von der Lehrerin gegen alle Fragilität durchgesetzten Prüfungsarrangements als »Mikrosystem der ›Dominanzkultur‹ […] [im] bildungsbürgerlichen Habitus« wirkt als stark resonante begriffliche Rahmung für das von mir als Beobachterin und Vignettenschreiberin Empfundene.

Der im Zusammenhang mit Maxis Ringen um Zuwendung gegebene Verweis auf Lacans Spiegeltheorie stellt eine erinnerungsstiftende Unterstützung meiner eigenen Sicht auf die identitätsbildende Wirkung pädagogischer Beziehungen dar. Ganz im Sinne eines »Aha, das habe ich auch schon mal gewusst, aber so habe ich lange nicht mehr über die Entwicklung von Identitäts- und Selbstkonzepten der Lernenden in Schule und Unterricht gesprochen!« Die von mir so empfundene Brutalität der Nicht-Zuwendung der Lehrerin zu ihrem Schüler Maxi erfährt hierdurch eine interessante Schärfung, die weiterführende Fragen aufwirft: Was ist es, das die Lehrerin Maxi durch ihre Ignoranz und sanktionierende Ablehnung spiegelt? Was wird er, der nichts Anderes bekommt, hieraus für seine Identitätsentwicklung ableiten? Wie sehr wird sein ›Spiegelbild an Idealität einbüßen‹ müssen, wenn die Lehrerin nicht ihre Resonanzbereitschaft für ihn und seine Bedürfnisse aktiviert und ausbaut? Der Begriff der Resonanz fällt in der Lesart und hebt für mich als Lesart-Leserin den Bezug zu Hartmut Rosas ›Soziologie der Weltbeziehung‹ (Rosa, 2016) aus dem Status des Vorbewussten in den Status des Bewussten. Das Phänomen der Resonanz scheint grundlegend zu sein für die in der Vignette beschriebene Problemsituation und mithin für ihr visionäres Pendant einer gelingenden inklusiven Unterrichtssituation.

Antwort auf die Lesart und ihre theoretischen Markierungen von Oliver Reis

Die systemtheoretische Nüchternheit der Lesart irritiert. Weil sie überdies als eine ›gebrochene‹ Nüchternheit erscheint, entsteht der Eindruck, dass hier etwas gewürdigt wird, das doch schmerzt. Da wird nicht nur beschrieben, dass »der Lernwörtertest [ein] […] Test [ist]«. Wendungen wie »es geht darum…«, »Das ist die Aufgabe aller Akteure«, »Strenge Regeln sind wichtig« und »Aber diese Struktur schafft nur den Rahmen für den konzentrierten Akt selbst«, enthalten Wertungen, die das Reglement gutheißen, es mindestens im Sinne eines Funktionierens anerkennen. Warum so wenig theoretische Gegenwehr gegen die Verhältnisse in der Institution Schule? Warum gibt es in dieser Lesart allenfalls ironische Distanzierung zu den doch offenkundig zerstörerischen Verhältnissen. Die Kriegsmetapher, die angewendet wird auf die Praktik der aufgebauten Sichtschutzwände aus Schreibetuis, verweist in ihrer inhärenten Ironie doch ganz unmittelbar auf die zerstörerischen Kräfte, die den Menschen und seine Bedürfnisse verletzen.

Auf der Suche nach kritischer Systemgegenwehr in der Lesart werde ich lesend und wiederlesend zunehmend nervös, weil es mir so scheint, als würde hier etwas verteidigt, das doch nicht zu verteidigen ist: Das »Wunder der gemeinsamen Leistungsfähigkeit« gibt es in einer gleichschaltenden Situation wie der abgebildeten Prüfungssituation mit Lernwörtertest nicht! Was für ein »heilige[r] gemeinsamer Akt« soll ein Testungsakt sein, bei dem doch allen klar ist, dass ihre Schreibfähigkeiten weit, weit auseinanderklaffen? Oder darf ich den unmarkierten Hinweis auf Bourdieu vielleicht doch als Kritik an Machtverhältnissen lesen?

Wie ist diese Lesart zu decodieren? Es hilft der Hinweis aus dem »Rahmen«, der betont, dass es Ziel gewesen sei, »flächig zu bleiben und mögliche normative Rahmungen zu neutralisieren bzw. auszubalancieren«. Wie normierend bin also ich selbst? Stehen mir Opfer und Täterin vielleicht allzu klar vor Augen? Will ich das tun, wozu mich die in der Lesart demonstrierte Betrachtungsweise zwingt: Zurücktreten vor meinem eigenen emotionalen Wissen? Der Lesart Schreiber erscheint als Systembeobachter im Luhmann'schen Sinne, wobei dennoch die Frage eines Wertungsstandpunktes virulent bleibt. Wer bestimmt beispielsweise, dass die Praktik des Lernwörtertests eine »robuste Praxis ist, die gut in das Grundsetting von Schule und Deutschunterricht passt«? Wer urteilt hier über »Passung«, die in deutschdidaktischer Hinsicht zumindest ganz und gar nicht gegeben ist?

Antwort auf die Lesart und ihre theoretischen Markierungen von Franz Schröer und Claudia Tenberge

»Formen der Erhebung von Bewertung« und »Umgang mit Störungen« werden in dieser Lesart als Leitmotive aufgerufen. Beides sind zwar erwartbare, für mich aber dennoch überraschend Distanz nehmende Kategorien für den Umgang mit den Bedeutsamkeiten, die für mich an die Vignette gebunden sind.

Distanznahme innerhalb der Lesart empfinde ich auch bei der Zuwendung zu Maxi und den Motiven für sein Handeln (für das Einfordern des Wortes ›besoffen‹). Warum hier diese zurückgenommene Vorsicht im Hinblick auf die Benennung von Marginalisierung und von kindlichem Leiden unter problembeladenen Familienverhältnissen? Die Lesart bittet sogar darum, dass ein »Klischee« zu verzeihen sei. Nachvollziehbar und gleichermaßen methodisch interessant wird diese von Vorsichtigkeit zeugende Entschuldigungsbewegung durch einen Satz aus der »Theoretischen Verknüpfung« Hier heißt es: »Der Blick auf Fragen der De-Segregation bzw. Differenzierung oder auf Fragen nach der Berücksichtigung von Vielfalt verbirgt die Vignette durch die Grenzen der Situation, die sie beschreibt.« Wäre es nicht erkenntnishaltig, gleichsam radikal über die Grenzen einer Vignette hinauszuschreiben? Verborgenes spekulativ aber gleichsam angebunden an gesellschaftliche Wahrscheinlichkeiten für »Kindernöte« (Prengel, 2018) hinzuzuschreiben? Ist Objektivität wirklich die einzige Möglichkeit, zu Erkenntnissen zu kommen?

Hierzu passt es, dass ich mich bei der Aufforderung, von einer Parteinahme für Maxi abzusehen, ertappt fühle und dem nur widerwillig folge. Die hier implizierte Aufforderung zur nüchternen Distanznahme und zum Analyseblick kann mir als Verfasserin einer »möglichst nah am Kind« (Schratz et al., 2012, S. 17) perspektivierten Vignette nicht gefallen. Der Hinweis darauf, dass »Fragen zu Strategien der (De-)eskalation« in den Blick rücken sollen, führt mir dennoch vor Augen, dass es allein mit einer Haltungsänderung der Lehrerin ihrem Schüler Maxi gegenüber wohl nicht getan ist. Zu mächtig ist das System, in das sie alle – Maxi, die Lehrerin, die Mitschülerinnen und Mitschüler – gestellt sind. Gleichwohl könnte bereits fachdidaktische Expertise dabei helfen, die vermeintliche ›Störung‹ gar nicht als solche zu empfinden. Das »fachdidaktisch rückständige Bild« von der Lehrerin, das die Lesart hervorhebt, ist eines, das in der Vignette durchaus gezeichnet werden sollte. Das gleichschrittige Arbeiten mit einem Lernwörtertest kann keinesfalls als Arbeiten am gemeinsamen Gegenstand (Feuser, 1998) gelten (hiernach fragt die Lesart), vielmehr ist es so, dass mit der Gleichschrittigkeit (alle schreiben zur gleichen Zeit das gleiche Wort) eine stereotype Zugriffsweise auf die orthografische Schreibung von Wörtern erzwungen wird, die einseitig eine Zugriffsweise auf Lautschemata der deutschen Standardlautung voraussetzt, statt Schreibschemata zu aktivieren. Orthografiedidaktisch gilt, dass Wortschreibungen sowohl die phonologische Recodierung als auch den Abruf aus dem semantischen Lexikon erfordern und didaktische Verfahren beide kognitiven Wege ermöglichen müssen (Coltheart, 1978). Neben dieser grundsätzlichen orthografiedidaktischen Kritik an der Methode des Klassendiktats, scheint in der Vignette noch ein weiteres (damit durchaus verbundenes) rechtschreibdidaktisches Problem auf, das im Übergehen der individuellen Bedeutsamkeit von Wörtern (Wortsemantik) besteht (Richter, 1996). Weil der ›Lernwörtertest‹ entgegen fachdidaktischer Konzipierung dennoch aus Gründen der Tradition und des Brauchtums zum Zentrum der symbolischen Ordnungen des Deutschunterrichts an Grundschulen gehört, kann die Lehrerin ihn gegen das Aufbegehren des Kindes durchsetzen. Damit wird in der Tat die »Demonstration eines Machtgefälles zwischen Lehrperson und Maxi« vollzogen.

Literatur

Amann, K. & Hirschauer, S. (1997). Die Befremdung der eigenen Kultur. Ein Programm. In K. Amann & S. Hirschauer (Hrsg.), *Die Befremdung der eigenen Kultur. Zur ethnographischen Herausforderung soziologischer Empirie* (S. 7–25). Berlin: Suhrkamp.

Bourdieu, P. (1993). *Sozialer Sinn. Kritik der theoretischen Vernunft.* Berlin: Suhrkamp.

Brandstätter, U. (2012/2013). Ästhetische Erfahrung. In: Kulturelle Bildung online. Online verfügbar unter: https://www.kubi-online.de/artikel/aesthetische-erfahrung, Zugriff am 20.02.2023.

Brinkmann, M. (2018). Epoché: Einklammern, Anhalten, Zurücktreten, um Anderes und Fremdes zu sehen: Zur Praxis der phänomenologischen Epoché in der qualitativen Forschung. In D. Fischer, K. Jergus, K. Puhr & D. Wrana (Hrsg.), *Theoretische Empirie – Erkenntnisproduktion zwischen Theoriebildung und empirischen Praxen. Wittenberger Gespräche IV* (S. 30–56). Halle-Wittenberg: Martin-Luther-Universität.

Coltheart, M. (1978). Lexical Access in Simple Reading Tasks. In U. Geoffrey (Hrsg.), *Strategies of Information Processing* (S. 151–216). London: Academic Press.

Feuser, G. (1998). Gemeinsames Lernen am gemeinsamen Gegenstand. In A. Hildeschmidt & I. Schnell (Hrsg.), *Integrationspädagogik. Auf dem Weg zu einer Schule für alle* (S. 19–35). Hamburg: Juventa.

Kahlert, J., Lieber, G. & Binder, S. (2006). Ästhetische Bildung – auf dem Weg zu einer Ästhetik des Lehrens und Lernens. In S. Binder, J. Kahlert & G. Lieber (Hrsg.), *Ästhetisch bilden. Begegnungsintensives Lernen in der Grundschule* (S. 12–35). Braunschweig: Westermann.

Koller, H.-C. (2012). *Bildung anders denken. Eine Einführung in die Theorie transformatorischer Bildungsprozesse.* Stuttgart: Kohlhammer.

Prengel, A. (2018). Pädagogik der Vielfalt. Inklusive Strömungen in der Sphäre spätmoderner Bildung – In F. J. Müller (Hrsg.), *Blick zurück nach vorn – WegbereiterInnen der Inklusion* (Band 2) (S. 33–56). Gießen: Psychosozial Verlag.

Richter, S. (1996). *Unterschiede in den Schulleistungen von Mädchen und Jungen. Geschlechtsspezifische Aspekte des Schriftsprachenerwerbs und ihre Berücksichtigung im Unterricht.* Regensburg: Roderer.

Rosa, H. (2016). *Resonanz. Eine Soziologie der Weltbeziehung.* Berlin: Suhrkamp.

Schratz, M., Schwarz, J. F. & Westfall-Greiter, T. (2012). *Lernen als bildende Erfahrung. Vignetten in der Praxisforschung.* Innsbruck: Studienverlag.

Waldenfels, B. (2012). *Hyperphänomene. Modi hyperbolischer Erfahrung.* Berlin: Suhrkamp.

3 Lesartenbündel zur Vignette »High Five«

3.1 Vignette aus dem Mathematikunterricht »High Five«

Uta Häsel-Weide

Ende September in einer 3. Klasse. Die Kinder erkunden den erweiterten Zahlenraum bis 1000. In der Arbeitsphase arbeiten alle Kinder in Paaren zusammen, wählen eigenständig kleine und große Zahlen und legen diese mit Zehnerstreifen und Einerplättchen. Zu der Darstellung mit dem dekadischen Legematerial werden Zahlenkarten (Hunderter, Zehner und Einer z. B. 200, 30, 5) gelegt und so die Zahl ein weiteres Mal dargestellt. Die Zahlzerlegung (z. B. 200+30+5) wird auf einem Blankoblatt notiert.

Es herrscht eine betriebsame Arbeitsatmosphäre. Emilia und Nejla arbeiten zusammen. Sie haben bereits die Zahlen 65, 101 und 63 mit Material gelegt sowie die Zerlegung notiert und überlegen nun, welche Zahl sie als nächstes nehmen wollen. Nejla schlägt vor, was mit hundert zu nehmen. »Das hatten wir doch gerade«, wirft Emilia ein, woraufhin Nejla zweihundert vorschlägt.

Emilia greift nach dem Material und nimmt eine Handvoll Zehnerstreifen aus einer Kiste in der Mitte des Gruppentisches. Sie legt nacheinander Zehnerstreifen auf den Tisch und zählt dabei in Zehnerschritten. »Zehn, zwanzig, … neunzig, hundert.« Dann nennt sie zunächst einhundert, korrigiert sich zu hunderteins und fährt fort mit »hundertzwei, hundertdrei«. Nejla schaut sie an, unterbricht mit »Häh« und sucht ihrerseits nach dem passenden Zahlwort und scheint es nicht zu finden. Sie beginnen den Zählprozess von vorn, tippen die Zehnerstreifen an und zählen im Chor in Zehnerschritten. Beim elften Zehnerstreifen angekommen stocken sie, Nejla zählt weiter: »Hundertzehn, hundertzwanzig, hundertdreißig«, und Emilia stimmt ein: »Hundertvierzig, hundertfünfzig, … hundertneunzig, zweihundert«. Emilia betont jedes Zahlwort und lächelt beim Legen und Zählen. Die Kinder am Tisch gegenüber fordern die Mädchen auf, leiser zu zählen.

Die Mädchen legen drei Einerplättchen zu den Zehnerstreifen, so dass insgesamt die Zahl 203 dargestellt ist. Während Nejla zu Stift und Papier greift, um die Zerlegungsaufgabe zu notieren, beugt sich Emilia über das Material und zählt die Zehnerstreifen flüsternd noch einmal ab. »Zehn, zwanzig, … neunzig, hundert, zweihundert, äh, hundertzehn, zweihundert«. Sie stockt, schaut zu Nejla, lächelt verlegen und murmelt: »Ich kapier die Welt nicht mehr.«

Nach ein paar Sekunden blickt Nejla ihrerseits auf, schaut auf das Material, scheint kurz verunsichert und notiert dann 200 + 3, wobei sie leise »zwei null und drei« sagt. Emilia beugt sich zu ihr und blickt auf das Blatt.

Nejla schließt den Stift und wendet sich Emilia zu, die sich die Hand vor die Stirn schlägt und sagt: »Wir müssen noch legen«. Emilia sucht die Zahlenkarten 200 und 3 aus dem Stapel und legt sie neben die Zahldarstellung mit Zehnerstreifen und Einerplättchen. Sie klatscht applaudierend in die Hände, lacht und hält ihre Hand zum High Five hoch. Nelja schlägt ein.

3.2 Eine Lesart für das soziale Miteinander bei Lernaufgaben im Klassenraum

Katharina J. Rohlfing

Der theoretische Rahmen der Lesart

Es gibt mehrere theoretische Stränge, die ich für die Deutung der Vignette zusammenbringe. Zum einen habe ich über meine Forschung zu asymmetrischer Kommunikation (z. B. Beziehungsperson–Kind) eine recht spezielle Sicht auf Interaktion entwickeln können (Rohlfing u. a., 2016). Diese hebt sich deutlich von klassischen Sichtweisen ab, die Kommunikation als ein »Senden« und »Empfangen« oder als einen »Austausch« charakterisieren. Stattdessen vertrete ich die Sicht, dass Kommunikation auf Muster zurückgreift, die sich etablieren müssen. Diese Muster, genannt »pragmatische Rahmen«, werden früh in der Kindheit eingeübt und verfolgen das Prinzip, dass in einem Dialog beide Partner an einem gemeinsamen Ziel wirken. Die Verhaltensweisen, die dabei entstehen, werden nicht lediglich ausgetauscht. Vielmehr entstehen sie, weil sie dem gemeinsamen Ziel dienlich und typisch für eine dialogische (nicht monologische) Situation sind. In der Forschung zur sozialen Interaktion gibt es Befunde, die die Besonderheit dieser Verhaltensweisen belegen: Es sind Handlungen, kognitive Operationen und Zustände, in denen sich dialogische Partner einfinden, welche sich klar von Verhaltensweisen unterscheiden, die Individuen allein ausführen.

Es gibt zwei Konsequenzen aus dieser Besonderheit: Einerseits können solch pragmatische Rahmen als gemeinsame dialogische Aufgabe begriffen werden, an der beide Partner teilnehmen und einen Beitrag leisten. Diese Seite betont, dass jeder Partner eine Rolle bei der gemeinsamen Aufgabe ausfüllt und dadurch die Wirksamkeit der eigenen Person sowohl im Hinblick auf das Ziel als auch im Hinblick auf die Handlungen des anderen erfährt. Andererseits hat die Besonderheit der dialogischen Verhaltensweisen zur Folge, dass diese von einem Individuum nicht abgerufen werden können, ohne, dass sie vorher in einer Interaktion eingeübt wurden. Diese Seite kann durchaus einen Nachteil für in dem pragmatischen

Rahmen ungeübte Partner ergeben, die nicht wissen, worin in dieser Aufgabe ihre Rolle besteht und welchen Beitrag sie zum gemeinsamen Ziel leisten können. Beispielsweise haben wir in frühen Interaktionen mit Kindern gesehen, dass manche Bezugspersonen sich sehr gut auf die interaktiven Kompetenzen ihrer Kinder bezogen haben: Konnten ihre Kinder noch nicht sprechen, fragten sie nach dem »wo ist…?«, was ihr Kind mit einer Geste (einer Zeigegeste oder ihrem Blickzuwenden) beantworten konnte; während Bezugspersonen von Kindern, die sprechen konnten, bereits Fragen wie »was ist das?« stellten. Der Nachteil kann im Zögern einer Person sichtbar werden oder verdeckt aufkommen und sich dadurch manifestieren, dass die Person eine kognitive Operation, die für die Aufgabe relevant ist, nicht ausführen kann (z. B. kann ein Kind sich nicht auf ein Bild fokussieren oder eine längere Geschichte hören).

Diese theoretische Sicht auf Interaktion, die aus pragmatischen Rahmen besteht, lehnt sich an die Sprachphilosophie von (späterem) Wittgenstein (zusammengefasst in Savigny, 1996) und die Lerntheorie von Bruner (1983) an. In der Soziologie gibt es die Theorie der Resonanz (Rosa, 2016), die mit einer bestimmten Sicht auf Interaktion einhergeht und mit dem pragmatischen Rahmen verwandt zu sein scheint. Spannend bleibt dabei der individuelle Beitrag der Partner, und wie er – trotz der Muster – abgewandelt werden kann (Frank, 1977).

Die interpretative Lesart zur Vignette

Die Vignette stellt eine Unterrichtssituation mit einer Partnerarbeit dar. Zunächst nehme ich die Kommunikation zwischen den beiden Mädchen wahr: Es fällt mir auf, dass beide gut miteinander kommunizieren und einander ein Unverständnis signalisieren können. Das zeugt von gut ablaufenden Monitoringprozessen (Zimmermann, 2014), die beiden Mädchen eine Kompetenz im Bereich des Zuhörens zuspricht. Zuhören ist insofern eine zentrale Fähigkeit, als diese für eine gelungene Kommunikation die Voraussetzung ist (Zimmermann, 2014). Sie sorgt dafür, dass Partnerinnen und Partner sich aufeinander ein- und miteinander abstimmen können. Auch diese Fähigkeit ist eine dialogische Verhaltensweise, die ausgeübt werden muss, um sie souverän einsetzen zu können. Möglicherweise spricht die Tatsache, dass die Mädchen einander gut zuhören können dafür, dass sie in der Partnerarbeit erfahren sind oder diese als Interaktionsform bevorzugen.

Der Dialog während der Aufgabe läuft insofern erfolgreich ab, als beide Mädchen etwas zu der gemeinsamen Aufgabe beitragen können. Der Beitrag der Mädchen zu einer gemeinsamen Aufgabe spannt einen pragmatischen Rahmen auf, in dem sich die beiden Mädchen bewegen (Rohlfing et al., 2016). Zum Schluss erreichen sie das Ziel und markieren es mit positiven Emotionen. Das Ziel zu erreichen ist ein zentrales Element eines pragmatischen Rahmens (Rohlfing et al., 2016): Es organisiert die gemeinsame Interaktion im Sinne einer klaren Richtung. Der Vorteil dieser Organisation ist es, das Ziel aus den vergangenen Erfahrungen antizipieren zu können, um Handlungsschritte im Vorfeld präsent zu haben, diese schneller und effizienter zu planen und auszuführen. Auf diese Weise entsteht eine Sicherheit im eigenen Beitrag, die auch zufrieden macht.

Im Verlaufe des Dialogs gibt es Phasen, in denen das auf die mathematischen Inhalte bezogene Unverständnis von Emilia deutlich wird. Dabei bemerkt sie (und ich als Leserin), dass sie etwas nicht kann. Die kognitiven Operationen, die für diese Aufgaben nötig wären, kann sie selbst nicht kompetent ausführen. Nelja bemerkt lediglich einige Unstimmigkeiten im Zählen der Zehnerstreifen, findet aber schnell eine Lösung (gemeinsames Zählen), sodass das Unverständnis von Emilia nicht aufgeklärt, sondern im Sinne der Legeaufgabe in das gemeinsame Zählen umgewandelt wird. Dabei kann Emilia mitmachen, ohne dass ihr Verständnis vertieft oder das Unverständnis aufgelöst wird. Es wird hier ein Kompromiss deutlich: Sachliches Unverständnis zugunsten eines Erfolgs in der Erledigung der gemeinsamen Aufgabe. Dieses Ergebnis erinnert an frühe Eltern-Kind Interaktion. Dort steht der aktive Beitrag des Kindes im Vordergrund: Eltern (oder Bezugspersonen) versuchen eine Aufgabe so zu strukturieren, dass Kinder zum Ziel einen Beitrag leisten können. Es entsteht dabei der Eindruck, dass Kinder erst durch die interaktive Rolle ihre kognitiven Anforderungen (er)kennen und erfüllen lernen (Heller & Rohlfing, 2017). Die interaktive Rolle stellt dabei einen Handlungsrahmen her, in dem Kinder zunächst bestimmte Schritte, dann die Mittel und Wege, diese zu erfüllen begreifen (ebd.). Allerdings kann dieses Erkennen nur gelingen, wenn dieser pragmatische Rahmen wiederholt wird und durch die Wiederholung beiden Partnern einen Vorteil in der Verarbeitung gibt. Die Befunde aus solchen Situationen weisen darauf hin, dass das (Interaktions)verhalten zuerst eingeübt wird. Damit geht eine Sicherheit im Handeln einher, die wiederum – wenn sie sich einstellt – kognitive Ressourcen für die weitere Verarbeitung der vorliegenden Situation und der damit einhergehenden weiteren (kognitiven) Anforderungen freimacht.

Hervorzuheben ist, dass zum Schluss Emilia diejenige ist, die für die Vollständigkeit der Aufgabe sorgt und die korrekten Zahlenkarten heraussucht. Es kann sein, dass sie sich dabei an dem schriftlichen Ergebnis von Nelja orientiert, doch erreicht sie eine korrekte symbolische Darstellung. Für mich ist dieser Beitrag von Emilia von zentraler Bedeutung. Dieser erlaubt mir, die letzte Phase aus der Aufgabe vor dem Hintergrund des pragmatischen Rahmens zu interpretieren: Womöglich führt das gemeinsame Zählen dazu, dass Emilia das Unverständnis gar nicht als Niederlage empfindet und schnell ihre aktive Rolle als Organisatorin findet. Sie ist also während der Aufgabe aktiv dabei, erreicht die einzelnen Schritte mit ihrer Partnerin zusammen und führt zum Schluss auch noch den letzten Schritt aus, welcher die Aufgabe vervollständigt. Es ist möglich, dass die Kommunikation in der Aufgabe deshalb so gut funktioniert, weil die Mädchen schnell ihre komplementären Rollen darin finden, und durch den eigenen Beitrag den gemeinsamen Erfolg und die eigene Wirksamkeit umso mehr spüren (Reitter & Moore, 2014; Rosa, 2016).

Im Sinne eines inklusiven Unterrichts empfinde ich diese Erfahrung, die beide Mädchen in dieser Situation machen konnten, als positiv. In der gemeinsamen Organisation, Verteilung der Rollen und Kompetenzen sehe ich eine große Errungenschaft. Kritisch zu hinterfragen ist, was Emilia in dieser Situation mathematisch gelernt hat. Aus der Interpretation vor dem Hintergrund des pragmatischen Rahmens leite ich ab, dass die große Errungenschaft der gemeinsam erreichten Aufgabe ihre Wirkung aufs Lernen entwickeln kann: Die weitere Entwicklung könnte dadurch hervorgerufen werden, dass die Aufgabe wiederholt wird, damit Emilia aus der klaren Rollenverteilung mehr Ressourcen für die kognitive Auseinandersetzung mit den mathematischen Inhalten schöpfen kann. Die Gefahr einer erfolgreichen Interaktion besteht jedoch zusätzlich darin, dass auch die gut funktionierenden Rollen verfestigt werden und daher keine vertiefende kognitive Auseinandersetzung stattfinden kann. Möglicherweise könnte an dieser Stelle der Arbeitsauftrag eines Rollenwechsels für solch eine gewünschte Vertiefung sorgen. In der Analyse der Rollen und ihrer Ausführung sehe ich großes Potenzial, Kindern die Sicherheit in und Freude an der Interaktion einerseits zu ermöglichen, andererseits für kognitive Herausforderungen und dadurch Lernen zu sorgen.

Literatur

Bruner, J. S. (1983). *Child's talk: Learning to use language.* New York: Norton.

Frank, M. (1977). *Das individuelle Allgemeine.* Frankfurt a. M.: Suhrkamp.

Heller, V. & Rohlfing, K. J. (2017). Reference as an interactive achievement: Sequential and longitudinal analyses of labeling interactions in shared book reading and free play. *Frontiers in Psychology*, 8, Artikel 139.

Reitter, D. & Moore, J. D. (2014). Alignment and task success in spoken dialogue. *Journal of Memory and Language*, 76, 29–46.

Rohlfing, K. J., Wrede, B., Vollmer, A.-L. & Oudeyer, P.-Y. (2016). An alternative to mapping a word onto a concept in language acquisition: Pragmatic frames. *Frontiers in Psychology*, Vol. 7, Artikel 470.

Savigny, E. von (1996). Der Mensch als Mitmensch. Wittgensteins ›Philosophische Untersuchungen‹. München: dtv.

Zimmermann, A. (2014). Die Bedeutung des Sprachverstehens und seines Monitorings für die Abklärung. In B. Zollinger (Hrsg.), *Frühe Spracherwerbsstörungen. Kleine Kinder verstehen und Eltern begleiten* (S. 93–129). Bern: Haupt.

3.3 Eine Lesart zur Betonung von Mensch-Artefakt-Konstellationen

Iris Kruse

High-Five als Ausdruck gemeinsamer Zufriedenheit?

Ein Nachlesen bei Wikipedia zur genauen Bedeutung des Begriffes »High-Five« führt für mich zu einer eigenen Titelgebung: »High-Five als Ausdruck gemeinsamer Zufriedenheit?«, diesen fragenden Titel würde ich der Vignette geben wollen, in der die Arbeit zweier Mädchen innerhalb einer Arbeitsphase des Mathematikunterrichts in einer dritten Klasse beschrieben wird. Im Beschriebenen wird offenbar etwas errungen, das einen kleinen einmaligen Applaus verdient. Einen Applaus, der die Szene zum Abschluss bringt und mit der die Verfasserin die Vignette enden lässt. Aber wer genau applaudiert? Und wofür und für wen wird dieser Applaus initiiert?

Zwei Mädchen mit offensichtlich ungleichen Einsichten in Zehner- und Hunderterübergänge *erkunden*, so heißt es in der Vignette, den *erweiterten Zahlenraum bis 1000.* Wieviel von dem zu Erkundenden tatsächlich unbekannt ist – Unbekanntheit gehört zu einer Erkundung konstitutiv dazu –, wird nicht benannt. Wieviel Kontext haben die Lernerinnen zu eben diesem Zahlenraum und seinen markanten Übergangsstellen bereits bekommen?

Elementar sind in dieser Vignette »Ding-Praktiken« im Sinne von Kerstin Rabenstein (2018). »Dinge« treten im Unterricht als didaktische Artefakte auf, die keine wirkungsneutralen Behälter für bestimmte Operationen sind, sondern jeweils interpretiert werden von den beteiligten Akteurinnen und Akteuren. Den beiden Mädchen Nejla und Emilia scheint der Umgang mit den hier beteiligten mathematikdidaktischen Artefakten vertraut zu sein. So vertraut, dass spontanes Zugreifen und Tätigwerden möglich sind. So genanntes *dekadisches Legematerial* und zusätzliche *Zahlenkarten* stehen den Kindern zur Verfügung. In der Vignette ist die Rede von *Zehnerstreifen* und *Einerplättchen* im Hinblick auf das dekadische Legematerial sowie von *Hundertern, Zehnern* und *Einern* im Hinblick auf die Zahlenkarten. Das Material scheint starken Aufforderungscharakter zu haben. Die Ding-Praktiken scheinen gefestigt. Wäre es gerechtfertigt, hier von »zwingenden Dingen« im Sinne der Akteur-Netzwerk-Theorie zu sprechen? »Zwingende Dinge«, schreibt Hilmar Schäfer, »gleichen sich darin, dass sie auf spezifische Weise eine Funktion übernehmen, die ohne ihren Einsatz in dieser Art nicht aufrechterhalten werden [kann]« (Schäfer, 2013, S. 289). In jedem Fall wird im Klassenraum ausgewählt, genommen, gelegt und notiert in einer Weise, die als *betriebsam* bezeichnet wird. Alle sind also tätig. Alle haben etwas, das sie greifen und legen können. Auch Emilia und Nejla.

Wer für die bereits erarbeiteten Zahlen 65, 101 und 63 ausgewählt, genommen, gelegt und notiert hat, bleibt unbenannt, denn in den Fokus gerückt wird nun der Erarbeitungsweg hin zur Niederschrift der nächsten, der vierten Zahl, die zerlegt in Hunderter, Zehner und Einer auf ein Blankoblatt kommen soll. Bei wem liegt dieses Blankoblatt? Und wer hat zum Zeitpunkt des nun neu startenden Aushandlungsprozesses die Stifte zum Notieren bei sich liegen? An diesen Teil der Vignette scheint mir vieles gebunden zu sein, das in Richtung einer Wissens- und Könnenshoheit, einer Autorisierungsinstanz weist. Ein Gleichgewicht im Hinblick auf Wissen und Können nämlich ist in der Zweiergruppe aus Emilia und Nejla keinesfalls so gegeben, wie es der Ausdruck *Partnerarbeit* anzunehmen nahelegt. Während Nejla keine Schwierigkeiten mit den Zehner- und Hunderterübergängen hat und auch die Rolle der Einer innerhalb dieses Systems einschließlich der Regularien zur Zahlenbenennung kennt, verhält sich dies bei Emilia ganz anders. Sie benennt den Hunderterübergang falsch und setzt eine falsche Zählweise, bei der gelegte Zehnerschritte als Einerschritte bezeichnet werden, konsequent fort. Bei einem anderen, nachfolgenden Mal zählt sie nach dem Erreichen der 100 in einem Hunderter- statt in einem Zehnerschritt weiter, um nach einer Eigenkorrektur erneut ins Schlingern zu kommen mit Einern, Zehnern und Hundertern: Auf Hundertzehn folgt bei ihr Zweihundert. Spannend an Emilias gezeigtem Handeln ist die große Tatkraft und Energie, mit der sie sich in die Lernkrise führen lässt: »*Ich kapier die Welt nicht mehr*«, sagt sie und betont damit die Irritation, die die vorangegangenen Lege-, Zähl- und Benennungsprozesse bei ihr ausgelöst haben.

Welche Rolle kommt der Gemeinsamkeit mit Nejla hierbei zu? Was bedeuten Nejlas Dabeisein, Nejlas Handeln für Emilias Voranschreiten auf einem für sie widerständigen und irritationsreichen Erkenntnisweg, der zum Zeitpunkt des murmelig ausgesagten Nicht-Kapierens durchaus ein zukünftiges Kapieren verheißt. Zumindest verweist Emilias Irritationsaussage auf einen Einstieg in den Lerndiskurs um den erweiterten Zahlenraum bis 1000. Denn Lernen beginnt der phänomenologischen Lerntheorie Käte Meyer-Drawes folgend dort, wo Erfahrungen in ein Zwielicht führen:

> »Lernen ist nicht nur Erkennen. Es hat viele Facetten, welche die Menschen als leibliche Wesen betreffen. (...) Lernen beginnt in dieser Hinsicht dort und dann, wo und wenn das Vertraute seinen Dienst versagt und das Neue noch nicht zur Verfügung steht; (...). Der Weg führt nicht vom Schatten ins Licht, sondern endet zunächst in einem Zwielicht, auf einer Schwelle zwischen nicht mehr und noch nicht« (Meyer-Drawe, 2008, S. 15).

Dass dieses Zwielicht Emilia tatsächlich in den Diskurs hineinträgt und nicht etwa als Folge einer verzweifelten Resignation aus ihm herauskatapultiert, zeigt ihr konsequentes Voranschreiten auf dem vorgezeichneten Weg des Lehr-Lernarrangements mit seinen zentral eingebundenen didaktischen Artefakten. Emilia ist es, die auf ein vollständiges Abarbeiten der vom Arrangement vorgeschlagenen Handlungen drängt. Die bisher übergangenen Zahlenkarten sollen noch zur Anwendung kommen. Auch aus ihnen soll die Gesamtabläufe vervollständigend die 203 gelegt werden. Erst dann hätte in Emilias Auffassung geschrieben werden dürfen, was Nejla indes bereits erledigt hat. Dem Ausruf »Wir müssen noch legen!« folgt ein eigenhändiger Zugriff Emilias auf den Zahlenkartenstapel, aus dem sie die Karte mit der 200 und jene mit der 3 heraussucht. Obwohl Ding-Artefakte wie der Zahlenkartenstapel »keine objektive in ihrer Materialität begründete Bedeutung« (Rabenstein, 2018, S. 322) haben – vielmehr ist die Bedeutung von Dingen als instabil anzusehen, »Dinge sind mehrdeutig« (Rabenstein, 2018, S. 322) –, sind sie es, die hier zu einer stabilen Interaktivität führen.

Emilia applaudiert sich nach dem Zugriff auf den Zahlenkartenstapel selbst. Sie lacht und freut sich. Die kurz zuvor durchlebte Lernkrise (»*Ich kapier die Welt nicht mehr*«) scheint überwunden oder – stimmiger noch – sie scheint im Sinne des phänomenologischen Lernbegriffs nicht als bedrohlich, sondern als konstitutiv, als zum Lernen zugehörig empfunden zu werden. Dem Irritationsmoment – dem Zwielicht – ist eine gelungene Transformation zuteilgeworden und die Krise bekommt mithin die Chance produktiv zu wirken.

Diesem krisenhaften Moment, in dem Vertrautes nicht mehr gegeben war, kommt eine Schlüsselfunktion zu: Emilias verlegenes Lächeln und das Sprechen im Murmelton, das so gar nicht zu ihrer ansonsten spontanen, fröhlichen und zupackenden Art zu passen scheint, zeigen, dass das momentane Nicht-Verstehen für Emilia tatsächlich eine echte Krise darstellt. Hier wird sie still. Hier ist ihr etwas unangenehm. Hier spürt sie, dass sie etwas Neues immer noch nicht vollständig verstanden und ergriffen hat, das von Nejla längst beherrscht wird. Inklusionsdidaktisch ist dies ein hoch sensibler und gleichsam bedeutender Moment. Hier könnte die Erfahrung der unterschiedlichen Lerngeschwindigkeiten und Lernerfolge für Emilia in ein Inferioritätsempfinden kippen. Nejlas duldsame Ruhe scheint ein wichtiger Aspekt zur Verhinderung dieses Kippens zu sein. Sie wertet nicht, zeigt sich allenfalls von Emilias Vorgaben irritiert (*Hä?*), setzt gemeinsam mit ihr neu an (*Sie beginnen den Zählprozess von vorn, tippen die Zehnerstreifen an und zählen im Chor in Zehnerschritten*) oder bestimmt still und kommentarlos, was das Richtige ist (*Nach ein paar Sekunden blickt Nejla ihrerseits auf, schaut auf das Material, scheint kurz verunsichert und notiert dann 200+3*).

Durchaus wichtiger noch als Nejlas Duldsamkeit sind indes die Ding-Artefakte, von der die beschriebene Situation geprägt ist. Obwohl eine unausgesprochene Zuweisung der Schreibutensilien Blankoblatt und Stift an Nejla stattgefunden zu haben scheint, bleibt Emilia genug Material verfügbar, das ihr ein die Gesamtsituation prägendes Tätigsein ermöglicht und ihr somit Teilhabe und den Erhalt des Selbstkonzepts sichert. Dass Nejla über Zettel und Stift verfügt, darauf wie selbstverständlich und ohne vorherigen Aushandlungsprozess zugreift, um das Ergebnis zu fixieren, ist als eindeutiges Zeichen für eine an die Mathematikkompetenz rückgebundene Führungsposition zu werten. Beschließen, dass der Arbeitsvorgang beendet ist, kann sie allerdings selbst durch das Schließen des Stiftes nach vollzogener Niederschrift nicht, denn dagegen steht der vielleicht zwingende Charakter der weiteren Materialien, dem Emilia vom Beginn der Szene an bis zu deren Ende konsequent folgt. Es ist Emilia, die zu Beginn *nach dem Material [greift] und eine Handvoll Zehnerstreifen aus einer Kiste in der Mitte des Gruppentisches [nimmt]*. Ebenso ist es Emilia, die, noch nachdem Nejla bereits den Stift wieder geschlossen hat, auf die Zahlenkarten zugreift und die richtigen Karten *neben die Zahldarstellung mit Zehnerstreifen und Einerplättchen* legt. Es scheint für Emilia von hoher Bedeutung zu sein, dass es etwas gibt innerhalb dieser unterrichtlichen »Mensch-Artefakt-Konstellation« (Latour, 2006 [1994]), das sie mit Händen greifen und tun kann. Auf die *Handvoll Zehnerstreifen* zu Beginn der Erarbeitungsphase für die gewählte Zahl 203 folgt viel kognitiv Herausforderndes, das in die Krise führt und schließlich mit einer symbolstarken Hand, die *vor die Stirn schlägt* überwunden und so transformiert wird, dass es emotional für das Selbstkonzept tragbar ist; sogar so gut tragbar, dass es Applaus (von Händen ausgeführt!) und Lachen verdient und überdies eine Aufforderung zu einem High Five (mit einer hochgehaltenen Hand initiiert und mit einer anderen hinzukommenden Hand vervollkommnet).

Wem nun gilt diese Geste des Beifalls? Initiiert wird sie von Emilia, deren Freude in der Vignette zusätzlich durch das beschriebene Lachen abgebildet wird. Freut sie sich über ihr eigenes Durchhalten in einer herausforderungsreichen Situation? Freut sie sich über den vollständigen Abschluss einer gemeinsam anzugehenden Aufgabeneinheit? Welche Rolle spielt in diesem Finale die Gemeinsamkeit? *Nejla schlägt ein* heißt es. Mit welchen Emotionen tut sie dies? Hierüber wird nichts ausgesagt. Zugleich erscheinen die Möglichkeiten, die sich anbieten, inklusionsdidaktisch durchaus bedeutsam. Nejlas Motiv für das Einschlagen in Emilias hochgehaltene Hand macht einen markanten Unterschied für das Nachdenken über Lerngruppenzusammensetzungen und Lehr-Lernarrangements. Freut sie sich ebenfalls über den erfolgreichen Abschluss der Aufgabe? Freut sie sich über eine gelungene Kooperation? Oder freut sie sich vielleicht einfach nur über Emilias Freude? Noch weitergehend ließe sich fragen: Freut sie sich überhaupt?

Literatur

Latour, B. (2006 [1994]). Über technische Vermittlung. Philosophie, Soziologie und Genealogie. In A. Belliger & D. Krieger (Hrsg.), *ANThology. Ein einführendes Handbuch zur Akteur-Netzwerk-Theorie.* (S. 483–528). Bielefeld: transcript.
Meyer-Drawe, K. (2008). *Diskurse des Lernens.* München: Fink.
Rabenstein, K. (2018). Ding-Praktiken. Zur sozio-materiellen Dimension von Unterricht. In M. Proske & K. Rabenstein (Hrsg.), *Kompendium Qualitative Unterrichtsforschung. Unterricht beobachten – beschreiben – rekonstruieren* (S. 319–347). Bad Heilbrunn: Klinkhardt.
Schäfer, H. (2013). *Die Instabilität der Praxis. Reproduktion und Transformation des Sozialen in der Praxistheorie.* Weilerswist: Velbrück Wissenschaft.

3.4 Eine praxistheoretische Lesart zum Erkunden

Oliver Reis

Der theoretische Rahmen der Lesart hat sich gegenüber der Lesart zur Vignette »Kommt jetzt bitte mal *besoffen!*« von Iris Kruse wenig verändert. Auch diese Lesart übernimmt die Prämissen und den methodischen Zugang der Praxistheorie, so hier die Praxis der Erkundung und ihre unterrichtliche Etablierung als Leitmotiv im Mittelpunkt steht, die andere Subpraktiken organisiert. Gleichzeitig lässt sich der diachrone Verlauf der Erkundung gut in den Phasen der Netzwerkbildung fassen, wie sie von der Akteur-Netzwerktheorie beschrieben werden (Kneer, 2009, S. 24 ff.; Callon, 2006, S. 156 ff.; Belliger & Krieger, 2006, S. 40 ff.), weil das Moment der Erkundung ein reversibles blackboxing des Zählens im Verlassen des bekannten Zahlenraums nötig macht. Da hier in der Vignette die Inklusionspositionierung der Vignettenschreiberin sehr dezent bleibt und hier auch keine explizite Lehrer- und Lehrerinneninteraktion im Fokus steht, habe ich die in der Lesart zu der Vignette von Iris Kruse vorgenommene Gegenblende mit der Fokussierung auf den aktiven Maxi hier zurückgefahren. Interessant ist für mich bei der Rekonstruktion der Erkundungspraxis, ob hier das Lehrerinhandeln überhaupt unter dem Gesichtspunkt der Inklusion betrachtet werden kann. Der Versuchsaufbau ist klassisch, die Gruppenbildung auch, mit Differenz und Homogenisierung wird hier eigentlich wenig explizit gearbeitet. Aus meiner Sicht entsteht das inklusive Moment durch die Variation der Lehrpraxis durch die Schülerinnen und Schüler. Sie machen eine Erkundung und in diesem komplexen sozialen Feld ist Raum für einen kognitiven Sprung in der Heterogenität der beiden Mädchen, die nachfolgend skizziert wird.-
Die interpretative Lesart zur Vignette

»Ende September in einer 3. Klasse. Die Kinder erkunden den erweiterten Zahlenraum bis 1000. In der Arbeitsphase arbeiten alle Kinder in Paaren zusammen, wählen eigenständig kleine und große Zahlen und legen diese mit Zehnerstreifen und Einerplättchen. Zu der Darstellung mit dem dekadischen Legematerial werden Zahlenkarten (Hunderter,

Zehner und Einer z. B. 200, 30, 5) gelegt und so die Zahl ein weiteres Mal dargestellt. Die Zahlzerlegung (z. B. 200+30+5) wird auf einem Blankoblatt notiert.«

Die Vignette führt in eine markierte Situation: Es geht um die Erweiterung des 100er-Zahlenraums bis 1000, diese Erweiterung wird durch eine bestimmte Praktik von den Kindern vollzogen: die *Erkundung* (Padberg & Benz, 2011, S. 57 ff.). Seit der operativen Wende in den 1990er Jahren hat sich die Mathematik-Didaktik deutlich von dem Lernen der Kleinschrittigkeit auf das operative Lernen umgestellt: Große, komplexe Zusammenhänge werden auf ihre Regelhaftigkeit hin untersucht. Die Regeln werden gesichert, routinisiert, müssen aber auch wieder an neuen Sachverhalten verifiziert und notfalls angepasst werden (Wittmann, 1985, S. 7 ff.; Wittmann, 1994, S. 159 ff.; Bauer, 1993). Das setzt voraus, dass im Mathematikunterricht ein Gegenstand an sich schon regelhaft modelliert wird, aber die Kinder diese Strukturen nicht einfach präsentiert bekommen, sondern die Regeln zur Beherrschung der Strukturen entdecken, in ihrer Leistungsfähigkeit erleben und so als Instrumente annehmen. Fehler wie Übergeneralisierungen sind dabei ausdrücklich erlaubt. Fehlermachen ist notwendiger Bestandteil des Regelnentdeckens im Sinne des *abduktiven Schließens:* Einzelfall-Hypothese-Einzelfall-Generalisierung-Einzelfall-… (Prokopf, Heil & Ziebertz, 2003). Die Praxis des Erkundens lässt sich in diesem abduktiven Schließen gut nachbilden. Sie wird aber gerahmt von bestimmten mentalen Zuständen wie Neugier/Forscherdrang, einer gewissen Bereitschaft zum Belohnungsaufschub, Selbstwirksamkeitsvorstellung, von bestimmten Forschungsinstrumenten, die in der Lage sind, die Erkundungsaufgabe so zu modellieren, dass die Bewältigung möglich wird, und es braucht ein gut gewähltes Erkundungsterritorium, das einerseits ausreichend unbekannt und komplex ist, so dass ein rein deduktives oder induktives Schließen nicht möglich ist. Gehört zum Erkunden die soziale Situation? Es können Erkunderinnen und Erkunder sicher auch alleine losziehen und ihre Schlüsse tätigen, aber gerade beim abduktiven Schließen ist die Qualität – mit Vygotzkij gesprochen – abhängig von der Heterogenität des sozialen Feldes (Kohlmeyer, 2018). Die Generalisierung ist auf soziale Validierung angewiesen, wenn schon nicht synchron, dann diachron über Diskurse. Daran wird schon deutlich, dass *Erkunden* anders als *Erobern* immer auch die Erkundenden verändert. Sie verändern durch die Strukturierung das Feld, aber sie verändern auch sich.

Wir beobachten nun über die Vignette die Aufbruchssituation im Erkundungslager, wir erfahren etwas über das Feld, das erkundet wird (Zahlenraumerweiterung), etwas über die Instrumente (Legematerial, Streifen/Plättchen, Zahlenkarten, Stift/Blankoblatt) und die eigentlichen zu erkundenden Objekte (selbstgewählte Zahlwörter im alten und neuen Zahlenraum). Der Versuchsaufbau ist auch erkennbar: 1) sich eine Zahl auswählen, 2) sie mit dem dekadischen Legematerial darstellen, 3) diese Darstellung in den Stellenwerten mit Zahlkarten bündeln und 4) die Zahlkarten als Addition darstellen, so dass die gewählte Zahl am Ende als Summe der »Stellenwertschichten« beschrieben wird (Mosandl & Sprenger, 2017, S. 146). In diesem Aufbau wird eine bestimmte Lehrenden-Praktik der Rahmung deutlich, die mich eher an eine kleinschrittige Feldeinführung erinnert und die schon fast die Erkundung unnötig macht. Sie stellt das her, was die Erkundung tun soll: Zahlen werden in ihre innere Struktur aufgebrochen, ihr Bauprinzip wird offengelegt und dabei werden Anschlussstellen an den Zahlenraum bis 100 sichtbar. Neu ist: Es sind mehr Zehnerstreifen, die Zehnerstreifen müssen wie gehabt gebündelt werden, das geschieht über Zahlen bis maximal 100. Ist hier wirklich noch Erkundung nötig? Die Eigenständigkeit bezieht sich nur noch auf die Versuchsdurchführung. Geht es vielleicht auch mehr um die Erzeugung des mentalen Erkundungsgefühls für die Motivation?

»Es herrscht eine betriebsame Arbeitsatmosphäre. Emilia und Nejla arbeiten zusammen. Sie haben bereits die Zahlen 65, 101 und 63 mit Material gelegt sowie die Zerlegung notiert und überlegen nun, welche Zahl sie als nächstes nehmen wollen. Nejla schlägt vor, was mit hundert zu nehmen. ›Das hatten wir doch gerade.‹, wirft Emilia ein, woraufhin Nejla zweihundert vorschlägt.«

Emilia und Nejla arbeiten zusammen, sie bilden also eine soziale Gruppe in der Erkundungspraktik. Sie haben sich bisher Zahlen aus dem vertrauten Zahlenraum gewählt, um den Versuchsaufbau zu testen, und eine aus dem neuen, die aber interessanterweise der direkte Nachfolger der bisherigen Grenzzahl 100 darstellt. Bei der 101 ist es möglich, über eine leichte Anreicherung des bisherigen Wissens (gleiche Zahl an Zehnerstreifen und dann noch ein Einer) den ersten Fuß in den neuen Zahlenraum zu setzen, ohne die Strategien grundlegend ändern zu müssen. Offenbar sind diese Durchführungen glatt durchgelaufen, die *Blackbox* musste gar nicht aufgebrochen werden, so dass auch eine Erkundung überflüssig ist (Latour, 2006, S. 493). Nun bringen sich die beiden aber in einen wirklichen Erkundungsmodus. Emilia will in wirklich neues Terrain, sie geht vielleicht davon aus, dass etwas mit Hundert so läuft wie die 101. Nejlas Zweihundert scheint fremd genug.

»Emilia greift nach dem Material und nimmt eine Handvoll Zehnerstreifen aus einer Kiste in der Mitte des Gruppentisches. Sie legt nacheinander Zehnerstreifen auf den Tisch und zählt dabei in Zehnerschritten. ‚Zehn, zwanzig, …neunzig, hundert'. Dann nennt sie zunächst einhundert, korrigiert sich zu hunderteins und fährt fort mit ›hundertzwei, hundertdrei‹. Nejla schaut sie an, unterbricht mit ›Häh‹ und sucht ihrerseits nach dem passenden Zahlwort und scheint es nicht zu finden.«

Emilia unterläuft hier die Aufgabenstellung, wenn sie sich nicht eine Zahl überlegt, sondern sie holt sich eine ausreichend große Anzahl an Zehnerstreifen auf den Tisch. *Die Handvoll* der Vignette lese ich hier als unbestimmte Zahl, biblisch: große Fülle. Jetzt wird es spannend, denn jetzt muss die Zahl erst erarbeitet werden. Die Praktik, die hier aufgerufen wird, ist das *Zählen.* Zählen heißt, eine eindeutige Abbildung zwischen Dingen und Zahlworten herstellen. Kein Wort wird zweimal benutzt und jedes Ding nur einmal bezeichnet und dann kommt noch hinzu, dass die Wörter in der richtigen Nachfolgerrelation stehen müssen (Padberg & Benz, 2009, S. 9). Die Praktik funktioniert bis zum zehnten Streifen. Beim elften Streifen ereignet sich eine Varianz in der Abbildung. Wie heißt das Zahlwort, das als Nachfolger nun in Frage kommt? Das ist schon fast ein semantisches Problem. Die Zahlenraumerweiterung ist nicht nur arithmetisches, sondern offenbar auch ein sprachliches. Was arithmetisch gemeint ist, ist durch die nachfolgenden Zahlwörter klar: Der Nachfolger von 100 in Zehnerschritten, variiert wird aber der Einer, der zu der bekannten 101 führt, die beiden schon als Einer-Nachfolger der 100 bekannt ist. Nelja unterbricht diese Abbildung und markiert eine Störung: Wie heißt denn der Nachfolger von Hundert in Zehnerschritten? Um diesen Zehnerschritt muss es gehen, Emilia hat ja einen Zehnerstreifen ist der Hand. Jetzt wird es wirklich eine Erkundung? Dieses Problem ist in dem Versuchsaufbau gar nicht direkt als kognitive Dissonanz angelegt. Die Praxis des Zählens kommt im neuen Zahlenraum durch die *Problematisierung* (Belliger & Krieger, 2006, S. 40) an ihre Grenze. Die Blackbox muss reversibel gedacht werden. Nejla benennt das Problem nicht. In dem »Häh?!« könnte drinstecken: hundertzwei, -drei usw. sind doch andere Mengen, dann wären die gleichen Zahlwörter ja für zwei unterschiedliche Mengen da. Dann wäre der Abbildungscharakter nicht mehr erhalten. Sie könnte aber auch direkt das Stellenwertproblem erkannt haben, dass Emilia hier von den Zehnern zu den Einern springt, obwohl sie ja weiter Zehnerstreifen legt.

»Sie beginnen den Zählprozess von vorn, tippen die Zehnerstreifen an und zählen im Chor in Zehnerschritten. Beim elften Zehnerstreifen angekommen stocken sie, Nejla zählt weiter: ›Hundertzehn, hundertzwanzig, hundertdreißig‹, und Emilia stimmt ein: ›Hundertvierzig, hundertfünfzig, …hundertneunzig, zweihundert‹.«

Die Problematisierung führt zu einem neugierigen Interesse (Belliger & Krieger, 2006, S. 40; Callon, 2006, S. 152 ff.): Die Zählpraxis wird wiederholt, aber durch das Tippen noch einmal elementarisiert (Moeller & Nuerk, 2012, S. 33). Die Zählstreifen und die Worte werden mit den Fingern verbunden. Bis Hundert geht es im Chor, hier ist das bekannte Feld. Jetzt kommt der Schritt in der Erkundung. Nelja macht diesen Schritt und verbindet die arithmetische Vorstellung, wie der Zahlenraum bis 200 in Zehnern gegliedert ist, mit der semantischen Fähigkeit, diesen Zehner an den drei Möglichkeiten (Hunderter; Zehner, Einer) im zweiten Wortteil als Zehner anzubinden. Kennt sie das Wort schon? Hat sie es hier erst gebildet? Das wird nicht erkennbar. Es ist auf jeden Fall ein neues Skript entstanden. Für diesen Schritt braucht es zwischen den beiden ein Programm, das chorische Sprechen führt an die Grenze, dann übernimmt Nejla die Führung, sie lässt sich in der offenen Situation enrolen (Schulz-Schaeffer ,2000, S. 190, 201; Callon, 2006, S. 156). Die veränderte Zählpraktik kann Emilia dann sofort zumindest semantisch übernehmen und sich das neue Skript mitinskribieren, sodass die Mobilisierung wieder synchronisiert wird (Callon, 2006, S. 162; Kneer, 2009, S. 25). Die Hypothese von Nelja für den Sprung in den neuen Zahlenraum wird an den Nachfolgern getestet, es gibt keinen Widerspruch, es kommt zur Generalisierung, Zählen mit Zehnerschritten wird nun geblackboxst. Als der zweite Hunderter durchschritten ist, sind die Zehnerstreifen aufgebraucht, es ist aber auch die Zehnerstruktur dieses zweiten Hunderters damit geklärt. Es wäre interessant, was Emilia mit dem 21. Zehnerstreifen tun würde. Dazu muss es aber nicht mehr kommen.

»Emilia betont jedes Zahlwort und lächelt beim Legen und Zählen. Die Kinder am Tisch gegenüber fordern die Mädchen auf, leiser zu zählen.«

Im Zuge der Generalisierung und des blackboxings benutzt Emilia dann eine Präsentationstechnik, die die Erkundung und ihr Ergebnis öffentlich macht. Diese Präsentation kommt für andere Teams zur falschen Zeit, es ja noch nicht Zeit für eine gemeinsame Tagung, sie stecken selbst noch in der Erkundung oder in der simulierten Erkundung und führen einfach nur routiniert den Versuchsaufbau mehrfach durch.

»Die Mädchen legen drei Einerplättchen zu den Zehnerstreifen, so dass insgesamt die Zahl 203 dargestellt ist. Während Nejla zu Stift und Papier greift, um die Zerlegungsaufgabe zu notieren.«

Für Nejla ist die Erkundung beendet, sie geht in den übernächsten Schritt der schriftlichen Notation der Zahl über.

»...beugt sich Emilia über das Material und zählt die Zehnerstreifen flüsternd noch einmal ab. ›Zehn, zwanzig..., neunzig, hundert, zweihundert, äh, hundertzehn, zweihundert‹. Sie stockt, schaut zu Nejla, lächelt verlegen und murmelt: ›Ich kapier die Welt nicht mehr‹.«

Parallel ist Emilia wieder in der Erkundung zurückgekehrt und vollzieht nun alleine die neue Zählpraktik. Wieder die gleiche Hürde. Sie hat schon abgespeichert, dass die Erhöhung an der Einerstelle nicht funktional ist. Sie testet noch eine andere Hypothese: die Erhöhung der Hunderter-Stelle. Diese Varianz erscheint ihr nicht funktional, sei es wegen der Verletzung der Abbildung (zweihundert ist schon eine andere Zahl), sei es wegen der Erinnerung der richtigen Lösung. Sie ist wieder bei der zweihundert angekommen. Die Praxis des Lächelns ist hier deutungsoffen erzählt. Es könnte der Versuch sein, Symmetrie zu erreichen oder eine etwas gebrochene Zufriedenheit, die neue angereicherte Zählpraxis selbst durchgeführt zu haben. Durch die Praxis des Flüsterns wird eine gewisse Privatisierung zumindest gegenüber den Kindern am Tisch gegenüber erreicht, aber ja nicht gegenüber Nejla. Das Zögern bei der Hürde und notwendige Korrektur könnten von Nejla durchaus bemerkt worden sein. Die Verlegenheit und die Irritation, das Murmeln, als erneute selbstbezogene, aber immer noch veröffentlichte Praxis der Selbstauskunft markieren deutlich die Fremdheitserfahrung der Erkundung. Es ist im Sinne der Erkundung durchaus korrekt, dass Emilia mit der Zahlenerweiterung ihre bekannte Welt erst einmal verlassen hat. Und sie braucht noch Zeit und Übung, um wieder heimisch in ihr zu werden. Vielleicht hofft sie darauf, dass Nejla ähnlich empfindet, dass sie die Erfahrung mit ihr teilt?

»Nach ein paar Sekunden blickt Nejla ihrerseits auf, schaut auf das Material, scheint kurz verunsichert und notiert dann 200 + 3, wobei sie leise ›zwei null und drei‹ sagt. Emilia beugt sich zu ihr und blickt auf das Blatt.«

Nejla erreichen diese halböffentlichen Botschaften offenbar und sie muss sich noch einmal vergewissern, ob die Lösung stimmt. Auch sie muss noch einmal das neue Wort zweihundertunddrei kauen, auch wenn sie schon 200+3 schreibt. Was ist das aber auch für ein Wort! Sie hat es vielleicht zum ersten Mal in ihrem Leben bewusst mental repräsentiert. Das ist schon ein Geheimnis, das sie hier mit Emilia teilt und das doch auch ein sehr privat ist.

»Nejla schließt den Stift und wendet sich Emilia zu, die sich die Hand vor die Stirn schlägt und sagt: ›Wir müssen noch legen.‹ Emilia sucht die Zahlenkarten 200 und 3 aus dem Stapel und legt sie neben die Zahldarstellung mit Zehnerstreifen und Einerplättchen. Sie klatscht applaudierend in die Hände, lacht und hält ihre Hand zum High Five hoch. Nelja schlägt ein.«

Nejla schließt die Erkundung für sich zunächst mit der gängigen Praxis des Stiftschließens ab. Ich muss nicht mehr schreiben, ich brauche dich nicht mehr. Auf dem Zettel steht das gewünschte Ergebnis: Wir sind fertig. Aber Emilia erinnert an den Zwischenschritt, die körperliche begleitende Praxis wirkt wieder fast theatral, ganz öffentlich. Hier ist wieder sicherer Boden erreicht. Beide agieren nur noch im Versuchsaufbau und arbeiten ihn ab. Die Aufgabe ist bearbeitet. Die Frage ist, ob die starke emotionale Reaktion dem Abarbeiten geschuldet ist – wäre es also auch bei den vorherigen Zahlen zu beobachten gewesen? – oder tritt sie nur hier auf. Im zweiten Fall ist sie vermutlich also der wirklichen Erkundung geschuldet gewesen, die sich fast unterhalb der vorgezeichneten Aufgabenstrecke ereignet hat.

Literatur

Bauer, L. (1993). Das operative Prinzip als umfassendes, allgemeingültiges Prinzip für das Mathematiklernen. Didaktisch-methodische Überlegungen zum Mathematikunterricht in der Grundschule. *Zentralblatt für Didaktik der Mathematik*, 25, 76–83.

Belliger, A. & Krieger, D. J. (2006). Einführung in die Akteur-Netzwerk-Theorie. In A. Belliger & D. J. Krieger (Hrsg.), *ANThology. Ein einführendes Handbuch zur Akteur-Netzwerk-Theorie* (S. 13–50). Bielefeld: transcript.

Callon, M. (2006). Einige Elemente einer Soziologie der Übersetzung: Die Domestikation der Kammmuscheln und der Fischer der St. Brieuc-Bucht. In A. Belliger & D. J. Krieger (Hrsg.), *ANThology. Ein einführendes Handbuch zur Akteur-Netzwerk-Theorie* (S. 135–174). Bielefeld: transcript.

Kneer, G. (2009). Akteur-Netzwerk-Theorie. In G. Kneer & M. Schroer (Hrsg.), *Handbuch Soziologische Theorien* (S. 19–39). Wiesbaden: VS Verlag für Sozialwissenschaften.

Kohlmeyer, T. (2018). Dekonstruktion eines Mythos. Vygotskijs Zone der nächsten Entwicklung und Feusers kindzentrierte basale Pädagogik. In G. Büttner, H. Mendl, O. Reis & H. Roose (Hrsg.), *Heterogenität im Klassenzimmer. Religion lernen* (Jahrbuch für konstruktivistische Religionsdidaktik, Band 9) (S. 59–74). Babenhausen: Lusa.

Latour, B. (2006). Über technische Vermittlung: Philosophie, Soziologie und Genealogie. In A. Belliger & D. J. Krieger (Hrsg.), *ANThology. Ein einführendes Handbuch zur Akteur-Netzwerk-Theorie* (S. 483–528). Bielefeld: transcript.

Moeller, K. & Nuerk, H.-C. (2012). Zählen und Rechnen mit den Fingern. Hilfe, Sackgasse oder bloßer Übergang auf dem Weg zu komplexen arithmetischen Kompetenzen? *Lernen und Lernstörungen*, 1 (1), 33–53.

Mosandl, C. & Sprenger, L. (2017). Ausbau des Zahlverständnisses anhand von Stellenwerten. In U. Häsel-Weide, & M. Nührenbörger (Hrsg.), *Gemeinsam Mathematik lernen – mit allen Kindern rechnen* (S. 143–153). Frankfurt a. M.: Grundschulverband.

Padberg, F. & Benz, C. (2011). *Didaktik der Arithmetik für Lehrerausbildung und Lehrerfortbildung* (4., erweiterte stark überarbeitete Auflage). Heidelberg: Spektrum.

Prokopf, A., Heil, S. & Ziebertz, H.-G. (2003). Abduktives Schließen im qualitativen Auswertungsverfahren. In A. Prokopf, S. Heil & H.-G. Ziebertz (Hrsg.), *Abduktive Korrelation. Religionspädagogische Konzeption, Methodologie und Professionalität im interdisziplinären Dialog* (S. 89–108). Münster: Lit.

Schulz-Schaeffer, I. (2000). Akteur-Netzwerk-Theorie: zur Koevolution von Gesellschaft, Natur und Technik. In J. Weyer (Hrsg.), *Soziale Netzwerke: Konzepte und Methoden der sozialwissenschaftlichen Netzwerkforschung* (S. 187–210). München: Oldenbourg.

Wittmann, E. C. (1985). Objekte-Operationen-Wirkungen: Das operative Prinzip in der Mathematikdidaktik. *Mathematik lehren*, 3 (11), 7–11.

Wittmann, E. C. (1994). Wider die Flut der »bunten Hunde« und der »grauen Päckchen«: Die Konzeption des aktiv-entdeckenden Lernens und des produktiven Übens. In E. C. Wittmann & G. Müller (Hrsg.), *Handbuch produktiver Rechenübungen* (Band 1) (S. 157–171). Leipzig: Klett.

3.5 Lesartenantwort – Annäherung an fachliche und soziale Praktiken im inklusiven Mathematikunterricht

Uta Häsel-Weide

Eigenes Vorverständnis der Vignette

Die Vignette zeigt eine Situation aus der Einführung in den neuen Zahlenraum bis 1000, ein klassischer und für das Lernen von Mathematik zentraler Inhalt, der eine kritische Stelle im mathematischen Lernprozess charakterisiert (Häsel-Weide & Nührenbörger, 2013). Im Mittelpunkt steht curricular die Erkundung der neuen, großen Zahlen. Dazu steht den Kindern Legematerial zur Verfügung, dabei handelt es sich »nur« um Zehnerstreifen und Einerplättchen. Es muss also gebündelt werden, so dass der Hunderter als Zusammensetzung aus Zehnerstreifen sichtbar werden kann.

Zwei Mädchen arbeiten kooperativ an der Aufgabe, ihre Vorgehensweisen zeigen die typischen Schwierigkeiten bei der Anzahlbestimmung im erweiterten Zahlenraum, z. B. beim Zählen in Schritten und der Zahlwortbildung (Moser Opitz, 2013; Spiegel & Selter, 2003).

Die Kinder bewältigen die Anforderung gemeinsam, die Szene zeigt ein kokonstruktives Vorgehen (Hackbart, 2017; Schöttler, 2019). Die Schülerinnen sprechen sich ab, bestimmen zusammen die neue Zahl, die sie darstellen wollen, zählen gemeinsam, teilen sich die Teilaufgaben auf. Gleichwohl wird das Gelingen der Bearbeitung und der positive Blick auf die produktive Aufgabe gestört, als Emilia sich ein weiteres Mal an der Anzahlbestimmung versucht, aber die passenden nächsten nicht findet und scheitert. In diesem Moment findet sie weder Hilfe im Material noch bittet sie ihre Partnerin um Hilfe. Sie befreit sich aus der Situation, indem sie über eine Teilaufgabe – das Legen der Zahlen mit Zahlenkarten – einen Weg findet, wieder die eigene Kompetenz zu erleben, einen produktiven Beitrag zur Aufgabenbearbeitung zu leisten und so Anerkennung zu finden (Fritsche, 2014). Am Ende scheint für die Mädchen das gemeinsame erreichte Ziel zu überwiegen. Für die Lesenden bleibt eine Spannung, die die Szene fragil erscheinen lässt.

Bestätigung, Befremdung, Irritation, Überraschung. Antworten auf ›fremde und andere‹ Lesarten und ihre theoretischen Markierungen

Mathematische Tätigkeiten unter dem Blickwinkel der Praktiken

In den Lesarten werden einige mathematische Tätigkeiten als Praktiken gefasst und beschrieben. Diese erweitert das mathematikdidaktische Verständnis der Tätigkeit zu einem allgemeineren, fächerübergreifenden Zugang. Zugleich scheinen dadurch genuin gegenstandsspezifische Bedeutsamkeiten in den Hintergrund zu rücken.

Abb. 1: Zehnerstreifen

Zwingende »Ding-Praktiken«?

Der in der Lesart Kruse eingebrachte Begriff der *Ding-Praktiken* (Rabenstein, 2016) fokussiert die Materialien. Er gibt den Artefakten eine zentrale Bedeutung und stellt die Frage, ob es sich um »zwingende Dinge« (Schäfer, 2013, S. 289) handelt, die »auf spezifische Weise eine Funktion übernehmen, die ohne ihren Einsatz in dieser Art nicht aufrechterhalten werden [kann]«. Was kann diese spezifische Funktion sein, die zwingend von dem Artefakt ausgeht?

Aus mathematikdidaktischer Sicht ist die Wechselbeziehung zwischen den Artefakten/Zeichen/Symbolen, dem fachlichen Begriff und den Kontexten zu betrachten, wie Nührenbörger und Steinbring (2008, S. 160) formulieren:

> »Manipulatives are not simply concrete elements out of an extensive tool kit, with which one can directly construct the mathematical knowledge in question according to given, simple rules (this applies to students in instruction as well as to the prospective teachers in their education);
>
> Manipulatives and mathematics are initially separated from each other and a relation between them can only be productively constructed by the learner's own considerations and interpretations in order to actively develop mathematical understanding and insights.«

Die Artefakte haben für sich allein keine Bedeutung, im konkreten Fall handelt es sich um Papierstreifen mit gefärbten Punkten (benannt als Zehnerstreifen) und bunte Plättchen (Einerplättchen). Der mathematische Begriff der Zahl ist nicht empirisch sichtbar, sondern wird in die Artefakte und Symbole hineingesehen, die dann in einer bestimmten Art und Weise – Steinbring (2000) spricht hier von Referenzkontexten – gedeutet werden. Erst in der Beziehung zwischen dem Artefakt, der Deutung und dem mathematischen, abstrakten Begriff bildet sich ein Verständnis des Begriffs, z. B. ein Verständnis von Zahlen aus.

Zentral ist also das Wechselspiel, wobei die Ding-Praktiken in einer Weise zwingend sein können, als dass sie eine derartige Interpretation erfordern oder mindestens initiieren. Wesentlich für die Mathematikdidaktik ist jedoch die Deutungsbedürftigkeit der Artefakte. So kann der »Papierstreifen mit den bunten Kreisen« je nach Situation die Bedeutung eines Zehners (1Z) erhalten oder für zwei Fünfer stehen oder in einer Reihe anderer Streifen die Bedeutung des zehnten Teils von Hundert annehmen (► Abb. 1). Er kann jedoch auch als Summe von 8+2 gedeutet werden. Auch Schäfer (2013, S. 349) warnt davor, die »Wirkung der zwingenden Dinge zu universalisieren«, und fordert, dass »die vielfältigen Formen der Einbindung materieller Artefakte in Praktiken charakterisiert und ihr jeweiliger Beitrag zur Stabilisierung des Sozialen im Detail und am konkreten Gegenstand herausgearbeitet« wird (Schäfer, 2013, S. 349).

Die Praktik kann deshalb als *Repräsentation des Gegenstands auf unterschiedlichen Darstellungsebenen* beschrieben werden (Häsel-Weide & Nührenbörger, 2021). Zahlen werden auf verschiedene Weise dargestellt, mit Zehnerstreifen und Einerplättchen, den Zahlenkarten, als Zerlegungsaufgabe und Zahlzeichen. Diese Praktik scheint den Mädchen bekannt, kann insofern als stabil beschrieben werden und ist typisch für den Mathematikunterricht. Man kann hier von einem »disziplinären Sehen mit den Dingen« (Röhl, 2019, S. 34) sprechen. In der konkreten Situation führt diese Praktik am konkreten Gegenstand mit den konkreten Artefakten zu (notwendigen) Aushandlungsprozessen und – so die fachdidaktische Hoffnung – durch die notwendigen Umdeutungen, d. h. Instabilitäten zu neuen Erkenntnissen und zum Lernen. Reis beschreibt dies allgemein als *Erkundungs-Praxis:* Vertrautes Terrain wird verlassen und neue Gegenstände erschlossen.

In der Vignette scheint durch das zur Verfügung stehende Material (bewusst) eine Instabilität herbei geführt zu werden. Den Kindern stehen Zehnerstreifen und Einerplättchen zur Verfügung, um damit Zahlen darzustellen, die (auch) größer als Hundert sind – Hunderterplatten fehlen. Dies führt dazu, dass in der Situation in Zehnerschritten über den bekannten Zahlenraum hinaus gezählt werden muss oder dass – was die Mädchen nicht machen – die Zehnerstreifen zunächst zu einem Hunderter gebündelt werden müssen. Insofern »zwingt« das Material zu neuen Wegen, ermöglicht und erfordert zugleich gegenstandspezifische Einsichten.

Gemeinsame »Zählpraxis« als Kontraentwurf zum entdeckenden Lernen?

Die Lesart Reis beschreibt als weitere gegenstandsspezifische Praxis die *Zählpraxis* und charakterisiert ihr kognitives Potential mathematikdidaktisch passend mit dem Entwickeln einer arithmetischen Vorstellung und dem Bilden der Zahlworte. Beim letzteren hilft die Klanggestalt, um in der gemeinsamen Zählpraxis neue Zahlworte zu bilden. Die Praxis scheint zunächst im Widerspruch zu fachdidaktischen Prinzipien des Verstehens, Durchdringens und Entdeckens (Winter, 1984) zu stehen, stellt sie die Wort- und Lautfolge/den Klang in den Vordergrund. Wie beim gemeinsamen Beten, gemeinsamen Singen, vielleicht lautem Lesen im Chor trägt die

Gemeinschaft über eigene Unsicherheiten »im Text« hinweg. Eigene Lücken werden gefüllt, Wiedereinstieg ist möglich, der gemeinsame Rhythmus erzeugt ein Gemeinschaftsgefühl, die Gruppe trägt. Rohlfing findet hier die Assoziation an frühe Eltern-Kind Interaktion. In der Interaktion wird der Handlungsrahmen hergestellt, der zunehmend kognitiv gefüllt wird.

Aus dem Lernen des frühen verbalen Zählens ist bekannt, dass die Zahlwortfolge zunächst wie ein Gedicht (»Einszweidreivierfünfsechssieben«) gelernt wird und die Kinder sich darauffolgend die Sequenzen und den Aufbau erschließen (Fuson 1992). Zu den weiteren Stufen des verbalen Zählens gehört auch das Zählen in Schritten, das Emilia und Nejla praktizieren. Dieses wird jedoch in der fachdidaktischen Literatur eher analytisch gefasst. Die Lesart Reis stellt passend die Verbindung zwischen der arithmetischen Vorstellung, der semantischen Zahlwortbildung und gleichermaßen der tragenden Klanggestalt her. Gleichwohl gilt es aus fachdidaktischer Sicht, die Zahlwortfolge auch analytisch zu durchdringen und die Zusammensetzung der Zahlwörter bewusst zu machen, damit es nicht bei der Klanggestalt bleibt, sondern die Zahlwortfolge unter Nutzung von Wissen über den Zahlbau gefunden werden kann.

Kooperations»praktiken« im inklusiven Mathematikunterricht

Scheitern aushalten

Entgegen der eigenen Interpretation, in der die Schwierigkeiten Emilias im Zählprozess als typische Hürde im Vordergrund der Beobachtung standen und gar als »Scheitern« formuliert wurden, betont die Lesart Reis die neue Herausforderung, das Unbekannte, das nicht sofort korrekt erschlossen werden kann und Zeit und Übung braucht, um hier heimisch zu werden. Die Lesarten Reis und Kruse stellen heraus, wieviel Selbstoffenbarung in den Äußerungen der Mädchen liegt, die vorsichtig zwischen ihnen geteilt wird. Gehen wir davon aus, dass Nejla die Unsicherheiten von Emilia wahrnimmt und bewusst nicht einschreitet – weder unterstützend noch wertend –, sondern die geflüsterte Selbstoffenbarung wahrnimmt, stehen lässt und den gemeinsamen Betrag zur Aufgabenlösung annimmt, dann zeigt sich vielleicht hier, was inklusiver Unterricht sein kann, einen Handlungsrahmen geben, Kompetenzen, Nichtwissen und Fehler aushalten – ohne sofortige Wertung, Intervention und Adressierung als hilfebedürftig (Fritsche 2014). So gedeutet, löst sich das eigene Unbehagen des Vorverständnisses auf und macht deutlich, wie sehr aus der eigenen Disziplin heraus, das Überwinden von Hürden und der Zugewinn von Kompetenz das Denken bestimmt.

»Erfolgreich« inhaltlich und organisatorisch kooperieren

Insbesondere die Lesart Rohlfing bestätigt die eigene Einschätzung der Kooperation als Gesamtes als produktive Interaktion. Während Nejla bei der Anzahlbestimmung und der Zahlzerlegung inhaltlich die Führende zu sein scheint, übernimmt Emilia die Verantwortung für die Vollständigkeit der Aufgabenbearbeitung und trägt inhaltlich etwas bei, indem sie Zahlen mit den Zahlenkarten legt. Auf dem Hintergrund der paradigmatischen Rahmung werden so neben inhaltlichen auch organisatorische Beiträge gewürdigt und die Aufgabenbearbeitung als Ziel angesehen. Methodologisch frage ich mich: Kann der paradigmatische Rahmen auf der Folie des (erweiterten) Partizipationsmodells gesehen werden (Krummheuer & Brand, 2001; Schöttler, 2019)?

In allen drei Lesarten sehe ich die von mir geteilte Deutung einer gewinnbringenden Kooperation. Dies scheinen auch die Mädchen für sich so einzuschätzen und nach außen durch den *High Five* zu dokumentieren, eine Geste mit der Freude über den gemeinsamen Erfolg ausgedrückt und nach außen gut sichtbar hergestellt wird. Inwieweit dies hier bei Nejla von Herzen kommt, macht die Lesart Kruse fraglich. Doch wäre es dann eine weniger erfolgreiche Kooperation?

Literatur

Fritsche, B. (2014). Inklusion als Exklusion. Differenzproduktionen im Rahmen des schulischen Anerkennungsgeschehens. In A. Tervooren, N. Engel, M. Göhlich, I. Miethe & S. Reh (Hrsg.), *Ethnographie und Differenz in pädagogischen Feldern,* (S. 329–345). Bielefeld: trancript.

Fuson, K. C. (1992). Relationship between counting and cardinality from age 2 to age 8. In J. Bideuad, C. Meljac & J.-P. Fischer (Hrsg.), *Pathways to number. Children's developing numerical abilities*, (S. 127–149). Hillsdale: Erlbaum.

Hackbarth, A. (2017). *Inklusionen und Exklusionen in Schülerinteraktion. Empirische Rekonstruktionen in jahrgangsübergreifenden Lerngruppen an einer Förderschule und an einer inklusiven Grundschule.* Bad Heilbrunn: Klinkhardt.

Häsel-Weide, U. & Nührenbörger, M. (2013). Fördern im Mathematikunterricht. In H. Bartnitzky, U. Hecker & M. Lassek (Hrsg.), *Individuell fördern – Kompetenzen stärken ab Klasse 3. Heft 2.* Frankfurt a.M.: Arbeitskreis Grundschule e. V.

Häsel-Weide, U. & Nührenbörger, M. (2021). Inklusive Praktiken im Mathematikunterricht. Empirische Analysen von Unterrichtsdiskursen in Einführungsphasen. *Zeitschrift für Grundschulforschung,* 14 (1), 49–65.

Krummheuer, G. & Brandt, B. (2001). *Paraphrase und Traduktion. Partizipationstheoretischen Elemente einer Interaktionstheorie des Mathematiklernens in der Grundschule.* Weinheim: Beltz.

Moser Opitz, E. (2007). *Rechenschwäche/Dyskalkulie. Theoretische Klärungen und empirische Studien an betroffenen Schülerinnen und Schülern.* Bern: Haupt.

Nührenbörger, M. & Steinbring, H. (2009). Forms of mathematical interaction in different social settings: examples students', teachers'and teacher-students' communication about mathematics. *Journal of Mathematics Teacher Education*, 12 (2), 111–132.

Rabenstein, K. (2016). Ding-Praktiken. Zur sozio-materiellen Dimension von Unterricht. In U. Rauin, M. Herrle, & T. Engartner (Hrsg.), *Videoanalysen in der Unterrichtsforschung. Methodische Vorgehensweisen und Anwendungsbeispiele* (S. 319–347). Weinheim: Beltz.

Röhl, T. (2019). Mit und gegen die Dinge lehren und lernen. In G. Büttner, H. Mendl, O. Reis & H. Roose (Hrsg.), *Religion lernen. Jahrbuch für konstruktivistische Religionsdidaktik* (S. 30–41). Badenhausen: Sauter.

Schäfer, Hilmar (2013). *Die Instabilität der Praxis. Reproduktion und Transformation des Sozialen in der Praxistheorie.* Weilerswist: Velbrück Wissenschaft

Schöttler, C. (2019). *Deutung dezimaler Beziehungen. Epistemologische und partizipatorische Analysen von dyadischen Interaktionen im inklusiven Mathematikunterricht.* Wiesbaden: Springer.

Spiegel, H. & Selter, C. (2003). *Kinder & Mathematik. Was Erwachsene wissen sollten.* Seelze: Kallmeyer.

Steinbring, H. (2000). Mathematische Bedeutung als eine soziale Konstruktion – Grundzüge der epistemologisch orientierten mathematischen Interaktionsforschung. *Journal für Mathematik-Didaktik*, 21 (1), 28–49.

Winter, H. (1984). Entdeckendes Lernen im Mathematikunterricht. *Die Grundschule*, 16 (4), 26–29.

4 Lesartenbündel zur Vignette »Dann musst du mal über Strategien nachdenken!«

4.1 Vignette aus einer Katholischen Schule »Dann musst du mal über Strategien nachdenken!«

Oliver Reis

Die Vignette bezieht sich auf eine Musikstunde 5. Klasse an einem Katholischen Gymnasium. Dies ist die erste Stunde, die mit einem Morgenimpuls begonnen wird. Dass ein Morgenimpuls den Tag eröffnet – unabhängig von den konkreten Unterrichtsfächern – gehört zum Profil Katholischer Schulen. Wir waren in der Stunde anwesend, um sie im Rahmen eines Forschungsprojekts zu videographieren, das die Profilbildung Katholischer Schulen unter heterogenen gesellschaftlichen Rahmenbedingungen untersucht. Die dichte Beschreibung entsteht aus den Unterrichtsbeobachtungen und Rekonstruktionen der Videographie.

Die Deckenbeleuchtung des Klassenraumes ist an. Die Jalousie des Fensters ist runtergefahren, das Morgenlicht ist etwas abgedämpft. Die Schülerinnen und Schüler stehen an ihren Plätzen vor ihren Tischen. Einige haben ihre Hände gefaltet, andere sind noch in Bewegung, kratzen sich, sprechen zu ihren Nebenleuten. Eine kleine Teilgruppe von Jungen hinten an der Seite des Raumes spricht etwas lauter miteinander. Die körperliche Grundhaltung der Schülerinnen und Schüler ist insgesamt nach vorne zum Lehrer ausgerichtet, der neben dem Pult frei im Raum steht. Er bewegt sich vor und zurück, auf einer geraden und imaginären Linie, die ca. einen Meter vom Lehrerpult bis zur Wandtafel hinter ihm verläuft. Der Radius seiner Bewegungen ist minimalistisch, jedoch bewegt er sich sehr schnell in diesem. Viele Schülerinnen und Schüler verfolgen diese Bewegungen mit den Augen. Er klatscht in die Hände und schnipst, während er einen Jungen aus der Gruppe der Jungen anspricht, mit dem er aus seiner Sicht in der letzten Stunde ausgemacht hat, dass er für den Morgenimpuls ein Gebet raussuchen soll. Der Junge gesteht dem Lehrer zu, dass er sich an die Aufgabe erinnert, dass er sie aber nicht übernommen hat, und bleibt sitzen. Viele Schülerinnen und Schüler verfolgen das Gespräch gespannt. Währenddessen ruft ein anderer Junge aus der Gruppe der Jungen sehr laut nach vorne »Jule!«, ein anderer Junge aus der Gruppe übernimmt den Ruf und ruft laut »Jule, nimm mal den Kopf weg!« Der Lehrer unterbricht seine Bewegungen, fordert den aufgeforderten Jungen nun mit höherer und leicht zitternder Stimme auf, trotzdem nach vorne zu ihm zu kommen – er zeigt dabei auf den Boden neben sich – und das Gebet zu übernehmen. Er schüttelt immer wieder den Kopf. »Dann musst mal über Strategien nachdenken, wie das optimalerweise geht.« Ihm, dem aufgerufenen Schüler, werde schon irgendetwas einfallen. Der aufgeforderte Junge schlurft nach vorne zum Lehrer und steht nun ebenfalls frei neben ihm. Während der Lehrer in gespannter Körperhaltung steht, steht der Schüler lässig. Der Lehrer klatscht wieder und faltet danach die Hände zusammen. Die Jule-Rufe verebben, die beiden haben nun die volle Aufmerksamkeit der Klasse. Einzelne Schülerinnen und Schüler haben ein leichtes Grinsen im Gesicht. Der Lehrer vergewissert sich kurz der Aufmerksamkeit, er entspannt sich und begleitet dann das mit den Händen vollzogene Kreuzzeichen mit den entsprechenden Worten. Die Klasse folgt fast synchron mit den Gesten und den Worten. Nach einer kurzen Lücke fängt der Schüler neben dem Lehrer an und dankt dafür, dass er in die Schule gehen kann, kurze Pause, und bittet dann, dass alle, die das jetzt noch nicht können, es bald können werden. Amen. Einige Schülerinnen und Schüler lachen, andere versuchen zu dem vortragenden Schüler Kontakt aufzunehmen und manch eine Schülerin zieht sich nach Innen zurück. Der Lehrer eröffnet wieder das Kreuzeichen in Gesten und Worten, die Klasse folgt fast synchron. Mit der Aufforderung des Lehrers sich zu setzen, lockert sich der Verbund, auch der Lehrer fängt an zu lächeln, geht zum Pult und holt seine Materialien für die Stunde heraus, die Schülerinnen und Schüler richten sich mit ihren Blicken auf ihn und seine Materialien aus.

4.2 Eine praxistheoretische Lesart mit Bezügen auf performative Religionsdidaktik

Katharina Kammeyer

In dieser Beschreibung, die der Gestaltung des Rituales »Morgenimpuls« an einer Katholischen Schule gilt, fallen zwei Themenfelder besonders auf: die Bedeutung von Bewegung und Körperlichkeit sowie das Verhältnis von Form und Freiraum. Im Folgenden werden sie jeweils praxistheoretisch und fachdidaktisch, d. h. in der hier eingenommenen Perspektive religionsdidaktisch, interpretiert. Die leitende Frage ist dabei, inwiefern das Ritual des Gebets im Sinne der Akteur-Netzwerk-Theorie als Handlungsträger Auswirkungen auf den Kontext Schule und die Beteiligten hat (vgl. Schäfer, 2019, S. 19 ff.).

Schulkultur – Gebetskultur – Gleichaltrigenkultur

Im Rahmen des Morgenimpulses erleben wir in einer 5. Klasse einen Moment der Erwartung mit. Hierbei spielen Körperhaltungen und -bewegungen eine Rolle: Bereits zu Beginn stehen einige Schülerinnen und Schüler an ihren Plätzen vor ihren

Tischen, einige haben ihre Hände gefaltet, andere sind im Gespräch, »*die körperliche Grundhaltung der Schülerinnen und Schüler ist insgesamt nach vorne zum Lehrer ausgerichtet*«. Angesichts der Betonung, dass einige Schülerinnen und Schüler »*noch in Bewegung*« sind, entsteht die Annahme, dass im Folgenden mit einem Ruhemoment gerechnet werden kann. Das Verhalten des Lehrers, der »*frei im Raum*« steht und sich »*vor und zurück*« bewegt sowie »*sehr schnell*« in die Hände klatscht und schnipst, bildet demgegenüber einen Gegenpol. Als er einen Jungen, der das Heraussuchen und Vortragen eines Gebetes zugesagt hatte, an diese Aufgabe erinnert, drückt seine Körperlichkeit direkt vor dem Morgenimpuls also das Gegenteil von dem aus, was diese ausgewählte spirituelle Praxis, zumindest häufig, transportiert. Vor dem Hintergrund, dass in der religionsdidaktischen Diskussion Gebet in der Regel mit Stille(übungen) verbunden wird, irritiert das Lehrerverhalten. Mit »Die Stille spüren – Meditative Übungen und Gebet« (Hilger et al., 2014, S. 358) ist ein entsprechendes Kapitel einer Religionsdidaktik betitelt, in dem empfohlen wird, dass die Lehrperson in ihren Bewegungen sich »ruhig, langsam, harmonisch« verhalten, »ruhig und freundlich«, »klar und wenig« sprechen, die Kinder mit dem Blick wahrnehmen und mit den Händen nicht wild gestikulieren möge (vgl. ebd.). Phasen der Stille zielen auf eine Beruhigung von Körper und Atmung und auf eine Konzentration auf Worte, Gedanken oder auf einen im Zentrum sichtbaren Gegenstand. Die hier beobachtbare Rahmung bzw. Wirkung des Rituals schenkt diesen Merkmalen wenig Aufmerksamkeit, so dass die Kinder keine im genannten Sinne hinführende Vorbereitung des Betens erleben.

Die Reaktion des Schülers vor den Augen und Ohren der gespannten Gleichaltrigengruppe besteht zunächst darin, dass er sitzen bleibt und erklärt, dass er nichts vorbereitet habe. Zwei andere Jungen begleiten seine Reaktion, indem der eine »*sehr laut nach vorne*« eine »*Jule!*« anruft und der andere mit »*Jule, nimm mal den Kopf weg!*« einstimmt. Diese körperliche und sprachliche Entgegnung des angesprochenen Schülers auf den Lehrer kann mit Hackl und Stifter praxistheoretisch als Teil des Sozialisationsprozesses des Körpers in der Schule verstanden werden. Zu ihnen gehört die Auseinandersetzung mit »Ordnungsstrukturen des alltäglichen Schulbetriebs und deren situative, teils kreative bis ›subversive‹ Beantwortung durch die Heranwachsenden« (Hackl & Stifter, 2018, S. 300). Diese orientieren sich »simultan oder in schnellem Wechsel an zwei unterschiedlichen Referenzsystemen […]: am schuloffiziellen Diskurs der planmäßigen Aneignung der Erwachsenen-Kultur und am subversiven Diskurs der Verteidigung von Autonomie gemäß den Normen und Werten der Gleichaltrigen-Kultur« (ebd., S. 304). Beide Orientierungsmuster werden im Verlauf der beschriebenen Situation sichtbar.

Formen – Innen – Außen

Das Kopfschütteln des Lehrers und das Sprechen mit »*höherer und leicht zitternder Stimme*« kann als Ausdruck dieser Spannung gesehen werden. Die fehlende Vorbereitung ignoriert er insofern, als der Junge »*trotzdem*« nach vorne kommen soll, denn ihm »*werde dann schon irgendetwas einfallen*«. Nicht thematisiert wird, wie sich hierdurch die eigentlich vorgesehene Form des Gebetes verändert. Theologisch wird nicht weniger verlangt, als dass »der Beter Gott und seine eigene Lebenswirklichkeit in einem und denselben Satz zusammen« (Ebeling, 1979, S.210) fügt. Denn als Reden zu Gott reflektiert das Gebet Gottes Sein in der Welt, situiert den Menschen vor Gott und erzählt Gottes Geschichte mit den Menschen (vgl. Hiller, 2006, S. 258). Hierzu eigene Worte finden zu lernen, ist zum einen Ausdruck einer Theologie, die die einzelne Person als Gegenüber und in eigener Verantwortung vor Gott würdigt, was in dem Bildungsziel, eine eigene kritische Haltung zu Religiosität bzw. zu institutionalisierten Formen von Religion zu entwickeln, eine Gestalt gewinnt. Zugleich wird, wer (etwas über) das Beten lernt, über sich selbst herausgewiesen. Biblisch formuliert gibt der Heilige Geist, also Gott selbst, den Betenden Sprache, denn »sie wissen nicht, wie sie beten sollen« (Röm 8,24). Auch freie Gebetstexte beziehen sich in diesem Sinn auf geformte Vorbilder: »der Mensch lebt nicht nur von innen nach außen, sondern auch von außen nach innen. Er liest seine Innerlichkeit auch am Außen ab, an den Symbolen, Zeichen, Formen und Bräuchen, die er seinem Leben gegeben hat und die eine religiöse Landschaft bilden« (Steffensky, 2003, S. 13 f.). Die Landschaft in unserem Beispiel ist die Katholische Schule. Es ist von daher nachvollziehbar, *dass* eine Form gestaltet wird. Zugleich weckt das Beispiel die Frage, *was* hierbei inhaltlich und in der gemeinsamen interaktiven Ausgestaltung *wie* transportiert wird. Verstörend wirkt nicht nur, wie das Ritual inhaltlich abgewertet wird (»irgendetwas«), sondern auch, wie es dem Schüler aufgezwungen wird trotz dessen zweifelhaften Einverständnisses, insbesondere ohne jeglichen Reflexionsraum über das Tun.

Das Lehrerverhalten transportiert die dominierende Botschaft, dass die Form des Rituals erhalten werden soll. Es wird also so entworfen, dass es »die gewünschten Verhaltensweisen so suggestiv wie möglich nahelegt« (Hackl & Stifter, 2018, S. 307). Seine »Normalisierung« bewirkt, dass es gerechtfertigt ist, die »Widerständigkeit der Lernenden einzudämmen, sobald sie ein bestimmtes als ›normal‹ toleriertes Maß überschreitet« (ebd.). Die entsprechend angespannte Körperhaltung des Lehrers, sein Klatschen und dann sein Händefalten werden dabei von der lässigen Haltung des Schülers, der nach vorne *»schlurft«*, kontrastiert. Nach vorn gerufen zu werden, kann bedeuten, dass hier im Territorium der Lehrkraft Schülerinnen und Schüler »Ausgeliefertheit und Bedrohtheit« erleben, auf die sie wiederum unterschiedlich reagieren: Mit Versagen, Standhalten, dem Zeigen von sachlichem Wissen oder bereits angesprochenen »Widerstandsfähigkeit, die auf Anerkennung im peer-kulturellen Diskurs referiert« (ebd.). Im Folgenden scheinen die beiden letztgenannten Reaktionen zur Geltung zu kommen, so dass nach der zunächst sichtbaren Orientierung an der Peerkultur nun die Erwachsenenkultur durch den Schüler angenommen wird. Als die Aufmerksamkeit der Klasse dieser Kultur gilt, *»entspannt sich«* der Lehrer und leitet das Kreuzzeichen mit entsprechenden Worten und Bewegungen ein, in das die Klasse einstimmt.

Religiöse Praktiken im Kontext Schule

Die improvisierten Gebetsworte des Schülers umfassen den Dank dafür, *»dass er in die Schule gehen kann«*, und die Bitte, *»dass alle, die das jetzt noch nicht können, es bald* *können werden. Amen.*« Im Blick auf die Überlegungen zu geformter Spiritualität wird hier deutlich, dass die Formen von Dank und Bitte wirksam sind und den Inhalt des Gebets prägen. Individuelle Schwerpunktsetzungen sind hierdurch begrenzt möglich. In ritualitäts- und praxistheoretischen Überlegungen ist dieser Rückbezug auf Formen notwendig wirksam: Er entlastet von einem »Druck eines Authentizitätskultes, in dem alle Konzentration auf den Beweis der Echtheit und Aufrichtigkeit ihres Denkens und Fühlens gelenkt wurde, statt auf den artikulationsfähigen Gehalt dessen, was sie denken und fühlen« (Dressler, 1998, S. 52). Artikulationsfähig sind in dieser öffentlichen Situation und ohne Vorbereitung ein Dank und eine Bitte für die Schule, die das unmittelbar vorfindliche widerspiegeln. Ob die Inhalte eigene Gebetsanliegen sind, bleibt offen. Weitere Sätze leihen zu können, wie es ursprünglich angedacht war, würde zu einer Vertiefung führen. Und doch: Der Modus des unbeholfenen Stammelns ist wie beschrieben theologisch quasi vorgesehen. In ihm liegen sicherlich »mehr Freiheit und Würde als in den Zeiten, in denen die Gebete diktiert wurden« (Steffensky, 2003, S. 13 f.). Fraglich bleibt jedoch, inwiefern der Schüler seine Inanspruchnahme durch das Ritual dennoch als Diktat erlebt.

Mit dem Dank für den Schulbesuch und die Bitte darum, dass dieser allen ermöglicht werde, die »*das jetzt noch nicht können*«, sind die Ziele von schulischer Inklusion ausgesprochen. Dass dies im Rahmen von Peer- und Erwachsenen-Schulkultur möglich ist, kann als eine Wirkung von Gebet in der Schule gelten. Mit Rebecca Nye (2009) lassen sich spirituelle Formen als Praxen verstehen, die das Vermögen von Menschen aufnehmen, Lebenserfahrungen zu transzendieren und sich in Beziehung zu anderen, der Mitwelt und im engeren religiösen Sinn zu Gott zu setzen. Beziehungen, in denen die oder der Betende steht, werden in dieser Weise aktualisiert und transzendiert. Hierfür entsteht durch das Ritual ein grundsätzlich wertvoller Raum. Was die Worte des hier beobachteten Jungen für das Erleben der Schulwirklichkeit genau bedeuten, können wir nicht wissen. Zeugt der Dank von einer Wertschätzung der Schule oder ist der Inhalt, schlicht, weil nichts anderes einfiel, eine Bagatelle, die gerade daher keine Wertschätzung erforderlich macht? Auf welche »anderen« bezieht sich die Bitte? Führt sie zu einer erhöhten Motivation, um den Status quo mitzuverändern oder, je nach Gebetsverständnis und eigenen Möglichkeiten, zur Delegation gerade des eigenen Tuns an den Empfänger des Gebets? Wird hier etwas Beglückendes ausgesprochen oder eine Klage?

Religionsdidaktisch ist mit dem Sprechen eines Gebetes in der Schule (und dem Öffnen von Reflexionsräumen in Bezug auf dieses Tun, die hier jedoch nicht abgebildet sind) die Frage berührt, inwiefern »Unterricht überfordert [ist], wenn er Religion zu ›erleben‹ geben soll« (Dressler, 2015). Sind der schulische Raum und die Unterrichtszeit »atmosphärisch zu stark besetzt und durch das Arrangement schulischer Regeln von der Lebenswirklichkeit zu stark unterschieden, als dass in ihnen authentische religiöse Erlebnisse in einem didaktisch operationalisierbaren Sinn möglich wären« (ebd.) oder kann hingegen »die Entscheidung, ob ein Sprechakt ›authentisch‹ ist, ob es sich um ein spielerisches Erproben oder um einen ›echten‹ Vollzug handelt, [...] der eigenverantwortlichen Entscheidung des lernenden Subjekts« (Mendl, 2019) überlassen werden? Praxistheoretisch verändert sich die Fragestellung. Die Aufführungspraxis lässt nun vielmehr danach fragen, inwieweit gerade die schulischen Regeln religiöser Praxis eine eigene Form geben.

Am Schluss der Szene spiegeln einige Reaktionen der Schülerinnen und Schüler Anerkennung für den Mitschüler wider, die Situation gelöst zu haben, andere könnten sowohl als Ausdruck von Zustimmung als auch von einer beschämenden Irritation verstanden werden: einige lachen, andere versuchen, mit dem Jungen Kontakt aufzunehmen, *»manch eine Schülerin zieht sich nach Innen zurück«*. Es kann also in Teilen von einer Passung des Rituals, das kulturelle Bedeutungen, Werte und Widersprüche transportiert (vgl. de Wildt, 2014, S. 39), ausgegangen werden. Zugleich kommt doch die Spannung zum Tragen, die einer Aufführung ohne Kommentarmöglichkeit, weitergefasst, die dem Verhältnis von Ritualität und Moderne innewohnt. Denn einerseits ist gerade ein Einstimmen in das Ritual notwendig, um ein Teil von ihm zu sein und sich auf etwas verweisen zu lassen, das größer ist als man selbst, wie die Schule, Gesellschaft, Kirche oder eine religiöse Gemeinschaft, und ohne dies reflexiv erfassen zu können. Ohne diese Erfahrungsebene verliert ein Ritual seine Legitimität (vgl. ebd., S. 73). Andererseits ist eine Reflexion über rituelle Praxis erforderlich, damit aufgeklärte Menschen an ihm teilnehmen können. In der beschriebenen Situation setzt eine Auflösung des Verbundes ein, als der Lehrer die Klasse auffordert sich zu setzen.

Verhaltensspielräume

Auf die praxistheoretische Frage danach, was sich ändert, »wenn religiöse Praktiken an säkularen Orten (etwa in der Schule) aus- und aufgeführt werden?« (Schäfer, 2019, S. 29), lassen sich abschließend zwei Bereiche herausstellen. Zunächst: Dadurch, dass Erwartungen der Peer- und Erwachsenenkultur gleichermaßen berücksichtigt werden, ändert sich die religiöse Praxis: Verzögerungen zu Beginn, die Wahl des Inhalts und ironisierende Reaktionen nach Ende des Gebets können dabei als Ausdruck von einer Beteiligung von Schülerinnen und Schülern oder aber ihres Beschämtseins gelten. Das Ritual strukturiert in diesem Fall seinen Gebrauch so, dass für das Mitgestaltung durch die Lernenden wohl ein Handlungsraum, aber kein explizit angeleiteter Reflexions- oder Dialograum vorgesehen ist. Sichtbar wurde, dass auch nicht-sprachliche Verhaltensspielräume gegenüber einer religiösen Praxis entstehen können, in denen Distanz und Varianz sich andeuten. Explizite Freiräume zur kritischen Veränderung von Ritualen im Dialog und die Möglichkeit zur Nichtteilnahme würden darüber hinaus unterschiedliche Sichtweisen auf das Geschehen respektieren bzw. vervielfältigen (vgl. Knauth, Möller & Pithan, 2020, S. 45 ff.) und so der Inklusion unterschiedlicher Weltanschauungen Ausdruck geben.

Zudem zeigt sich eine Veränderung religiöser Praktiken im Raum Schule im Blick auf Bewegung bzw. Konzentration. Wenn, wie hier am Beispiel des unruhigen Lehrers gesehen, die »Räumlichkeit, Individualität und Sozialität christlicher Religion […] leiblich zur Geltung kommen« (Leonhard, 2006, S. 416), wirkt die Form des Betens unter Bedingungen von sehr kurzen Konzentrationsmöglichkeiten. Möglicherweise wird für Menschen, für die Bewegung eine wichtige Erlebensebene ist und die ein In-Beziehung-Sein vor allem im Moment und weniger über längere Zeiträume erleben, durch die Weise, in der das Ritual hier angeleitet wird, eine fruchtbare Erweiterung von Spiritualität sichtbar, gerade über den geläufigen Fokus auf das Erleben von Transzendenzbeziehung in Stille hinaus. Dass in der Regel Stille bzw. Stillhalten als Weg angesehen wird, »der in die Mitte führt, in der der Mensch zu sich (und zu Gott) kommt« (Halbfas, 1997, S. 175), ist von daher ergänzungsbedürftig. Das vorliegende Beispiel zeigt, dass die religiöse Praktik des Betens sich verändern lassen kann und doch Gebetsform bleibt. »Attention to God with attention deficits« (Mercer, 2014, S. 65) wirkt an dem hier beobachteten Ort auf Gebet ein. Routinen in klaren Strukturen zu pflegen, umfasst in dieser Weise bereits schon das Variieren dieser Strukturen, hier unter der Berücksichtigung von Bewegung. Weitere Varianten wären durch den Einsatz von musikalischen oder bildhaften Formen (vgl. ebd., S. 77 ff.) denkbar. Unter den gesehenen Bedingungen kann Schule also religiöse Praxis aufnehmen und verändern. Und sie kann sich selbst als Schule durch die Praxis verändern lassen, so dass ein Moment entsteht, in dem, bei allen genannten Ergänzungsnotwendigkeiten, Dank und Bitten für das Zusammensein formuliert werden können.

Literatur

De Wildt, K. (2014). *With all senses. Something for body and mind. An empirical study of religious ritual in school.* Jena: Garamond.

Dressler, B. (2015). Art. Performativer Religionsunterricht, evangelisch. In *Wissenschaftlich Religionspädagogisches Lexikon im Internet.* Online verfügbar unter: www.wirelex.de, Zugriff am 15.02.2023.

Dressler, B. (1998). Religion ist mehr als Worte sagen können. *Glaube und Lernen*, 13 (1), 50–58.

Ebeling, G. (1979). *Dogmatik des christlichen Glaubens* (Band 1). Tübingen: Mohr Siebeck.

Hackl, B. & Stifter, A. (2018). In Bewegung. Körperliche Performanz im Unterricht. In M. Proske & K. Rabenstein (Hrsg.), *Kompendium Qualitative Unterrichtsforschung. Unterricht beobachten – beschreiben – rekonstruieren* (S: 299–318). Bad Heilbrunn: Klinkhardt.

Halbfas, H. (1997). *Das dritte Auge. Religionsdidaktische Anstöße.* (7. Auflage). Düsseldorf: Patmos.

Hilger, G., Ritter, W.H., Lindner, K., Simojoki, H. & Stögbauer, E. (2014). *Religionsdidaktik Grundschule. Handbuch für die Praxis des evangelischen und katholischen Religionsunterrichts* (Überarbeitete Neuausgabe). München, Stuttgart: Kösel, Calwer.

Hiller, D. (2006). Dogmatik. In E.-M. Becker & D. Hiller (Hrsg.), *Handbuch Evangelische Theologie. Ein enzyklopädischer Zugang* (S. 221–262). Tübingen, Basel: A. Francke.

Knauth, Th., Möller, R. & Pithan, A. (2020.). Inklusive Religionspädagogik der Vielfalt. Eine Grundlegung. In Dies. (Hrsg.), *Inklusive Religionspädagogik der Vielfalt. Konzeptionelle Grundlagen und didaktische Konkretionen* (S. 17–66). Münster: Waxmann.

Leonhard, S. (2006). *Leiblich lernen und lehren. Ein religionsdidaktischer Diskurs.* Stuttgart: Kohlhammer.

Mendl, H. (2019). Art. Performativer Religionsunterricht, katholisch. In *Wissenschaftliche Religionspädagogisches Lexikon im Internet.* Online verfügbar unter: www.wirelex.de, Zugriff am 15.02.2023.

Mercer, J. A. (2014). Attending to Children, Attending to God. Children with ADHD and Christian Spirituality. In B. Roebben & K. Kammeyer (Hrsg.), *Inclusive Religious Education. International Perspectives* (S. 63–88). Münster u.a.: Lit.

Nye, R. (2009). *Children's spirituality. What it is and why it matters.* London: Church House Publishing.

Schäfer, H. (2019). Konstruktivismus und Praxistheorie. Charakteristika einer praxeologischen Methodologie. In G. Büttner, H. Mendl, O. Reis, O. & H. Roose (Hrsg.), *Praxis des Religionsunterrichts* (Jahrbuch für konstruktivistische Religionsdidaktik, Band 10) (S. 19–29). Babenhausen: Lusa.
Steffensky, F. (2003). *Der alltägliche Charme des Glaubens.* (3. Auflage). Würzburg: Echter.

4.3 Eine Lesart für die kommunikative Bedeutung der Artefakte und routinisierten Handlungen im Miteinander

Katharina J. Rohlfing

Kommunikative Bedeutung der routinisierten Handlung

Die Vignette stellt eine Situation aus dem Anfang des Musikunterrichts dar, der mit einem Gebet anfängt.

»Die Deckenbeleuchtung des Klassenraumes ist an. Die Jalousie des Fensters ist runtergefahren, das Morgenlicht ist etwas abgedämpft.«

Die Besonderheit der Situation wird durch äußere Modifikationen markiert: Jalousie des Fensters ist runtergefahren und das Morgenlicht dadurch etwas abgedämpft. Dadurch wird eine materielle Umwelt gestaltet, die einer bestimmten Praktik dienen soll (Röhl, 2015). Betrachtet man eine Praktik als eine Handlungssequenz, die sowohl bestimmter kognitiven Operationen als auch einer Interaktion bedarf (Rohlfing et al., 2016), dann vermittelt das Herunterfahren einer Jalousie Annahmen in zweifacher Hinsicht: Im Sinne einer kognitiven Operation kann die durch die Jalousie erzeugte Abgrenzung einen Vorteil für die erzeugte Aufmerksamkeit bringen, da die äußeren Einflüsse damit sichtbar außen vorgelassen werden, um sich ausschließlich dem Beten zu widmen. Eine besondere Form der Fokussierung wird dadurch angestrebt, dass mit äußerlichen Einflüssen – nach Röhl (2015) – eher eine »Nicht- Beziehung« eingegangen wird.

Kommunikative Bedeutung der Artefakte

Im Sinne einer Interaktion soll durch das Herunterfahren einer Jalousie eine Form eingeleitet werden, die sich von anderen bekannten aus dem Alltag unterscheidet: das Beten, was nach Röhl (2015) für eine Beziehung mit dem Inneren oder dem Göttlichen steht.

Bei der Anwendung beider Konzepte fällt der Kontrast der Vorgänge auf, die für die Handlung des Betens erforderlich sind: Verzicht auf eine Beziehung nach Außen bei gleichzeitiger Intensivierung der Beziehung nach Innen.

Obwohl das Herunterfahren der Jalousien vermutlich jedes Mal vorgenommen wird, um klar eine Abgrenzung zu der sonstigen unterrichtlichen Situation zu markieren, ist es fraglich, ob die Schülerinnen und Schüler diese Abgrenzung einordnen können. Während ein Teil der Schülerinnen und Schüler diese akzeptieren und eine »körperliche Grundhaltung« einnehmen, scheint ein Teil (eine »kleine Gruppe von Jungen hinten und an der Seite«) noch miteinander beschäftigt zu sein. Die Hin- und Her-Bewegungen des Lehrers deuten darauf hin, dass er mit diesem gemischten Zustand nicht zufrieden ist. Er klatscht, schnipst und spricht zugleich einen Jungen aus der kleinen Gruppe an, mit dem er einen Morgenimpuls für ein Gebet verabredet hat.

Miteinander: Ausführung und Herausforderungen

Der Junge antwortet zwar auf den Aufruf des Lehrers, mit dem Geständnis jedoch, er hätte die Aufgabe nicht übernommen, bleibt er sitzen und geht somit auf die eigentliche Handlungsaufforderung zum (Vor)Beten nicht ein. Ganz gegensätzlich dazu funktioniert aber das fast synchrone Verwenden von Gesten und Worten für das Kreuzzeichen, wozu jeder im Klassenraum in der Lage zu sein scheint. Es werden hierzu keine Verweigerungen in der Vignette berichtet und sowohl als Gebetseröffnung als auch Gebetsschluss scheint die Praktik von allen ausgeübt zu werden.

Klatschen und Schnipsen sind eigentlich kommunikative Mittel, die in der unterrichtlichen Situation verwendet werden, um Aufmerksamkeit zu lenken (zu Verwendung von »Mitteln« s. z. B. Heller & Rohlfing, 2017). Es ist daher fraglich, ob die Verwendung dieser Mittel in dieser – sonst als abgegrenzt markierten – Situation für die Gruppenkommunikation förderlich ist oder ob sie eher dazu führt, dass das Ziel (kontrastierende Vorgänge zu erzeugen) in weite Ferne rückt.

An dieser Stelle wird eine weitere Form von Interaktion sichtbar, die das Gebet hervorruft: mit der Gemeinschaft. In diesem Sinne ist in der Vignette von *»der Klasse«* die Rede, die mit *»den Gesten und den Worten«* des Lehrers synchron ist. Zwar erscheint diese Form der Interaktion als mechanistisch. Doch bietet sie zugleich auch eine einfache Resonanz an und macht dadurch die Gemeinschaft spürbar. In der frühkindlichen Entwicklung ist diese Form der Interaktion essenziell, um zunächst eine Praktik in ihrer Gänze kennenzulernen, um sie im weiteren Schritt in ihren Einzelteilen zu begreifen und zu gestalten (Rohlfing, 2019).

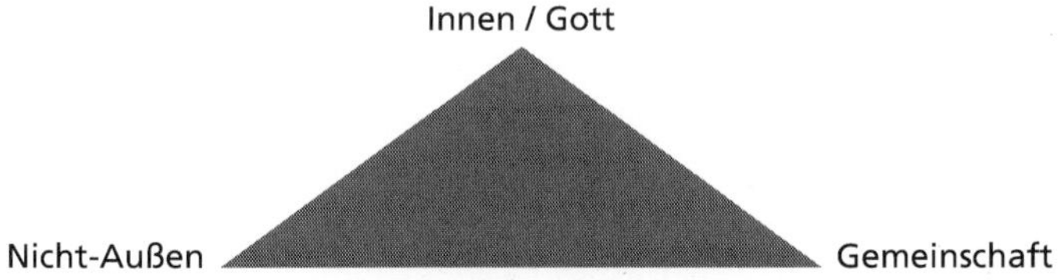

Abb. 2: Beziehungen in einem Morgengebet nach Röhl (2015)

Zusammengenommen wird deutlich, dass eine gemeinsame Gestaltung des Gebets als Moment, bei dem auf äußere Einflüsse verzichtet und zugleich eine Zuwendung nach Innen oder Gott stattfinden soll, schwierig ist und sich einige dieser Beziehung(en) verweigern, während sie aber rein äußerlich diese Praktik befolgen. Die

Frage nach dem Warum liegt nah. Womöglich ist nicht nur die Erwartung, nach Innen oder Gott zugewandt zu sein, eine sehr hohe, die bei allen Beteiligten zu einer spürbaren Spannung führt und sich sichtbar nach dem Gebet lockert. Auch wird durch einen Morgenimpuls eine öffentlich transparente Zuwendung nach Innen verlangt, die der Intimität des Gebets widerspricht. Diese Problematik der Intimität wird sowohl an dem Verhalten des Schülers deutlich, der den Morgenimpuls erst nach einer »kurzen Lücke« gibt, als auch an den Reaktionen der Mitschülerinnen und Mitschüler:

»Einige Schülerinnen und Schüler lachen, andere versuchen zu dem vortragenden Schüler Kontakt aufzunehmen und manch eine Schülerin zieht sich nach Innen zurück.«

Obwohl das gemeinsame Beten didaktisch insofern einen Vorteil bietet, als Kinder sich in dieser Situation und durch das synchrone Handeln in Resonanz mit einer Gemeinschaft erfahren (Savigny, 1996) und zugleich voneinander lernen können, wie man Teile der Praktik individuell ausgestaltet, stellt sich die Frage nach einer Alternative. Eine richtige Alternative wäre gegeben, wenn das Format Schülerinnen und Schüler einerseits die Ausübung einer spirituellen Handlung ermöglicht, ohne andererseits die Beziehung für alle offen legen zu müssen. In diesem Zusammenhang wäre zu überlegen, ob ein persönlicher Impuls überhaupt nötig ist oder ein gemeinsames Moment der Stille eine Lösung ohne viele Voraussetzungen wäre, um Schülerinnen und Schüler die Ausübung einer spirituellen Handlung zu ermöglichen.

Literatur

Heller, V. & Rohlfing, K. J. (2017). Reference as an interactive achievement: Sequential and longitudinal analyses of labeling interactions in shared book reading and free play. *Frontiers in Psychology*, Vol. 8, Artikel 139. Online verfügbar unter: https://www.frontiersin.org/articles/10.3389/fpsyg.2017.00139/full, Zugriff am 03.03.2023.

Röhl, T. (2015). Auffordern. Postphänomenologische Überlegungen zur Materialität schulischen Unterrichtens. In T. Alkemeyer, H. Kalthoff & M. Rieger-Ladich (Hrsg.), *Bildungspraxis* (S. 235–260). Weilerswist-Metternich: Velbrück Wissenschaft.

Rohlfing, K. J., Wrede, B., Vollmer, A.-L. & Oudeyer, P.-Y. (2016). An alternative to mapping a word onto a concept in language acquisition: Pragmatic frames. *Frontiers in Psychology*, Vol. 7, Artikel 470. Online verfügbar unter: https://www.frontiersin.org/articles/10.3389/fpsyg.2016.00470/full#:~:text=10.3389%2Ffpsyg.2016.00470-,An%20Alternative%20to%20Mapping%20a%20Word%20onto,in%20Language%20Acquisition%3A%20Pragmatic%20Frames&text=The%20classic%20mapping%20metaphor%20posits,of%20an%20object%20or%20event., Zugriff am 03.03.2023.

Rohlfing, K. J. (2019). *Frühe Sprachentwicklung*. Tübingen: UTB.

Savigny, E. v. (1996). *Der Mensch als Mitmensch. Wittgensteins »Philosophische Untersuchungen«*. München: dtv.

4.4 Eine praxistheoretische Lesart zur Interaktion von Akteur:in und Struktur

Franz Schröer

Zur Praktik *Morgengebet*

Die Beobachtenden beschreiben in der Vignette eingangs eine statische Situation, von der Handlungen der beteiligten Akteurinnen und Akteure ausgehen. Die beschriebene Praktik, das *Morgengebet*, weist eine äußere Rahmung aus Werkzeugen, Infrastruktur und Projektionsflächen auf. Dadurch können, wie Schäfer (2020, S. 291) unter Bezugnahme auf Latour aufzeigt, auch nichtmenschliche Elemente, hier etwa die Herrichtung des Raumes mit zugezogenen Vorhängen etc. als genuine Träger von Handlungen entfaltet werden. Durch eben diese Handlungsträger, die die Situation unabhängig von den menschlichen Akteurinnen und Akteuren in ihr determinieren, bedarf die in der Vignette beschriebene Praktik, das Morgengebet, keinem gesonderten Aufruf. Den Lernenden ist das Morgengebet vertraut. Sie reproduzieren und versehen es ausgehend von individuellen Bedürfnissen oder Gewohnheiten mit Ergänzungen, welche auf den ritualisierten, statischen Ablauf und die damit verbundenen Regeln und Normen bezogen sind (Hände falten, Augen schließen). Diese teilweise Öffnung des Rituals ist so angelegt, dass sie den Ablauf nicht beeinflusst. Sie ist begleitet von einer umfassenden hier so genannten *äußeren* Rahmung, welche sich im räumlichen Verhältnis von Schülerinnen und Schüler und Lehrperson (Schülerinnen und Schüler nach vorne zum Lehrer gerichtet, Lehrer frei neben dem Pult) sowie z. B. in der Abdunkelung des Raumes manifestiert. Die *für* das Ritual vorbereitete Umgebung verleiht ihm Stabilität, was es unumgänglich und in seinem Ablauf starr erscheinen lässt. Hier zeigt sich ein Ungleichgewicht von *überwiegenden* stabilen Anteilen der Reproduktion der sozialen Praxis auf der einen sowie auf der anderen Seite diesen stabilen Anteilen *nachgestellte* dynamische Anteile, die der Praktik zugeordnet werden können, für ihren Ablauf aber nicht zwingend erforderlich sind (vgl. Schäfer, 2020, S. 105). Der Praktik nicht zugeordnete Handlungen, die als mikroperspektivische Aufhebungen (Alkemeyer & Buschmann, 2016, S. 118; Schäfer, 2020, S. 18) oder Aufhebungen der Praktik auf der Mikroebene (Schatzki, 2016, S. 31) begriffen werden können (z. B. »Jule-Rufe«), werden zwar durch den Vignettenschreiber zur Handlung erhoben, da sie aus Sicht der Lehrperson aber eine Unterbrechung nicht erforderlich machen, werden sie anscheinend ignoriert.

Die Vignette beginnt ausgehend vom Aufruf des Lehrers. Er ist derjenige, dem die Initiation der Praktik obliegt. Die Schülerinnen und Schüler warten auf sein Signal. Der Inhalt des Morgengebets obliegt einem oder einer Lernenden. Er liegt außerhalb des Einflussbereichs des Lehrers und ist dennoch von Regeln und Normen gerahmt (z. B. Kreuzzeichen, Amen) und beeinflusst. So finden sich auch im Gebet, das der Junge spricht, konstitutive Elemente, wie etwa das Bitten um oder das Danken für etwas.

Dass der Schüler das Gebet unvorbereitet vorträgt, stellt eine Verletzung von Regeln im Sinne praxisimmanenter Entitäten dar (Schäfer, 2020, S. 31). Das Erzwingen eines spontanen Gebets kann somit als lehrerseitige Sanktion für eine Regel-, nicht eine Normverletzung verstanden werden (vgl. Schäfer, 2020, S. 32 ff.). Konsistent mit Schäfers (2020) Verhältnis von Regeln und Normen kann dabei die Regel selbst mit ihr übereinstimmendes oder nicht-übereinstimmendes Verhalten nicht aus sich selbst heraus bestimmen. Sie eröffnet lediglich die Möglichkeit einer produktiven Nutzung der Regel, hier der Sanktion durch die Lehrperson. Die Möglichkeit einer weiteren Sanktion bezogen auf die Erfüllung inhaltlicher, normbezogener Ansprüche, erzeugt einen maßgeblichen Teil der Spannung innerhalb der Situation und löst im Vorfeld des Gebets das Grinsen bei den anderen Schülerinnen und Schülern aus sowie im Anschluss unterschiedliche Reaktionen (lachen, Kontaktaufnahme, Rückzug nach innen). Die Gruppe scheint hier für einen Moment die Reaktion der Lehrperson abzuwarten. Der Inhalt entspricht anscheinend den gesellschaftlich bzw. kulturell determinierten Normen und daraus für den Unterricht abgeleiteten Regeln für ein Gebet, weshalb es auch zu keiner weiteren Sanktion kommt. Das Ausbleiben einer Rückmeldung an den Schüler beendet die Praktik und eröffnet routinehaft den Übergang zum Unterricht (Schülerinnen und Schüler packen Materialien aus etc.).

Der Lehrer als Akteur

Der Lehrer stellt in der Vignette die Durchführung der Praktik *Morgengebet* sicher. Er überwacht das Verhalten der Schülerinnen und Schüler und gleicht es mit den geltenden Regeln ab. Das in der Vignette beschriebene Verhalten deutet auf ein deutliches Gefälle zwischen Anspannung im Vorfeld des Morgengebets sowie Entspannung währenddessen hin. Die Vignette lässt offen, ob die nervösen Bewegungen des Lehrers seinem gängigen Habitus entsprechen bzw. in welchem Verhältnis sie zur Praktik stehen. Entsprechend lässt sich eine Unsicherheit auf Seiten des Lehrers, ob die Schülerinnen und Schüler der Struktur der Praktik folgen, nur vermuten.

Die Sanktion des regelverletzenden Verhaltens durch die Lehrperson stellt die zentrale Handlung innerhalb der Vignette dar. Sie eröffnet für die Lesart die bereits angedeutete Möglichkeit der Reflexion über das Verhältnis von Stabilität und Instabilität der Praktik *Morgengebet* unter dem Einfluss von vorab implementierten Regeln und gesellschaftlich oder in diesem Fall kulturell determinierten Normen. Es eröffnen sich Fragen nach der Deutungshoheit bezüglich der Auslegung von Regeln und Normen, der Flexibilität von Praktiken unter dem Einfluss von Regeln und Normen und dem Umgang mit regel- bzw. normverletzenden Verhalten.

Der Junge, der ein Gebet vortragen soll, als Akteur

Sein Verhalten markiert der Junge, der das Gebet vortragen soll, selbst als regelverletzendes Verhalten und impliziert damit bereits eine ihm bevorstehende Sanktion. Er ist entsprechend im Kontext der Praktik kompetenter Akteur (Alkemeyer &

Buschmann, 2016, S. 129). Ihm sind die Struktur und der Ablauf sowie die geltenden Regeln bekannt und er ist in der Lage, sie implizit wie explizit auf sein Handeln anzuwenden. Mit seiner Offenbarung verlässt er das ihm bekannte Terrain der Struktur des Morgengebets. Es ist für ihn unklar, ob bzw. welche Konsequenzen sein regelverletzendes Verhalten hat. Der Turn oder die Handlung fällt aufgrund der frontal ausgerichteten Situation unmittelbar zurück an den Lehrer. Umwege oder Alternativen diesbezüglich, die gesichtswahrend wirken könnten, sind ausgeschlossen. Die Stabilität der Praktik Morgengebet in ihrer Struktur und ihrem Ablauf verunmöglicht hier den flexiblen Umgang mit regelverletzendem Verhalten. Die Aufrechterhaltung der Praktik steht über Allem und Allen. Sie bestimmt alle innerhalb der Vignette beschriebenen Handlungen insofern, als dass sie sie den Regeln der Praktik zuordnet oder nicht zuordnet. Das Gebet, das der Junge spricht, ist eine der wenigen Handlungen innerhalb der Vignette, das durch die Lehrperson nicht als zur Praktik passend oder unpassend zugeordnet wird. Aus dieser Nicht-Zuordnung scheint der Moment der Unsicherheit im Anschluss zu entstehen. Das Gebet unterliegt zwar in seiner Durchführung den Regeln der Situation, sein Inhalt ist aber überwiegend auf kulturell determinierte Normen bezogen. Die Reaktion des Lehrers auf das Gedicht ist das Kreuzzeichen, welches für alle Beteiligten transparent das Ritual beendet. Es markiert das Gebet als gültig und zeigt der Gruppe, dass die Handlung den Regeln und Normen entspricht. Erneut liegt die Steuerung beim Lehrer.

Zusammenführung

Bezogen auf die Instabilität und Stabilität von Praktiken in der Institution Schule gibt die Vignette »Dann musst du mal über Strategien nachdenken« Anlass, über den Einfluss bzw. die *Macht* von Regeln und Normen auf schulische Praktiken und Rituale und die Handelnden, die sie sicherstellen und damit *Macht* haben und ggf. ausüben, zu reflektieren. Die Entwicklungsaufgabe Inklusion stellt diesbezüglich tradierte ›Machtrelationen‹ (Schäfer, 2020, S. 123) zwischen den Akteurinnen und Akteuren sowie zwischen Akteurinnen bzw. Akteuren und der inneren und äußeren Rahmung in Frage. Ferner ermöglicht die Steuerung der Struktur bei gleichzeitiger Offenheit des Inhalts Auseinandersetzungen mit der im Kontext der Forschung zu Inklusion wiederholt geforderten Öffnung von Unterricht. Es ist nur schwer vorstellbar die beschriebene, fast schon ritusartige Praktik, mit Öffnungen in Richtung gemeinsamen, individualisierten und kooperativen (vgl. Reich, 2014) Lernens zu versehen. Bezogen auf die Akteur-Netzwerk-Theorie entsteht der Anschein, dass sich die Akteurinnen und Akteure, die Schülerinnen und Schüler, der Lehrer und der Schüler, der ein Gebet sprechen soll *und* die Artefakte, das Gebet, die frontal ausgerichtete Interaktion, die Herrichtung des Raumes in ein starres Netzwerk begeben. In diesem durch externe Normen und daraus abgeleiteten Regeln rücken die Bedürfnisse aller beteiligten Individuen (Lehrpersonen und Lernende) hinter der Praktik und ihrer Stabilität in den Hintergrund. Die Öffnungen bezogen auf das Gebet begleitende Handlungen (Hände falten, Augen schließen etc.) und den Inhalt des Gebets lassen in Grundzügen Merkmale einer Öffnung erkennen. Diese wird jedoch durch die Sanktion von Fehlverhalten und eine frontale Struktur konterkariert.

Literatur

Alkemeyer, T. & Buschmann, N. (2016). Praktiken der Subjektivierung – Subjektivierung als Praxis (Sozialtheorie). In H. Schäfer (Hrsg.), *Praxistheorie: ein soziologisches Forschungsprogramm* (S. 115–136). Bielefeld: transcript.

Reich, K. (2014). *Inklusive Didaktik: Bausteine für eine inklusive Schule* (Inklusive Pädagogik). Weinheim u. a.: Beltz.

Schäfer, H. (2020). *Die Instabilität der Praxis: Reproduktion und Transformation des Sozialen in der Praxistheorie.* Weilerswist: Velbrück Wissenschaft.

Schatzki, T. R. (2016). Praxistheorie als flache Ontologie (Sozialtheorie). In H. Schäfer (Hrsg.), *Praxistheorie: Ein soziologisches Forschungsprogramm* (S. 29–44). Bielefeld: transcript.

4.5 Lesartenantwort – Homogenisierung und Differenzbildung in religiösen Praktiken unter Bedingungen religiöser Pluralität

Oliver Reis

Vorüberlegungen zur inklusionsbezogenen Auswahl der Vignette

Heterogenität der Schülerinnen- und Schülerschaft (und des Lehrinnen- und Lehrerkollegiums) als Problematisierung konfessioneller Homogenität

Wir haben diese Stunde nicht direkt im Kontext von unterrichtlicher Inklusion aufgenommen, aber implizit und vor dem Hintergrund eines weiten Inklusionsbegriffs (Reis 2020, S. 472 ff.) letztlich doch, deshalb habe ich sie auch für das Projekt gewählt. Der Projektkontext ist die Erforschung der Schulkultur an einer katholischen Schule, die über die Forschungskooperation klären möchte, wie sich diese auf die zunehmende Heterogenität der Schülerinnen und Schüler und Lehrerinnen und Lehrer einstellt. Die Zeiten geschlossener katholischer Milieus, in denen dann geschlossen Jahrgänge zu einer Katholischen Schule gehen, sind längst vorbei. An den meisten Schulen beträgt der Anteil der katholischen Schülerinnen und Schüler (d. h. katholisch getauft) 75 %, 20 % sind evangelisch getauft, 5 % gehören einer anderen bzw. keiner Religion an. Die Schule ist eine Angebotsschule ohne Alleinstellungsmerkmal und von daher dem Reproduktionsdruck ausgesetzt, muss sich also in der Konkurrenz anderer vergleichbarer Schulen behaupten. Das großstädtische Umfeld ist weitgehend säkular oder muslimisch geprägt, die christliche Religionszugehörigkeit bildet die deutliche Minderheit. In der Religionsverteilung bildet sich die statistische Verteilung in der Stadt nicht ab, sondern die Schule schafft ein christliches Mikromilieu. Dafür kommen auch Kinder mit längeren Anfahrtswegen zu dieser Schule. Die Wahl der Eltern für diese Schule hat weniger etwas mit religiösen Neigungen als mit Fragen der Leistungserwartung, der Klassendisziplin und der kulturellen und ethnischen Homogenität zu tun. Nur bei einer sehr kleinen Gruppe von Eltern und Schülerinnen und Schüler beobachtet das Team der Schulpastoral Gottesdiensterfahrung, eine gewisse Nähe zu spirituellen Formen und religiöse Sprachfähigkeit. Wie jede Katholische Schule unterliegt aber auch diese Schule den Erwartungen des Trägers, dass sich das katholische Profil in besonderen (verpflichtenden und freiwilligen) Angeboten der Schulpastoral, bestimmten Markern des Raumes (z. B. Klassenkreuzen) und insbesondere in religiösen Tageseinstiegen zeigt: dem Morgenimpuls. Dieser Morgenimpuls ist eine interessante Praktik, weil sie genau auf der Grenze des Unterrichts stattfindet, der sich in seinem Vollzug bis auf ganz seltene Ausnahmen nicht von einer säkularen Schule unterscheidet. D. h.: bis auf den Morgenimpuls spielt die religiöse bzw. weltanschauliche Differenz in der Unterrichtszeit keine geregelte, ritualisierte Rolle. Aber beim Morgenimpuls treffen Lehrkräfte, die nicht unbedingt Religionslehrkräfte sind, mit ihrer eigenen, meist verdeckten heterogenen Religiosität auf deutlich heterogene Schülerinnen und Schüler und müssen zu Formen finden, die einerseits den institutionellen Erwartungen (Leitbild, QA, Schulordnung, Schulleitung), aber auch den beteiligten Interaktionspartnerinnen und Interaktionspartnern gerecht werden müssen. Diesen verschiedenen Erwartungen, den Bedürfnissen, Fähigkeiten, Vorerfahrungen usw. gerecht werden zu müssen, ist für mich Anliegen der Inklusion vor dem Hintergrund des Heterogenitätsfaktors religiöser/weltanschaulicher Pluralität als Schulentwicklungsanliegen und als didaktischer Auftrag der Gestaltung von Lernumgebungen – denn das stellt der Morgenimpuls letztlich für die meisten Schülerinnen und Schüler dar.

Homogenisierung im Ritual bei gleichzeitiger Individualisierung des Gebets

Die Vignette zeigt einen kleinen Ausschnitt der gesamten Stunde, hier ist der Fokus der Morgenimpuls. Im Forschungsprojekt selbst werten wir die verschiedenen Morgenimpulse auf eine bestimmte Typenfrage der Kopplung von Schulpastoral und Unterricht aus. Für unseren Zusammenhang interessierte mich in der Stunde aber die Frage, wie geht der Lehrer mit den unterschiedlichen Dynamiken um, die in dieser Stunde spürbar waren. Gelingt es ihm, die verschiedenen Themen aufzunehmen, die die Schülerinnen und Schüler mit in die Schule und den Tag bringen? Können sie für sich Formen finden, persönliche Transzendenzerfahrungen zu machen und Transzendenzroutinen zu wiederholen? Gelingt es dem Pflichtritual für alle überhaupt, individuelle Zugänge zu schaffen? Können die Kinder ihren unterschiedlichen Herkünften, Vorerfahrungen gerecht werden? Wie stark wirkt auf diese individualisierenden Kräfte der normierende Rahmen der schulischen Grundordnung (alle zusammen aufstellen und Hände vor den Bauch nehmen) und überhaupt die schulische Situation (markiertes Schulgebäude, typische Tischordnung mit Lehrerin- bzw. Lehrer-Tisch vorne, spezifische, durch Schule künstlich homogenisierte Altersgruppe, die die Schülerinnen und Schüler nur hier treffen, Kreuz im Raum, Bischofsbild auf dem Flur, Stundenplan angeworfen, Klassenarbeiten angekündigt, Ampelsystem an der Wand…). Können sich die Kinder ausdrücken, auch mit säkularen, antireligiösen oder fremdreligiösen Vorstellungen oder ist der Morgenimpuls eher ein technisches, ›kaltes‹ Ding, das mit wenig Emotion die Heterogenität überspielt? Gerade in der Klasse 5 sind die Morgenimpulse sehr disparat, weil die Schülerinnen und Schüler zum einen noch wenig sozialisiert sind und die Lehrkräfte hier des geringsten Widerstandes gehen oder weil die Lehrkräfte zum anderen viel disziplinieren und regelrecht habitualisieren.

Homogene Ritualisierung oder formale Gewöhnung?

In meiner Voranalyse haben wir im Forschungsteam die Stunde mit der Dokumentarischen Methode nach Bohnsack (2017) untersucht. D. h., wir haben versucht, die konjunktiven bzw. disjunktiven Orientierungsrahmen der Akteurinnen und Akteure zu erkennen: Welche Regeln, welches Normwissen leitet die Akteurinnen und Akteure in den interaktiven Momenten im gemeinsamen Rahmen? Wo fallen aber auch unterschiedliche Orientierungsrahmen bzw. in einer hierarchischen Ordnung verschiedener Rahmungen auf? Gibt es abweichende Subrahmungen? Es fällt auf, dass über die Gesamtszene ein großer Rahmen gespannt ist, der von der Lehrkraft eröffnet und mit der Bestätigung des gemeinsamen Kreuzzeichens geschlossen wird. Das Gebet selber, das ein Schüler spricht, elaboriert die Handlungsaufforderung des Lehrers und stellt so etwas wie eine Response dar. In diese Grundstruktur sind drei weitere Sub-Interaktionen eingebettet. Die erste ist notwendig, weil der Impuls der Lehrkraft von dem Schüler, der den Inhalt des Gebetes bereitstellen soll, nicht eigenständig aufgenommen wird. Es gibt offenbar ein Verfahren, wie mit der Aufforderung der Lehrkraft eine Kette starten müsste. Die Kette stockt, der Schüler ist nicht vorbereitet. Nun wird eine Substruktur eröffnet, in der die Lehrkraft den Schüler maßregelt, stark führt und noch einmal auffordert, egal ob mit oder ohne Vorbereitung das Gespräch zu sprechen. Dieser zweite eingelagerte Zirkel folgt wieder der Struktur Impuls, Response und Feedback (IRF: Lüders, 2018). Hier besteht das Feedback in dem eröffnenden Kreuzeichen. Die Kette kann weiter ablaufen.

Eine zweite Substruktur verläuft parallel zu der Disziplinierung des Schülers chaotisch – Tobias Röhl würde sagen: undiszipliniert und gegen die Dinge (Röhl 2019, S. 30 ff.) –, sie steigert deutlich die Entropie innerhalb der Disziplinierung. Durch die Disziplinierung ist die Aufmerksamkeit des Lehrers gebunden, in den entstehenden Räumen entwickelt sich Parallelkommunikation, die den Bedürfnissen einer Teilgruppe entgegenkommt. In der gleichen Zeit bleibt der Großteil der Schülerinnen und Schüler in der Grundordnung stehen und wartet. Sie wirken wie abgestellt, sie sind nicht in die Disziplinierung eingebunden, nicht in die kleine Auseinandersetzung. Sie verfolgen keine eigenen Intentionen.

Das Gebet, als Respons auf die Eröffnung der Lehrkraft und letztlich auch auf die Disziplinierung, wird frei gesprochen. Es ist in der Wortwahl und Wortverknüpfung stark schablonisiert und könnte der Schüler so oder ähnlich in Gottesdiensten oder bei anderen Morgenimpulsen gehört haben. Durch den starken Blickkontakt mit seiner Bezugsgruppe, die Reaktion des Lachens, wird in der dritten Substruktur deutlich, dass er durchaus die Form einhält. Es ist ein öffentlicher Auftritt, aber für religiöse Sprache fehlt das emotionale Einbezogensein, mit Schatzki (2002, S. 80) könnte man sagen, die teleo-affektive Struktur stimmt nicht. Der Morgenimpuls wird aufgeführt, es gibt Resonanz für den Sprecher, aber es ist keine Öffnung des Geschehens für eine innere Erfahrung oder eine Weltdeutung beabsichtigt, wie sie Cress (2019) in seinen Sakrotopen als religiöse Praxisorte beschreibt. Trotzdem spiegelt das Kreuzzeichen des Lehrers wider: der Schüler-Job (Breidenstein, 2006) ist erfüllt. Nur einzelne Schülerinnen haben die Augen geschlossen und bleiben bei sich. In dieser Performanz zeigen sie an, dass für sie etwas passiert ist, das sie mit dem bewusst ausgeführten Kreuzzeichen bestätigen. Die dritte Substruktur verhindert also nicht, dass der Gesamtrahmen Morgenimpuls trotzdem funktionieren kann. Der Großteil der Kinder vollzieht das zweite Kreuzzeichen andeutungsweise, schnell und routiniert und ist noch nicht ganz beim Amen, da ist schon die nächste Phase eingeläutet. Es gibt aber keine Schülerin und keinen Schüler, die bzw. der sich nicht mindestens an dieser Andeutung des Rituals beteiligt.

Der Orientierungsrahmen Institution-Schule-Unterricht und die Hinterbühnen

Mit der »Bohnsack-Brille« fällt die starke Orientierung an Unterricht, an der Impuls-Response-Feedback Kommunikation auf. Der Orientierungsrahmen der Lehrkraft ist die funktionale Durchführung des institutionell vorgesehenen Aktes. Dessen Durchführung wird gesteuert an der Normalerwartung von Unterricht. Auffälliger Weise verzerrt sich hier das Bild von normalem Unterricht mit dieser konkreten Lehrkraft, die sonst auf eine so starke Disziplinierung, fast schon Bloßstellung in der Unfähigkeit sich zu organisieren, verzichtet. Der Lehrkraft ist es wichtig, dass der Morgenimpuls der Form nach durchgeführt wird, er ist ihm aber als religiöses Geschehen nicht wichtig, sonst hätte er auf die Durchführung verzichtet bzw. sie unterbrochen. Vielleicht ist er es gewohnt, dass in (katholischer) Gottesdienstkultur entscheidend ist, was gesagt wird, nicht was verstanden wird. Die (katholische) Gottesdienstkultur ist an der inneren Beteiligung wenig interessiert, es reicht eine solche Beteiligung, dass die formalisierten Jobs erledigt werden können. Das lässt Freiheit für innere Distanz und für eigenständige religion-affine mentale Zustände (Cress, 2019). Das Anspruchslevel der sozialen Synchronisation ist geringgehalten, es reicht, um den Morgenimpuls durchzuhalten. Dadurch bleibt es letztlich auch bei einer homogenen Sicht auf die Schülerinnen und Schüler, die eine bestimmte Form erfüllen müssen, im Inneren aber frei bleiben. Die Disziplinierung betrifft die Redeposition, die Zuhörposition ist nach dem Kreuzzeichen ausreichend stabil. Hier muss nicht diszipliniert werden. Auch die Substrukturen können ausgehalten werden, solange die Grundordnung öffentlich erhalten bleibt. Abweichende Orientierungsrahmen sind hierarchisch untergeordnet möglich (Schatzki, 2002). Darüber wissen die Schülerinnen und Schüler ausreichend Bescheid und individualisieren sich bzw. bilden Subgruppen.

Und nun für die Inklusion?

Unter der Perspektive der Inklusion interessiert mich hier vor allem das Verhältnis von Homogenisierung und Zulassen von Heterogenität. Auf der einen Seite spielt Heterogenität nur an drei Stellen eine Rolle: Vorbereitetsein/Nichtvorbereitetsein, selbstdiszipliniert abwarten/undiszipliniert nicht abwarten, äußerlich die Betende oder den Betenden beobachten/innerlich das Gebet als Stimulus hören. Weltanschauungen, Religionszugehörigkeiten oder Vorsozialisierungen spielen auf der Interaktionsoberfläche keine Rolle. Die Praxis (Lehrkraft ruft Schüler auf, Lehrer macht Kreuzzeichen, Schülerinnen und Schüler machen mit, Schüler betet vor, Lehrer macht Kreuzeichen und Schülerinnen und Schüler machen mit) ist basal, wird noch einmal aufgerufen und weiter stabilisiert. Diese Praxis ist auf der einen Seite überhaupt nicht neutral und fordert durchaus ein Bekenntnis, auf der anderen Seite ist sie so persondistanziert, dass sie auch Luft für eine eigene, durchaus auch widerständige Haltung in einem gewissen Rahmen zulässt. Trotzdem bleibt es ein homogener, von einer Religion besetzter Rahmen, zu dem sich die Schülerinnen und Schüler nicht frei verhalten können. Sie können so teil*haben* an der Ordnung, aber sie können nur wenige teil*geben* (Schweiker, 2017; Reis, 2018). Die Praxis inkludiert durchaus, aber denkt dafür die Schülerinnen und Schüler inklusivistisch, als letztlich bei aller Abweichung immer noch auf das Christentum bezogen. Wirkliche Fremdheit taucht dabei nicht auf. In anderen Klassen sind explizit markierte muslimische Schülerinnen und Schüler vom Kreuzzeichen befreit, das stört allerdings die basale Grundordnung und löst bei dieser Form des Morgenimpulses Nachahmung aus, die nur wieder durch Disziplinierung bearbeitet wird. Heterogenität wird in diesem Morgenimpuls nicht als Bereicherung offen thematisiert, sie wird eher über die Unterrichtslogik, die dann auch den Impuls selbst einschließt, mediatisiert.

Anstöße, Anreicherungen und Ausschärfungen durch die Lesarten

Ich habe die drei Lesarten in einer gemeinsamen Leselinie gesehen. Vieles könnte ich als Bestärkung anführen, dafür vielen Dank. Im Folgenden konzentriere ich mich stärker auf die Differenzen. Direkte Widersprüche sind mir nicht aufgefallen – vielleicht habe ich auch nicht differenzorientiert genug gelesen? –, dafür aber deutliche Anstöße zum Weiterdenken, viele ausgearbeitete Anreicherungen und einzelne Ausschärfungen.

Anstöße

In den Vorüberlegungen bin ich gar nicht auf die Form des Gebets eingegangen. Katharina Kammeyer weist zum einen überhaupt daraufhin, dass die Gebetsformen mit bekannten Formularen eine entlastende Funktion haben, die gerade angesichts der Heterogenität eine Möglichkeit bieten, sich zu zeigen, ohne einer vermeintlich authentischen Situation ausgeliefert zu sein.

Im Blick auf die Überlegungen zu geformter Spiritualität wird hier deutlich, dass die Formen von Dank und Bitte wirksam sind und so den Inhalt des Gebets prägen. Individuelle Schwerpunktsetzungen sind also begrenzt möglich, sofern auch das Standhalten möglich ist. In ritualitäts- und praxistheoretischen Überlegungen ist dieser Rückbezug auf Formen notwendig wirksam: Er entlaste von einem »Druck eines Authentizitätskultes, in dem alle Konzentration auf den Beweis der Echtheit und Aufrichtigkeit ihres Denkens und Fühlens gelenkt wurde, statt auf den artikulationsfähigen Gehalt dessen, was sie denken und fühlen«. Artikulationsfähig sind in dieser öffentlichen Situation und ohne Vorbereitung ein Dank und eine Bitte für die Schule, die das unmittelbar Vorfindliche widerspiegeln.

Zum anderen zeigt sie, dass der Schüler von den unterschiedlichen möglichen Formen des Gebets die Bitte als basale Form wählt. Das ist nicht notwendig, aber gerade diese Form ist sehr variabel interpretierbar, wie stark der explizite Gottesbezug bzw. welche Formen an Transzendenz zugelassen sind (Reis & Büttner, 2020, S. 50–69; vgl. Kammeyer, 2006). Katharina Kammeyers Expertise für die Analyse des Gebets, der Bitte als basaler und offener Ort des Gottesbezugs (Kammeyer, 2006) bringt sie hier für mich gewinnbringend ein.

Anreicherungen

Ideale Vorbereitung und Realität

Als sehr wichtige Anreicherung habe ich empfunden, dass Katharina Kammeyer noch einmal die intentional-gedachte Literatur zum Gebet heranzieht und damit die in den Vorüberlegungen skizzierte Vorbereitungspraxis kontrastiert:

»Die Stille spüren – Meditative Übungen und Gebet« ist ein entsprechendes Kapitel einer Religionsdidaktik betitelt, in dem empfohlen wird, dass die Lehrperson in ihren Bewegungen sich ‚ruhig, langsam, harmonisch' verhalten, ‚ruhig und freundlich', ‚klar und wenig' sprechen, die Kinder mit dem Blick wahrnehmen und mit den Händen nicht wild gestikulieren möge. 3 Phasen der Stille zielen auf eine Beruhigung von Körper und Atmung und auf eine Konzentration auf Worte, Gedanken oder auf einen im Zentrum sichtbaren Gegenstand. Die hier beobachtbare Rahmung bzw. Wirkung des Rituals gibt diesen Merkmalen wenig Aufmerksamkeit, so dass die Kinder keine im genannten Sinne hinführende Vorbereitung des Betens erleben« (Lesart Kammeyer).

Gerade die starke Kontrastierung zwischen der realen Praxis und der Idealvorstellung weist daraufhin, dass es in der Szene um etwas Anderes als die Ermöglichung eines spirituellen Anliegens geht.

Die Ambivalenz des Nachsatzes

In den Vorüberlegungen habe ich durchaus beim Gebet des Schülers wahrgenommen, dass er ein Formular benutzt, um die vorangegangene Disziplinierung auszugleichen. Katharina Kammeyer macht darüber hinaus deutlich, dass gerade der Nachsatz komplexer gedacht werden kann, wenn man auf die anderen achtet. Zeigt sich daran gerade die formalisierte Banalisierung des Gebets oder eher eine interessante Positionierung von sich selbst, der Klasse und anderen Kindern außerhalb Deutschlands. Und korrespondiert vielleicht dieses Anderssein der Kinder ohne Schulmöglichkeit mit der eigenen Position?

»Zeugt der Dank von einer Wertschätzung der Schule oder ist der Inhalt, schlicht, weil nichts anderes einfiel, eine Bagatelle, die gerade daher keine Wertschätzung erforderlich macht? Auf welche ‚anderen' bezieht sich die Bitte? Führt sie zu einer erhöhten Motivation, um den Status quo mitzuverändern?« (Lesart Kammeyer)

Es ist auffällig, dass nicht alle Kinder auf die fast schon ironische Zitierung einer Formel mit Lachen reagieren. Es gibt Kinder, die mit dem Schüler in die Differenzen reingehen, vielleicht die Notsituationen anderer Kinder imaginieren oder auch die eigene Differenzposition.

Ausschärfungen

Formale Durchführung vor inhaltlichem Sinn

Bei Katharina Kammeyer wird noch einmal deutlich, wie verstörend dieses »Irgendetwas wird dir schon einfallen« wirkt:

»Es ist von daher nachvollziehbar, dass eine Form gestaltet wird. Zugleich weckt das Beispiel die Frage, was hierbei inhaltlich und in der gemeinsamen interaktiven Ausgestaltung transportiert wird. Verstörend wirkt, dass der Inhalt (‚irgendetwas') vernachlässigt wird bzw. dem Schüler öffentlich überlassen wird, zudem angesichts dessen zweifelhaften Einverständnisses« (Lesart Kammeyer).

Der Inhalt und der Innensinn des Rituals werden dadurch bis an die Grenze der Belastbarkeit der formalen Durchführung untergeordnet. Auch bei Franz Schröer findet sich diese Zuspitzung:

»Der Turn oder die Handlung fällt aufgrund der frontal ausgerichteten Situation unmittelbar zurück an den Lehrer. Umwege oder Alternativen diesbezüglich, die gesichtswahrend wirken könnten, sind ausgeschlossen. Die Stabilität der Praktik Morgengebet in ihrer Struktur und ihrem Ablauf verunmöglicht hier den flexiblen Umgang mit regelverletzendem Verhalten. Die Aufrechterhaltung der Praktik steht über Allem und Allen« (Lesart Schröer).

Diese Linie ist in den Vorüberlegungen angelegt, aber sie wird hier in der Spannung von Authentizität, Ritualisierung und formal erwarteter Durchführung noch einmal zugespitzt.

Zuordnung der Orientierungsrahmen

Katharina Kammeyer arbeitet sehr präzise das Verhältnis der Ordnungen zueinander aus:

»Diese orientieren sich ›simultan oder in schnellem Wechsel an zwei unterschiedlichen Referenzsystemen [...]: am schuloffiziellen Diskurs der planmäßigen Aneignung der Erwachsenen-Kultur und am subversiven Diskurs der Verteidigung von Autonomie gemäß den Normen und Werten der Gleichaltrigen-Kultur‹« (Lesart Kammeyer).

Dadurch wird noch deutlicher, dass der Grundrahmen und die Substrukturen nicht nur von der Institution, sondern auch sehr stark von Differenz Kinder/Erwachsene bzw. Erwachsene/Peer-Group geprägt sind und dass sich die beiden Ordnungen regelrecht ausbalancieren und die Disziplinierung/Bloßstellung deutlich ausgleichen. Der Lehrer hat offenbar ein feines Gespür für diese Ordnungen, wenn er die Substrukturen nicht unterbricht.

Eine »Normalisierung« bewirkt, dass es gerechtfertigt ist, die »Widerständigkeit der Lernenden einzudämmen, sobald sie ein bestimmtes als ›normal‹ toleriertes Maß überschreitet«. Die entsprechend angespannte Körperhaltung des Lehrers, sein Klatschen und dann sein Händefalten werden daraufhin von der lässigen Haltung des Schülers, der nach vorne »schlurft«, kontrastiert.

Regeln und Normen

Franz Schröer arbeitet diese Architektur der Ordnungen auch sehr klar heraus und zeigt die doppelte Asymmetrie in der Durchsetzung des Lehrers gegenüber dem Schüler. Ohnmacht und Macht liegen sehr eng beieinander.

»Die Vignette beginnt ausgehend vom Aufruf des Lehrers. Er ist derjenige, dem die Initiation der Praktik obliegt. Die Schülerinnen und Schüler warten auf sein Signal. Der Inhalt des Morgengebets obliegt einem oder einer Lernenden. Er liegt außerhalb des Einflussbereichs des Lehrers und ist dennoch von Regeln und Normen gerahmt (z. B. Kreuzzeichen, Amen) und beeinflusst« (Lesart Schröer).

Dass in der Ohnmacht des Lehrers trotzdem noch der Interaktionsfluss erhalten bleibt, hängt wesentlich an Regeln und Normen. Franz Schröer fügt hier eine Differenz ein, die zwar für mich auch ein Anstoß ist, aber vom Faden nun hierhin gehört:

»Dass der Schüler das Gebet unvorbereitet vorträgt, stellt eine Verletzung der Regeln dar. Das Erzwingen eines spontanen Gebets kann somit als Sanktion für eine Regel-, nicht eine Normverletzung verstanden werden. Die Möglichkeit einer weiteren Sanktion bezogen auf die Erfüllung inhaltlicher, normbezogener Ansprüche erzeugt einen maßgeblichen Teil der Spannung innerhalb Situation« (Lesart Schröer).

Durch die Unterscheidung wird beobachtet, dass der Schüler zunächst nur eine Durchführungsregel verletzt, für die er sanktioniert wird. Er ist unvorbereitet und versucht daraus ein Verweigerungsrecht abzuleiten. Wer unvorbereitet kommt, muss wenigstens so tun können, als wäre er es nicht. Ein Verweigerungsrecht gibt es nicht (Roose, 2019, S. 93 ff.;1S. 22 ff.; Wenzl, 2014, S. 95–110). Das Problem ist also der Verstoß gegen diese Regel, anfangen zu müssen. Franz Schröer betont, dass Normverletzungen im Gebet noch folgen können, aber der Lehrer bleibt bei der Regelevaluation:

»Er überwacht das Verhalten der Schülerinnen und Schüler und gleicht es mit den geltenden Regeln ab« (Lesart Schröer).

Die Reaktion des Lehrers auf das Gebet ist das Kreuzzeichen, welches für alle Beteiligten transparent das Ritual beendet. Es markiert das Gebet als gültig und zeigt der Gruppe, dass die Handlung den Regeln und Normen entspricht.

Mit Katharina Kammeyer könnte man sagen, dass eigentlich die inhaltlichen Normverstöße gegen das Gebet auf Seiten der Schülerinnen und Schüler und auch bei ihm selbst durchaus gravierender sind. Aber diese verfolgt er nicht, sondern achtet nur auf die formale Regeltreue wie Franz Schöer betont:

»Die Sanktion des regelverletzenden Verhaltens durch die Lehrperson stellt die zentrale Handlung innerhalb der Vignette dar. Sie eröffnet für die Lesart die bereits angedeutete Möglichkeit der Reflexion über das Verhältnis von Stabilität und Instabilität der Praktik *Morgengebet* unter dem Einfluss von vorab implementierten Regeln und gesellschaftlich oder in diesem Fall kulturell determinierten Normen. Es eröffnen sich Fragen nach der Deutungshoheit bezüglich der Auslegung von Regeln und Normen, der Flexibilität von Praktiken unter dem Einfluss von Regeln und Normen und dem Umgang mit regel- bzw. normverletzenden Verhalten« (Lesart Schöer).

Aus der Lesart wird mir klarer, wie Regel-Controlling und Normenblindheit selbst wieder mit Fragen der Stabilität zusammenhängen könnten. Wird beides scharf kontrolliert, wäre das System vielleicht auch überfordert. Die Deutungshoheit wird letztlich dann doch geteilt – wenn auch unter Umständen zu Ungunsten der religiösen Praxis, die selbst nicht in ihrer Sensibilität für Heterogenität gesteigert wird, wie wieder im nächsten Abschnitt angesprochen wird.

Schule und religiöse ritualisierte Praxis

In meinen Vorüberlegungen betone ich die Logik der Institution Katholische Schule als Rahmen, der den Morgenimpuls formal erzwingt, ihn dann aber in der Vignette der schulischen Logik überlässt. Katharina Kammeyer beobachtet sehr genau, was das mit dem religiösen Ritual selbst macht.

»Erwartungen der Peer- und Erwachsenenkultur werden gleichermaßen berücksichtigt, insofern ändert sich die religiöse Praxis: Verzögerungen zu Beginn, die Wahl des Inhalts und ironisierende Reaktionen nach Ende des Gebets können dabei als Ausdruck von einer Beteiligung von Schülerinnen und Schüler oder aber ihres Beschämtseins gelten. Das Ritual strukturiert in diesem Fall seinen Gebrauch so, dass für das Mitgestaltung durch die Lernenden wohl ein Handlungsraum, aber kein explizit angeleiteter Reflexions- oder Dialograum vorgesehen ist. Sichtbar wurde, dass auch nicht-sprachliche Verhaltensspielräume gegenüber einer religiösen Praxis entstehen können, in denen Distanz und Varianz sich andeuten« (Lesart Kammeyer).

Katharina Kammeyer führt das – aus meiner Sicht – zu einem der Schlüsselsätze

»Die Aufführungspraxis lässt nun vielmehr danach fragen, inwieweit gerade die schulischen Regeln religiöser Praxis eine eigene Form geben« (Lesart Kammeyer.)

Der Morgenimpuls soll dem Schultag, dem Unterricht selbst eine Form mitgeben, zu einer Struktur führen, die den Unterricht immer für andere, hinter den schulischen Positivismen liegende Wirklichkeiten sensibilisieren. Hier liegt das Zentrum der Analyse von Katharina Rohlfing, die mich in ihrer Lesart auf das paradoxe Verhältnis von öffentlicher Gebetsinszenierung bei Absonderung der Öffentlichkeit durch die heruntergelassene Jalousie und öffentlicher Ritualik bei nach innen gewendeter Gebetsintimität aufmerksam macht.

Zusammengenommen wird deutlich, dass eine gemeinsame Gestaltung des Gebets als Moment, bei dem auf äußere Einflüsse verzichtet und zugleich eine Zuwendung nach Innen oder Gott stattfinden soll, schwierig ist und sich einige dieser Beziehung(en) verweigern, während sie aber rein äußerlich diese Praktik befolgen. Die Frage nach dem Warum liegt nahe. Womöglich ist nicht nur die Erwartung, nach Innen oder Gott zugewandt zu sein, eine sehr hohe, die bei allen Beteiligten zu einer spürbaren Spannung führt und sich sichtbar nach dem Gebet lockert. Auch wird durch einen Morgenimpuls eine öffentlich transparente Zuwendung nach Innen verlangt, die der Intimität des Gebets widerspricht.

Das sorgt für eine Spannung zwischen individuellem und sozialem Innen und Außen, die gerade verhindert, dass der Morgenimpuls Transzendenz eröffnet. Vielmehr wird hier verletzliche religiöse Kommunikation unter Bedingungen schulischer Öffentlichkeit seziert. Gleichzeitig ist hier ein für Schule typischer Prozess ausgesetzt: die Reflexion.

Denn einerseits ist Reflexion über rituelle Praxis erforderlich, damit aufgeklärte Menschen an ihm teilnehmen können, andererseits ist gerade ein Einstimmen in das Ritual notwendig, um ein Teil von ihm zu sein und sich auf etwas verweisen zu lassen, das größer ist als man selbst, wie die Schule, Gesellschaft, Kirche oder eine religiöse Gemeinschaft, und ohne dies reflexiv erfassen zu können. Ohne diese Erfahrungsebene verliert ein Ritual ebenso seine Legitimität.

Die Unterrichtslogik überformt die religiöse Praxis, die dann aber nicht mehr selbst wieder beobachtet wird. Das ist dem Ort der Katholischen Schule geschuldet, die den Morgenimpuls eben der religiösen Sozialisierung zuordnet, die aber gleichzeitig nicht wirklich zu ihrer Form kommt. Dafür fehlt der Raum, dass die Schülerinnen und Schüler selbst von sich aus ohne die Unterrichtslogik als Rahmen agieren können. Solche Morgenimpulse haben wir im Übrigen auch beobachtet. Katharina Kammeyer versucht dann die Varianz zu steigern und bietet dafür Möglichkeiten an, die sich auch in der Literatur finden:

»Routinen in klaren Strukturen zu pflegen, umfasst in dieser Weise bereits wieder das Variieren von diesen Strukturen, hier unter der Berücksichtigung von Bewegung. Weitere Varianten wären durch den Einsatz von musikalischen oder bildhaften Formen denkbar« (Lesart Kammeyer).

Die Beispiele unterlaufen etwas die vorhergemachte Starrheit in den Strukturen. Franz Schröer kommt deshalb auch zu einem etwas anderen Schluss:

»Es ist nur schwer vorstellbar, eine fast schon ritusartige Praktik mit Öffnungen in Richtungen gemeinsamen und individualisierten Lernens zu versehen. Bezogen auf die ANT entsteht der Anschein, dass sich die Akteure, die Schülerinnen und Schüler, der Lehrer, der Schüler, der ein Gebet sprechen soll, das Gebet in ein starres Netzwerk begeben. In dem durch externe Normen und daraus abgeleitete Regeln die Bedürfnisse der Individuen in den Hintergrund rücken. Die Öffnungen bezogen auf das Gebet begleitende Handlungen (Hände falten, Augen schließen etc.) und den Inhalt des Gebets lassen in Grundzügen Merkmale einer Öffnung erkennen. Diese wird jedoch durch die Sanktion von Fehlverhalten und eine frontale Struktur konterkariert« (Lesart Schröer)

Letztlich ist beides möglich: Immer wieder zeigt sich die Stabilität der Praxis, den Morgenimpuls über die Unterrichtslogik zu steuern. Dabei müssen nicht immer die Disziplinierungsmechanismen und die Orientierung an unterrichtlichen Logiken wie der Struktur von Impuls-Response-Feedback (Mehan, 1979, S. 285–294; Roose, 2019; Wenzl, 2014) so dominant sein wie in diesem Fall. Manchmal erscheint der Morgenimpuls bei der gleichen formalen Funktionalität vor allem dazu da zu sein, überhaupt eine gewisse soziale Synchronisation auszulösen, bevor inhaltlich mit dem Unterricht begonnen (Reis & Weber, 2022; Reis & Walter, 2022). Diese Funktion beobachtet auch Katharina Rohlfing zurecht:

»Ganz gegensätzlich dazu funktioniert aber das fast synchrone Verwenden von Gesten und Worten für das Kreuzzeichen, wozu jeder im Klassenraum in der Lage zu sein scheint. (…) In diesem Sinne ist in der Vignette von ›der Klasse‹ die Rede, die mit ›den Gesten und den Worten‹ des Lehrers synchron ist. Zwar erscheint diese Form der Interaktion als mechanistisch. Doch bietet sie zugleich auch eine einfache Resonanz an und macht dadurch die Gemeinschaft spürbar. In der frühkindlichen Entwicklung ist diese Form der Interaktion essenziell, um zunächst eine Praktik in ihrer Gänze kennenzulernen, um sie im weiteren Schritt in ihren Einzelteilen zu begreifen und zu gestalten« (Lesart Rohlfing).

In diesem Sinn wäre dann gerade die unterrichtliche Synchronisierung über die formale Mechanisierung das implizite Ziel, das hier am Beispiel eines religiösen Textes geübt wird. Die religiöse bzw. weltanschauliche Heterogenität wird an den Rand gedrängt, aber ist damit nicht erledigt, weil die Synchronisierung immer noch über eine religiöse Markierung eines Gebetes erfolgt, selbst wenn hier der Druck der Veröffentlichung des inneren Bekenntnisses minimal ist. Je stärker aber die religiöse Praktik selbst den Unterricht dominiert, umso gewichtiger ist die Frage, wie die Synchronisierung so gestaltet werden kann, dass sie der im Raum vorhandenen religiösen/weltanschaulichen Heterogenität gerecht werden kann. Möglich und beobachtbar sind Lösungen, die rein semantisch die Zugänglichkeit durch eine Abschwächung religionsspezifischer Begriffe erhöhen. Auch das vom Schüler gewählte Gebet lässt schon Raum für verschiedene theistische Konzepte, es muss nicht jüdisch-christlich gefüllt werden. Trotzdem kommt diese Strategie für säkulare Schülerinnen und Schüler deutlich an die Grenze. Katharina Rohlfings Vorschlag eines gemeinsamen Moments der Stille wäre hier noch eine interessante Variation, Raum für eine öffentlich beobachtbare spirituelle Innenwendung zu schaffen, die Synchronisation ohne viele Voraussetzungen ermöglicht. Für Katholische Schulen stehen Transformationsprozesse im Umgang mit Heterogenität an, die sich gerade am Morgenimpuls zeigen. Wenn man die Heterogenität sichtbar steigert, um die gegenwärtigen Schülerinnen- und Schülerzahlen zu behalten, wird man sich gleichzeitig damit beschäftigen müssen, in welchen Formen mit welchen Zielen im Morgenimpuls gearbeitet wird.

Literatur

Bohnsack, R. (2017). *Rekonstruktive Sozialforschung. Einführung in Methodologie und Praxis qualitativer Forschung.* Opladen: Barbara Budrich.

Breidenstein, G. (2006). *Teilnahme am Unterricht. Ethnographische Studien zum Schülerjob* (Studien zur Schul- und Bildungsforschung, Band 24). Wiesbaden: VS Verlag für Sozialwissenschaften.

Cress, T. (2019). *Sakrotope – Studien zur materiellen Dimension religiöser Praktiken.* Kulturen der Gesellschaft 23. Bielefeld: transcript.

Kammeyer, K. (2006). Ist beten nur ein frommer Wunsch? Mit Kindergartenkindern aus unterschiedlichen sozialen und religiösen Herkunftsfamilien über Beten sprechen. In A. A. Bucher, G. Büttner, P. F.-L. & M. Schreine (Hrsg.), *Vielleicht hat Gott uns Kindern den Verstand gegeben. Ergebnisse und Perspektiven der Kindertheologie* (Jahrbuch für Kindertheologie, Band 5) (S. 111–123). Stuttgart: Calwer.

Lüders, M. (2018). Unterrichtssprache und indirekt instruierendes Lehrerverhalten. In A. Schulte (Hrsg.), *Sprache – Kommunikation – Religionsunterricht. Gegenwärtige Herausforderungen religiöser Sprachbildung und Kommunikation über Religion im Religionsunterricht* (S. 137–156). Leipzig: Evangelische Verlagsanstalt.

Mehan, H. (1979). ›What time is it, Denise?‹: Asking known information questions in classroom discourse. *Theory into Practice*, 18 (4), 285–294.

Reis, O. (2018). Alles eine Frage des Mindsets?! Eine Ordnung des Inklusionsdiskurses und die Folgen für die inklusive Didaktik. In G. Büttner, H. Mendl, O. Reis & H. Roose (Hrsg.), *Heterogenität im Klassenzimmer* (Religion lernen. Jahrbuch für konstruktivistische Religionsdidaktik, Band 9) (S. 9–46). Babenhausen: Lusa.

Reis, O. (2020). Inklusion. In U. Kropač & U. Riegel (Hrsg.), *Handbuch Religionsdidaktik* (S. 472–480). Stuttgart: Kohlhammer.

Reis, O. & Büttner, G. (2020). *Modelle als Wege des Theologisierens: Religionsunterricht besser planen und durchführen.* Göttingen: Vandenhoeck & Ruprecht.

Reis, O. & Walter, M. (2022). Den roten Faden selbst in der Hand – ritualisierte Selbstorganisation als Wirkungsfaktor im Paderborner Reli-Fächer. In N. Brieden, H. Mendl, O. Reis & H. Roose (Hrsg.), *Nachhaltige Wirkung des Religionsunterrichts* (Religion lernen. Jahrbuch für konstruktivistische Religionsdidaktik, Band 13). (S. 472–480). Babenhausen: Lusa.

Reis, O. & Weber, C. (2022). »In Erinnerung geblieben sind mir die ritualartigen Dinge.« Rituale und ihre eigensinnige Mitarbeit an der nachhaltigen Wirkung. In N. Brieden, H. Mendl, O. Reis & H. Roose (Hrsg.), *Nachhaltige Wirkung des Religionsunterrichts* (Religion lernen. Jahrbuch für konstruktivistische Religionsdidaktik, Band 13). Babenhausen: Lusa.

Röhl, T. (2019). Mit und gegen die Dinge lehren und lernen. In G. Büttner, H. Mendl, O. Reis & H. Roose (Hrsg.), *Praxis des Religionsunterrichts* (Religion lernen. Jahrbuch für konstruktivistische Religionsdidaktik, Band 10) (S. 30–41). Babenhausen: Lusa.

Roose, H. (2019). *Kindertheologie und schulische Alltagspraxis. Eine Studie zum Verhältnis von kindertheologischen Normen und eingeschliffenen Routinen im Religionsunterricht.* Stuttgart: Calwer.

Schatzki, T. R. (2002). *The site of the social. A philosophical account of constitution of social life and change.* Pennsylvania: Penn State University Press.

Schweiker, W. (2017). *Prinzip Inklusion. Grundlagen einer interdisziplinären Metatheorie in religionspädagogischer Perspektive.* Göttingen: Vandenhoeck & Ruprecht.

Wenzl, T. (2014). *Elementarstrukturen unterrichtlicher Interaktion. Zum Vermittlungszusammenhang von Sozialisation und Bildung im schulischen Unterricht.* Wiesbaden: Springer.

5 Lesartenbündel zur Vignette »... ein Kumpan könnte dort sein.«

5.1 Vignette aus dem Homeschooling »... ein Kumpan könnte dort sein.«

Katharina J. Rohlfing

Es ist 9:27. Christopher beatboxt und schaut in seinen Aufgabenordner nach, ob neue Aufgaben da sind. Es gibt wohl noch eine Aufgabe in PP (Praktische Philosophie). Ich vermute, es gibt einen Text und frage, ob er was im Text markieren möchte. Er winkt ab und sagt, er könnte die Markierungen auch online vornehmen.

Zwischendurch stellt er seinen »Hasen« ein. Das ist eine App, die Christopher helfen sollte, sich zu konzentrieren.

Die Aufgabe in PP besteht aus keinem Text, der gelesen werden soll. Es ist ein Gedicht, und Christopher soll es selbst schreiben.

Ich helfe ihm, ein neues Dokument aufzumachen, in das er etwas schreiben kann. Das Gedicht entsteht schnell und wirkt von Anfang an poetisch.

Ein Ritter im Licht
Durch des Waldes dicht
So reitet er fort
Vor Ort zu Ort

Wir diskutieren, ob »durch des Waldes dicht« passend ist.
Christopher korrigiert daraufhin: »Der Wald ganz dicht« und beschließt, weiter dichten zu wollen. Und zwar mit Abenteuermusik, die sich leicht durch die Eingabe »Abenteuermusik« in YouTube finden lässt.

Er ist schon so weit
Was es nicht gibt, ist Müdigkeit
Doch er ist so allein
Er wünscht sich einen, der bei ihm sei.
Er findet, ein Kumpan könnte dort sein

Ich wende ein, dass ich das mit dem »wünschen« nicht so gelungen finde.
Daraufhin schlägt Christopher einen neuen Vers vor:

Er wünschte sich einen Kompagnon herbei

Und evaluiert selbst, dass es sich besser reime.

Ich sehe ihm an, wie er konzentriert weiter dichtet. Er denkt nach, schaut zur Seite, tippt, korrigiert.

Es ist 9:42.

Er reitet Tag und Nacht
Sagte, die Landschaft ist wie für ihn gemacht.

Wir diskutieren, ob »Er sagte« oder »Sagte« besser in den Vers passt. Ich schlage »Sagt« vor. Christopher verwirft jedoch den Vorschlag mit dem Argument, es wäre doch eine Legende.

Doch dies ist nur eine Legende
Und dies ist nicht die Wirklichkeit
Doch wenn man nur dran glaubt
Und dies kann nur die Minderheit

Ich hinterfrage das Verb »glauben«, das Christopher in den Vers unmotiviert hineingebracht hat: »Aber was soll man glauben?«

»An eine Legende von dem Ritter«, sagt Christopher und ruft mit »Jetzt lass uns weiterlabern« zum Weitermachen auf. Ich frage, worum es im Gedicht geht.

Doch immer ist er allein,
Auch könnte doch ein Freund hier sein.
Er reitet doch nicht nur
Er ist doch ein Held!
Er reitet Tag und Nacht
Nun hatte er so viel vollbracht

Christopher schaut mich an und fragt, was sich auf »bekämpfen« reimt. Ich sehe auf einer Webseite nach und mache einige Vorschläge.

Das Gedicht hat ihn gepackt. Er schreibt konzentriert weiter und weiter. Es ist 10:10. Das Häschen wird gecheckt. Bald ist der Timer auf 50 Minuten, was bedeutet, dass Christopher schon 50 Minuten an den Aufgaben arbeitet. Dafür gibt es Belohnung in Form von Münzen. Für die fünf ergatterten Münzen plant Christopher später, einen neuen Hut für das Häschen einzukaufen.

»Mein Gedicht ist fertig«, sagt Christopher. Es gibt Probleme beim Ausdrucken, denn das Chromebook kann das nicht aus der Datei heraus, in der er das Gedicht geschrieben hat. Beim Übertragen in OneNote geht jegliche Formatierung verloren. Christopher wirkt müde und möchte sich mit der Formatierung nicht befassen. Dann findet er doch noch einen Weg, auf »request« den Text auszudrucken.

Er erhält neun Münzen, bekommt dafür aber noch keinen Hut für das Häschen. Erst ab 20 Münzen gibt es eine Schlafmaske. Der Hut kostet 30. Da muss man sparen.

5.2 Eine Lesart mit Blick auf Ziel und Bedeutung von Schule

Uta Häsel-Weide

In der Vignette bearbeitet der Schüler Christopher eine Aufgabe in Praktischer Philosophie und wird bei diesem Arbeitsprozess von der Vignettenschreiberin beobachtet und begleitet. Prägend an dieser Vignette ist das entstehende Gedicht über einen Ritter, einen einsamen Helden, der sich einen Kompagnon wünscht und doch allein bleibt.

Die Vignette beschreibt die Lern-/Arbeitssituation. Ein Schüler sitzt morgens in seinem Zimmer und bearbeitet eine Aufgabe. Seine Mutter beaufsichtigt die Arbeit – gleichzeitig wird die Arbeitszeit mit einem digitalen Tool gestoppt. Christopher ist nicht in der Schule und doch in der Schule. Er arbeitet allein und doch nicht allein, denn die Vignettenschreiberin, seine Mutter, beobachtet ihn, bringt sich aber auch inhaltlich ein, wendet etwas ein, diskutiert mit ihm, fragt nach, macht Vorschläge.

Zählbare Arbeitszeit oder kreatives Produkt – was zählt in der Schule?

Die Vignette rahmt die inhaltliche Beschreibung der Entstehung des Gedichts durch Zeitangaben. Der Arbeitsprozess beginnt um 9.27 Uhr und endet kurz nach 10:10 Uhr. Auch während des Prozesses ist eine Zwischenzeit angeben. Dies irritiert. Das Schreiben eines Gedichts, ein kreativer, schöpferischer Prozess, wird in der Bearbeitungszeit gemessen und durch ein digitales Häschen (App) in Form von neun Münzen für 50 Minuten abgegolten.

Wie kann es zu so einer Situation in der Schule kommen? Was ist das Ziel von Schule, so wie sie sich hier ereignet? Was soll hier gelernt werden?

Die Vignette erlaubt mehrere Antworten: (1) Christopher soll sich konzentrieren (2) Christopher soll seine Aufgaben erledigen und das Gedicht schreiben. Die Aufgabe im Aufgabenordner besteht aus dem Schreiben eines Gedichts für Praktische Philosophie. Zu welchem Thema, mit welchem Ziel, mit welcher Rahmung erfahren wir nicht.

Ziel 1: Konzentration lernen

Christopher rahmt die Arbeitssituation selbst durch das Starten und Stoppen einer App, die geleistete Arbeitszeit in digitale Münzen umwandelt. Ähnlich dem Arbeitsleben wird also Arbeitszeit bezahlt. Während der Arbeitszeit soll konzentriert gearbeitet werden. Das gelingt. Trotz und vielleicht auch wegen der Abenteuermusik, die auf YouTube gefunden wird und im Hintergrund läuft. Um 9:42 notiert die Beobachtende einen Zwischenstand: »*Er [dichtet] konzentriert weiter. Er denkt nach, schaut zur Seite, tippt, korrigiert*« und später findet sich die Formulierung »*Das*

Gedicht hat ihn gepackt. Er schreibt konzentriert weiter und weiter«. Erst als er fertig ist, schaut er auf das Häschen mit der Zeitangabe.

Welche Bedeutung hat also die extrinsische Motivation? Während des Dichtens scheint Christopher die Häschen-App nicht zu beachten, die Zeit scheint für ihn keine Rolle zu spielen. Erst als er fertig ist, checkt er die App. Braucht er also die externe Verstärkung zur Verhaltensmodifikation gar nicht mehr? »Ziel der Anwendung von Verstärkersystemen muss gleichzeitig auch immer ihr Ausschleichen sein, so dass SchülerInnen es irgendwann auch ohne verhaltensregulierende Maßnahmen schaffen, das gewünschte Verhalten zu zeigen« (Mays & Zweschtler, 2018, S. 53). Ist das Ziel auf der Verhaltensebene also bereits erreicht? Allerdings entsprechen 50 Minuten Arbeitszeit nur neun digitalen Münzen, mit denen noch kein Kauf zu tätigen ist. Erst ab 20 Münzen gibt es eine Ware, die attraktiv erscheint. 20 Münzen entsprechen wahrscheinlich 120 Minuten Arbeitszeit. So lange ist also zu arbeiten, bevor es dafür eine Belohnung gibt.

Der geleisteten Arbeitszeit und der Art und Weise des Arbeitens wird in der Beschreibung eine hohe Bedeutung zugewiesen. Unterbrechungen, wie das Einstellen von Musik, werden notiert, ebenso die Zwischenzeit und die Arbeitsweise. Konzentriertes Arbeiten scheint in der Vignette dann gemeint, wenn still gearbeitet wird: *»Er denkt nach, schaut zur Seite, tippt, korrigiert«*. Vorschlagen, diskutieren, nachfragen fallen nicht unter konzentriertes Arbeiten oder doch? Kleine Abweichungen werden jedoch toleriert, die Suche von Abenteuermusik nicht sanktioniert. Von wem auch – wohl nicht vom digitalen Häschen und nicht von der Beobachterin – nur dann, wenn sie die Rolle in diesem Moment verlassen hätte.

Die Beschreibung der Situation und die Fokussierung auf die Konzentration werfen Fragen auf. Zeigt die Beschreibung, dass Konzentration eben keine Eigenschaft ist, sondern eine Fähigkeit? Fraglich ist dabei, was »sich konzentrieren« genau meint und wieso ein Kind, das sich 50 Minuten in eine Sache vertiefen kann, lernen muss sich zu konzentrieren und welcher Aspekt der Kompetenten von Aufmerksamkeit (Naumann & Lauth, 2007) im Fokus der Maßnahme steht.

Ziel 2: Ein Gedicht schreiben

Die Vignette umfasst das Gedicht, das im Rahmen der Aufgabe entsteht. Es ist da, es ist fertig, es spricht zu mir und rührt mich an. Und doch bleibt die Frage, worum es eigentlich geht bei dieser Aufgabenstellung. Was ist das Ziel der Aufgabe, was die genaue Aufgabestellung im Unterrichtsfach Praktische Philosophie? Soll ein Gedicht geschrieben werden über einen Ritter, über Freundschaft, über Abenteuer? Muss es sich reimen? Gibt es weitere Vorgaben? Was ist der Sinn dieser Aufgabe, was das Ziel? Diese Fragen beantwortet die Vignette nicht und sie werden im Gespräch zwischen Christopher und seiner Mutter nicht thematisiert. Es wird gefragt »Worum geht es in dem Gedicht?«, aber die Vignette – oder Christopher – bleibt die Antwort schuldig.

Da stellt sich die Frage, ob es eigentlich erlaubt ist zu fragen, worum es geht? Spricht das Werk nicht für sich selbst? Das würde man mit »Ja« beantworten, wäre man in der Bibliothek oder einer Lesung. Die Vignette beschreibt jedoch eine schulische Situation und eine schulische Aufgabe in einem Unterrichtsfach und zwar nicht in Deutsch, sondern in Praktischer Philosophie. Also bleibt die Frage, was sollen die Kinder leisten? Gehört das, worüber Christopher und seine Mutter diskutieren, zum Arbeitsauftrag oder geben sie sich diesen selbst?

Die Vignette gibt hier keine direkte Antwort, aber genau diese Lücke bringt mich zum Nachdenken. Der schulische Arbeitsauftrag scheint trotz laufender Häschen-App zu einem inneren Anliegen zu werden. Christopher wird *»gepackt«* und schreibt weiter und weiter. Der äußere Arbeitsauftrag und der Auftrag des konzentrierten Arbeitens geraten in den Hintergrund und weichen einer inneren Motivation, werden zu einem Bedürfnis. Es scheint als nutze Christopher den Arbeitsauftrag, um sich auszudrücken, sich mitzuteilen.

Was ist also das Ziel von Schule und inwiefern wird es hier in dieser sehr besonderen Situation erreicht. Die Vorgaben der Kultusministerkonferenz (KMK) geben als übergreifendes Ziel von Schule an, »die Schülerinnen und Schüler dabei zu unterstützen ihre Person zu entfalten«. Dies scheint hier gelungen und zwar trotz Rahmenbedingungen, die eigentlich dem diametral entgegenstehen oder doch nicht?

Doch immer ist er allein – Interaktionen

Die Vignettenschreiberin betitelt die Vignette mit » ... ein Kumpan könnte dort sein« und lenkt damit die Aufmerksamkeit der Lesenden auf die soziale Situation. Der Titel ist eine Textzeile des entstandenen Gedichts und scheint zugleich ein Wunsch der Protagonisten zu sein. Christophers Wunsch, geht man davon aus, dass er sich mit dem Ritter in seinem Gedicht identifiziert, aber auch der Wunsch der Vignettenschreiberin. Sie verlässt die Rolle der Beobachterin und Forscherin und wird selbst zur Kumpanin in der Situation. Sie diskutieren zusammen, sie wendet ein, hinterfragt und macht Vorschläge. Es findet Kooperation statt.

Dekker und Elshout-Mohr (1998) identifizieren als regulierende Interaktionstätigkeiten in kooperativen Prozessen unter Schülerinnen und Schüler das »Nachfragen« und »Kritik äußern«. Nachfragen regt die produktiven Tätigkeiten des Zeigens und Erklärens an, kritisch Äußern führt zu Verteidigen oder der Rekonstruktion der Arbeit (Decker & Elshout-Mohr, 1998). Dies zeigt sich auch in der Vignette: Die Vignettenschreiberin wendet ein, Christopher revidiert und macht einen neuen Vorschlag. Die Diskussion über »sagte« und der Vorschlag »sagt« zu schreiben, wird verworfen und die eigene Idee verteidigt. Die Interaktion ist somit als produktiv anzusehen, da sie Schlüsselaktivitäten hervorbringt. Dabei scheint die Art der Tätigkeiten klar verteilt. Die regulierenden Tätigkeiten gehen von der Vignettenschreiberin aus, sie »wendet ein«, »sie hinterfragt«, Christoph hingegen »fragt nach einzelnen Wörtern, die sich reimen«, und beide zusammen »diskutieren«. Die Interaktionssituation scheint asynchron und spiegelt damit das Verhältnis von Mutter und Kind. Die Mutter scheint die inhaltliche Expertin für die Aufgabe zu sein. Sie hilft nicht nur organisatorisch, sondern auch inhaltlich, wobei die Interaktion sich vor allem um die sprachlichen Ausdrucksmittel zu drehen scheint.

Die Arbeitsbeziehung zwischen Christopher und der Vignettenschreiberin ist also trotz der produktiven Tätigkeiten keine Kooperation, im Sinne einer bilateralen Konstruktion (Schöttler, 2019) oder Ko-Konstruktion (Krummheuer & Brandt, 2001; Hackbart, 2017). Die Rollen sind klar gesteckt. Christopher obliegt es, die Aufgabe zu Ende zu bringen, das Gedicht zu schreiben, die Vignettenschreiberin wird wieder zur Beobachterin. Sie sind nicht beide für die Aufgabe verantwortlich, sondern das ist Christophers Aufgabe. Sie arbeiten auch nicht parallel an gleich gestellten Aufgaben, sondern werden wieder zu Mutter und Sohn. Die Mutter hilft beim Ausdrucken des Textes.

Letztendlich bleibt es also bei der Situation: »Doch ist er so allein«.

Literatur

Dekker, R. & Elshout-Mohr, M. (1998). A process model for interaction and mathematical level raising. *Educational Studies in Mathematics*, 28 (36), 303–314.

Hackbarth, A. (2017). *Inklusionen und Exklusionen in Schülerinteraktion. Empirische Rekonstruktionen in jahrgangsübergreifenden Lerngruppen an einer Förderschule und an einer inklusiven Grundschule.* Bad Heilbrunn: Klinkhardt.

Krummheuer, G. & Brandt, B. (2001). *Paraphrase und Traduktion. Partizipationstheoretischen Elemente einer Interaktionstheorie des Mathematiklernens in der Grundschule.* Weinheim: Beltz.

Mays, D. & Zwetschler, L. (2018). *Inklusiver Mathematikunterricht mit Schülerinnen und Schülern mit Förderschwerpunkt Emotionale- und soziale Entwicklung.* München: Reinhardt.

Naumann, K. & Lauth, G. (2007). Unterrichtsintegrierte Förderung von Aufmerksamkeit. In J. Walter & F. B. Wember (Hrsg.), *Sonderpädagogik des Lernens* (Handbuch der Sonderpädagogik, Band 2) (S. 238–337). Göttingen: Hogrefe.

Schöttler, C. (2019). *Deutung dezimaler Beziehungen. Epistemologische und partizipatorische Analysen von dyadischen Interaktionen im inklusiven Mathematikunterricht.* Wiesbaden: Springer.

5.3 Eine Lesart für den ästhetischen Blick auf Lernverhältnisse, Lernwege und Lernprodukte

Iris Kruse

Die Vignette erzählt von einer Situation des Home-Schoolings während des ersten Corona-Lockdowns. Die Vignettenschreiberin ist als Ich-Erzählerin zugleich eine der beiden Protagonistinnen und Protagonisten. Neben ihr ist es der Junge Christopher, von dem erzählt wird. Die beiden Personen sind in einem engen interaktiven Netz aufeinander bezogen, wobei deutlich wird, dass die Ich-Erzählerin in der Rolle der Betreuerin und Begleiterin steht. Christopher ist der Betreute und Begleitete. Erzählerisch ausgestaltet wird der Weg einer Aufgabenbewältigung. Das ‚Auftauchen' der Aufgabe, die als »Aktant im Netzwerk« (Latour, 1995) mitmischt, markiert den Beginn der Szene. Die Beendigung der Aufgabenbearbeitung markiert das Ende.

Woher kommt der »Ritter im Licht«?

Die Aufgabe, um deren Bewältigung sich die Ich-Erzählerin und Christopher bemühen, kommt aus einem digitalen Aufgabenordner, von dem anzunehmen ist, dass es ein Unterrichtsfachordner im Schüleraccount einer Schulcloud ist. Das Unterrichtsfach, das Christopher um 9.27 Uhr angeht, ist Praktische Philosophie. Der Arbeitsauftrag, der ihm aus dem digitalen Ordner entgegenkommt, verlangt von ihm das Verfassen eines Gedichts. Das ist unerwartet. Zumindest für die Ich-Erzählerin, die in der Begleitung der Home-Schooling-Aufträge einige Erfahrungen zu haben scheint. Es sind Erfahrungen, aus denen Erwartungen resultieren. Erwartet hat sie, dass etwas zu lesen sein würde: Ein Text, der Markierungen verlangen würde, die wiederum ihrer Unterstützung durch die Erstellung eines Ausdrucks bedurft hätten. Christopher aber braucht kein Papier und die Unterstützung der Ich-Erzählerin wird von ihm mit einem Abwinken dieses Angebots (*Er winkt ab*) erstmalig zurückgewiesen, noch bevor die tatsächliche Aufgabe bekannt geworden ist.

Christopher benötigt dann wirklich keinen ausgedruckten Text, denn er soll selbst etwas schreiben. Auch dafür benötigt er kein Papier, sondern sehr selbstverständlich eine Textdatei, in die hinein – kaum, dass die Ich-Erzählerin ihm beim Öffnen es digitalen Dokuments geholfen hat – sehr schnell die ersten Verse eines Gedichtes geschrieben werden. Hinsichtlich dieses sehr zügigen Schreibbeginns stellen sich einige Fragen: Musste Christopher wirklich über nichts nachdenken? War seine Schreibidee sofort da? Woher kam so schnell der *Ritter im Licht*, der zum Protagonisten des lyrischen Schülertextes wird? Zum Verfertigen des ›Textes im Kopf‹ (Nussbaumer, 1991) macht die Ich-Erzählerin keine Angaben.[2] Sind Christophers Überlegungen, die zur gedanklichen Geburt des *Ritters* führen, der Ich-Erzählerin und Begleiterin Christophers entgangen? Oder spart die Vignettenschreiberin diese Informationen aus, weil sie der gedanklichen Konstruktion des Textes keine Bedeutung beimisst?

Zu diesen unbeantwortbaren Fragen hinzu gesellt sich eine weitere, die sich ebenfalls auf das gedankliche Handeln Christophers richtet: Welcher Aufgabenstellung geht er nach? Ist das geforderte Gedicht ein ›Gedicht um des Gedichts Willen‹? Weil es eher unwahrscheinlich scheint, dass im Fach Praktische Philosophie allein Gattungsspezifika der Lyrik im Mittelpunkt einer Schreibaufgabe stehen, wird augenfällig, dass für die Ich-Erzählerin und Begleiterin Christophers Thema und genauer Wortlaut der Aufgabenstellung eine so untergeordnete Rolle für die Gesamtsituation spielen, dass sie die Erwähnung als nicht notwendig erachtet.

Der Ritter im Licht ist jedoch kein Niemand und er kommt ganz gewiss nicht aus einem Nichts! Er taucht vielmehr so plötzlich aus dem Schatten des Nicht-Erwähnten auf, dass seine ästhetische Existenz Suchbewegungen auslöst nach den Ursprüngen und Verweislinien seiner Entstehung. Was bringt seinen Schöpfer, den

2 Nussbaumer unterscheidet auf Grundlage einer kognitiven Texttheorie den Text 0, der sich im Kopf des Kindes befindet, Text 1, der auf dem Papier zu sehen ist, und Text 2 im Kopf des Rezipienten/der Rezipientin. Mit diesem Modell der drei Texte lassen sich die im Textproduktionsprozess relevanten Dimensionen von Schreiber und Schreiberin, Textprodukt und Textrezipientin und Textrezipient interaktionsbezogen modellieren.

im Home-Schooling arbeitenden Christopher, dazu, sich diese Figur zu erdenken und sie – so erzählt es der Fortgang des Gedichts – auf die Suche nach einem Kumpan zu schicken, der sein Alleinsein beenden möge?

Ein einsamer Ritter auf poetisch verschlungenen Wegen

Das Gedicht, das – wie es in der Vignette heißt – *von Anfang an poetisch [wirkt]* und für das Christopher viele Ideen hat, entsteht unter wiederholter Einflussnahme der Begleiterin. Die Vignette macht Angaben dazu, dass einzelne Wörter, Wortkombinationen und auch ganze Verse besprochen werden. Der Ausdruck, den die Vignette verwendet, lautet »*diskutieren*«. Von wem geht die Initiative aus, wenn es heißt *Wir diskutieren, ob ›durch des Waldes dicht‹ passend ist* ,oder auch *Wir diskutieren, ob ›Er sagte‹ oder ›Sagte‹ besser in den Vers passt?* Der Eindruck, dass es nicht der junge Gedichteschreiber ist, den es hier zur Diskussion drängt, speist sich zunächst daraus, dass die erste Intervention bereits nach den ersten vier Zeilen des Gedichtes erfolgt und eine grammatische Konstruktion betrifft, die zwar sprachsystematisch nicht korrekt, im Hinblick auf Poetizität und Literarizität des kleinen Textes aber durchaus kraftvoll ist. Sprachrhythmus und Sprachdynamik der Wendung »Durch des Waldes dicht« entfalten durchaus mehr Zugkraft und Passung für den Bewegung abbildenden Fortgang der Gedichthandlung, als es die eher statische Wendung »Der Wald ganz dicht« tut. Hier wird geritten, »von Ort zu Ort« und der Originalvers »Durch des Waldes dicht« hätte durch eine minimalinvasive Kleinstkorrektur zu einer poetisch hoch originellen Wendung werden können: Die Subjektivierung des Adjektivs »dicht« hätte ausgereicht, um eine lyrische Konstruktion mit großer ästhetischer Spannkraft zu schaffen: *Ein Ritter im Licht / Durch des Waldes Dicht / So reitet er fort / Von Ort zu Ort.* Hoch literarisch und in diesem Sinne bedenkenswert ist diese Wendung.[3] Was ist es, dieses »Waldes Dicht«? Was enthält es? Worauf trifft der Ritter darin? Die tatsächliche Korrektur, die aus der Intervention resultiert, ist indes weit weniger poetisch und in diesem Sinne eben auch weit weniger originell. Was sie auszeichnet, ist allenfalls grammatische Korrektheit. Ist es das, was der Begleiterin wichtig ist an der sprachlichen Produktivität des Jungen? Was ist ihm selbst wichtig? Es macht den Eindruck einer gewissen Bereitwilligkeit hinsichtlich der Korrektur, wenn es innerhalb der Vignette heißt *Christopher korrigiert daraufhin: ›Der Wald ganz dicht‹*.

Die nächste Intervention und mithin neuerliche Unterbrechung des Schreibflusses, der nach dem ersten Stopp offenbar problemlos wieder in Gang gekommen ist, wird innerhalb der Vignette anmoderiert mit den Worten *Ich wende ein.* Nicht einverstanden ist die Ich-Erzählerin, die hier sehr deutlich markiert, dass sie es ist, die ›diskutieren‹ möchte, mit einem Vers, in dem das Verb »wünschen« prägend ist. Die Korrektur, die Christopher daraufhin vornimmt, betrifft gleich zwei Zeilen seiner Erstfassung und führt zur Streichung gerade jenes Verses, den die Ich-Erzählerin, Begleiterin und Vignettenschreiberin titelgebend werden lässt für die Vignette. Statt *Er wünscht sich einen, der bei ihm sei / Er findet, ein Kumpan könnte dort sein* heißt es

3 Vgl. zur Wertung als »hochpoetisch« die Einführung in die Gedichtanalyse, Burdorf, 1997.

nach Christophers Korrektur in nur noch einem Vers und mit verändertem Substantiv: *Er wünschte sich einen Kompagnon herbei.* Tut es der Begleiterin und Vignettenschreiberin leid, dass der Kumpan zum Kompagnon wurde? Offenbar hat auch sie es so empfunden, dass der Ursprungsvers, in dem der Kompagnon noch ein Kumpan an unbestimmtem Ort war, mehr poetische Strahlkraft enthielt als die auf ihre Intervention hin hineinkorrigierte Variante. Dass das Verb »wünschen« erstens bestehen bleibt und zweitens eine Tempuskorrektur ins Präteritum erfährt (*wünschte*), die nicht mehr zum ansonsten im Gedicht verwendeten Präsens passt, bleibt unkommentiert. Hat es die Begleiterin Kraft gekostet, hier auf neuerliche Intervention zu verzichten? Offenbar ist zu diesem Zeitpunkt – Zeit spielt eine tragende Rolle im Geschehen – etwas anderes wichtiger: Die Tatsache, dass Christopher aktiv bleibt, Geschriebenes überprüft, sich konzentriert, weiterschreibt. Bereits nach zwei weiteren Gedichtzeilen kommt es jedoch zu einer neuerlichen Unterbrechung, die zum zweiten Mal innerhalb der Vignette durch das unbestimmte *Wir diskutieren* anmoderiert wird. Dass es der Ich-Erzählerin und Begleiterin nun wieder um grammatikalische Korrektheit geht, zeigt die Tempuskorrektur für das Verb »sagte« an. Christopher setzt seine spontan gewählte Präteritumkonstruktion (*sagte*) dadurch der Begleiterin gegenüber durch, dass er auf die Textsorte verweist, der sein lyrischer Text zugehörig sei. Die Zuordnung zur Textgattung »Legende« – liegt hierin ggf. auch ein Hinweis auf die Aufgabenstellung, über die die Vignette nichts Explizites aussagt? – rechtfertigt die Verwendung des Präteritums. Zugleich führt die durch die Intervention herausgeforderte Hinwendung zu diesem Gattungsstichwort dazu, dass ein Bruch in der Handlungsprogression entsteht. Die fortschreibend dem Gedicht eingearbeitete Rede davon, dass die Geschichte vom *Ritter im Licht* »nur eine Legende« sei, will nicht so recht in den Handlungsfluss passen. Dieser wird von Christopher erst nach einer vierzeiligen Gattungserläuterung und nach dem markanten Ausruf *Jetzt lass uns weiterlabern* wiederaufgenommen. Diese Wiederaufnahme des eigentlichen Erzählfadens holt im ersten Vers der insgesamt sechszeiligen Folgesequenz das zentrale Motiv wieder in den Mittelpunkt: *Er ist so allein.* Der Eindruck, dass es seine eigene Einsamkeit ist, die hier von Christopher thematisiert wird, verschärft sich.

Erwachsen-betreut und peer-verlassen

Der Eindruck, dass es eigene Einsamkeitsgefühle sind, die Christopher in seinem Gedichttext thematisiert, speist sich maßgeblich aus dem an die Begleiterin gerichteten gleichzeitig Distanz und Coolness markierenden Ausdruck des »Weiterlaberns«. Die Jugendsprachlichkeit ist es, die hier auffällt und die wie ein Ausbruch aus seiner bis hierin durchgehaltenen Rolle des Kontrollierten, Bewachten und Begleiteten wirkt. Er möchte sich losreißen aus all diesen fesselnden Zwängen und die Aufgabenbearbeitung so angehen, wie er es außerhalb von Home-Schooling-Verhältnissen mit seinen Mitschülerinnen und Mitschülern in schulischen Arbeitsphasen in Präsenz tun würde. Der Ausruf *Jetzt lass uns weiterlabern* fügt sich glatt und widerstandslos ein in die Vorstellung einer Gruppenarbeitssituation im Präsenzunterricht einer Sekundarstufenklasse. Drei, vier, vielleicht fünf Schülerinnen und

Schüler verfassen gemeinsam ein Gedicht. Eine bzw. Einer schreibt, die anderen machen Vorschläge für Aufzuschreibendes. Eine mit Überlegungen, vielleicht auch Ablenkungen gefüllte Schreibpause wird einem Gruppenmitglied zu lang, und dann ist er da, dieser Ausruf, der so ganz und gar authentisch in diese peer-Gruppensituation passt. »*Jetzt lass uns weiterlabern*«. Passend gehalten ist dieser Satz vor allem durch die enthaltene Despektierlichkeit dem Arbeitsauftrag und dem daraus resultierenden Produkt gegenüber: So wichtig ist dieses Gedicht nicht, eben so wenig der Formulier- und Schreibweg, der es zutage fördern soll. Das kann ›gelabert‹ werden und braucht wahrlich nicht so viele Unterbrechungen und Wichtigkeit suggerierendes Hin- und-Her-Überlegen!

Gerade so, als hätte dieser peer-passende Ausruf ihm die Abwesenheit seiner Peers in der Home-Schooling-Situation ins Bewusstsein getrieben, formuliert er die daraus resultierende Klage in sein Gedicht hinein: *Doch immer ist er allein, / Ach könnte doch ein Freund hier sein.* In Aufnahme seines weiteren Textfadens möchte man Christopher zurufen: Halte durch! Reite weiter! Du bist ein Held! Bald ist es vollbracht!

Wofür Christopher das Wort »*bekämpfen*« gebraucht hat, auf das sich etwas reimen soll, spart die Vignette aus. Die Ich-Erzählerin und Begleiterin schaut auf einer Website für Reimwörter nach und macht Christopher Vorschläge. Ob sie angenommen werden? Werden sie bekämpft? Zu vermuten ist, dass sich ›annehmendes Bekämpfen‹ und ›bekämpfendes Annehmen‹ in der Interaktion zwischen Christopher und ich-erzählender Begleiterin fortsetzen. Bis zur Fertigstellung des Gedichts? Noch darüber hinaus?

Digitale Begleiter und die Frage danach, wer den Hut aufhat

Ebenso wie der Fortgang des Gedichts, versteckt sich auch der Moment seiner Fertigstellung innerhalb der Vignette. Die Zitation des Gedichttextes wird nach der berichteten Frage nach dem Reimwort nicht weiter fortgesetzt. Das Schreiben selbst aber setzt sich durchaus fort und wird als »*konzentriert*« beschrieben. Es ist das zweite Mal, dass die Ich-Erzählerin und Begleiterin das Verb »konzentrieren« verwendet, um Christophers Tun zu beschreiben. Es scheint ihr wichtig zu sein und etwas Besonderes, dass Christopher diese Konzentration gelingt. Wie zur Unterstreichung dieses Gelingens wird eine Zeitangabe gemacht: »*schon 50 Minuten*« arbeitet Christopher »*an den Aufgaben*«. Gemessen wurde diese Zeit von einer App, die bereits zu Beginn der Vignettensituation, als Konzentrationshelfer bezeichnet, Erwähnung findet. Diese »Hasen«-App prägt als weiterer Aktant des Netzes aus Christopher, Begleiterin und Schreibaufgabe das Geschehen maßgeblich mit. Christopher selbst aktiviert diesen Wächter über seine Konzentration, für die die Laufzeitminuten des »Hasen« die Maßeinheit bilden. Die Benutzung der App scheint ritualisiert zu sein. Das Einstellen geschieht wie selbstverständlich und *zwischendurch*, also mehr oder weniger im Nebenbei. Zugleich aber wird deutlich, dass die Einflussnahme der »Hasen«-App keinesfalls eine im Nebenbei versickernde Nebensache ist. Vielmehr wird die vom »Hasen« gemessene Zeit *gecheckt* zu einem Zeitpunkt, als die Begleiterin und Ich-Erzählerin eben erst konzentriertes *Weiter- und Weiter-Schreiben* beschrieben hat. Warum muss zwischen vertieftem Schreiben und der Feststellung, dass das Gedicht »fertig« sei, die »Hasen«-App aufgerufen werden? Warum muss sie gerade da *gecheckt* werden, wie es in der Vignette heißt? In welchem Verhältnis stehen diese App und das schreibende Tätig-Sein Christophers zueinander? Da die App mit Elementen der Motivation des »inneren Zwangs« (Holzkamp, 1983, S. 411) arbeitet und Münzen für eine Laufzeitdauer vergibt, die – vermeintlich – mit konzentriertem Arbeiten gefüllt wurde[4], keimt ein für selbstbezügliches und erfahrungsorientiertes Lernen fataler Verdacht auf: Weit wichtiger als die Arbeit an den Aufgaben, dem Verfassen des Gedichts, ist für Christopher die Ausschüttung der »Münzen«, für die innerhalb der virtuellen App-Welt etwas gekauft werden kann. Accessoires für das Häschen. Die Vignette bleibt hier vage. Irritierend ist der Zeitpunkt des »Checkens« der App. Auch, dass unmittelbar nach Sichtung der App-Zeit vom Jungen verkündet wird, das Gedicht sei nun *fertig*. Nicht aus dem Schreibfluss heraus scheint sich der Eindruck des Fertiggeworden-Seins zu speisen, sondern aus der Tatsache, dass *schon 50 Minuten* vergangen sind und fünf Münzen ausgezahlt werden. Weitere »Hasen«-App-Zeit ergibt sich aus technischen Randarbeiten, die für das Ausdrucken des geschriebenen Gedichts durchgeführt werden müssen. Nach einigen Schwierigkeiten gelingt Christopher das Ausdrucken doch noch, ohne dass er sein Gedicht, was zwischenzeitlich drohte, neu formatieren muss. Nachdem er den Ausdruck und mithin das Ergebnis seiner Arbeiten an der Aufgabe in Praktischer Philosophie errungen hat, bekommt er neun virtuelle Münzen innerhalb seiner »Hasen«-App. Dass er dafür den Hut, den er gern für den Hasen gehabt hätte, nicht anschaffen kann, treibt den Eindruck fehlgeleiteter Bedeutsamkeiten auf die Spitze und hinterlässt ein klammes Gefühl der Leere. Christopher bekommt nicht das, was er will. Und auch der Hut für das »Häschen« – warum bekommt dieses lernpsychologische Monster auch noch diese Verniedlichungsform zugedacht?! – wird dann, wenn er irgendwann angeschafft werden kann, nur ein substanzloses Surrogat sein, für etwas, das Christopher wirklich etwas bedeuten könnte. Was das sein könnte, bleibt verborgen. Gefangen im Netz aus resonanzlosem Aufgabenordner, besorgt-ambitionierter Betreuerin und sinnleerer »Hasen«-App wirkt Christopher umzingelt und erdrückt. Seine Müdigkeit (*Christopher wirkt müde*) gegen Ende der durchgestandenen Home-Schooling-Situation ist nur allzu einleuchtend. Und wieder taucht der Wunsch auf, ihm Mut zu machen: »Hey, Ritter! Stell dich ins Licht!«, möchte man dem Jungen zurufen. Und weiter: »Hör auf die Abenteuermusik in dir, nimm dir selbst einen Hut, reiß dir die Schlafmaske ab und stürze dich in des Waldes Dicht!«

Ein wahrer Kumpan?

Was Christopher bekommt für das, was er leistet – und das ist mehr als das Verfassen des Gedichts, es ist das Durch- und Aushalten –, kann ihm nicht genügen. Die sinnleere »Hasen«-App interessiert sich nur für handlungs- und inhaltsfreie Minu-

4 Vgl. zur Motivation als »innerem Zwang« Holzkamp 1983. Zur Kritik an Stimulus-Response-Lerntheorien und den damit verbundenen »Konditionierungseffekten« Holzkamp 1993, 45 f.

ten, die Philosophielehrerin oder der Philosophielehrer bleibt verborgen hinter dem Aufgabenordner, der unpersonalisiert ausgespuckt hat, was zu tun war und nun ausgedruckt irgendwo abzuheften ist. Wird es gelesen werden? Wird jemand etwas dazu sagen? Sagt die Begleiterin etwas dazu? Oder schließt sie sich dem App-Hasen an und interessiert sich rein quantitativ für die mit Aufgabenbearbeitung zugebrachte Zeit? Wo ist die Ich-Erzählerin am Ende der Vignette? Fast hat es den Anschein, als würde sie in der Rolle der Begleiterin hinter dem Häschen stehen und dieses die Arbeit machen lassen, die ihr als Einflussnahme auf Christopher so wichtig ist. Der letzte Handlungsturn zumindest liegt ganz beim so genannten »Häschen«. Die Ich-Erzählerin bleibt in Deckung und die mit ihr in Personalunion stehende Vignettenschreiberin kommentiert das Zu-Wenig an Münzen, das Christopher für seine Arbeit bekommen hat, fast sarkastisch mit dem Abschlusssatz *Da muss man sparen.* Wessen Kumpan ist sie?

Literatur

Burdorf, D. (1997). *Einführung in die Gedichtanalyse.* Stuttgart: Metzler.
Holzkamp, K. (1983). *Grundlegung der Psychologie.* Frankfurt a. M., New York: Campus.
Holzkamp, K. (1993). *Lernen. Subjektwissenschaftliche Grundlegung.* Frankfurt a. M.: Campus.
Latour, B. (1995). *Wir sind nie modern gewesen. Versuch einer symmetrischen Anthropologie.* Übersetzt von Gustav Roßler. Berlin: Akademie-Verlag.
Nussbaumer, M. (1991). *Was Texte sind und wie sie sein sollen, Ansätze zu einer sprachwissenschaftlichen Begründung eines Kriterienrasters zur Beurteilung von schriftlichen Schülertexten.* Tübingen: Niemeyer.

5.4 Eine praxistheoretische Lesart zur Rolle der Schulbegleitung

Oliver Reis

Hinterfragen oder Weiterlabern? Assistenz in einem Schulsystem Lost in Translation

Der theoretische Rahmen der Lesart

Auch bei dieser Lesart wird eine explizit praxistheoretische Perspektive eingenommen, der die gleichen praxistheoretischen Annahmen zugrunde liegen wie schon der Lesart zur Vignette von Iris Kruse. Die Lesart folgt dieses Mal aber nicht diachron dem Verlauf, um die Veränderungen im Praxisbündel nachzuzeichnen und so die Einzelpraktiken abzuheben. Bei dieser Vignette fällt der starke Fokus auf Person zwei auf, sie dokumentiert die eigene ungewohnte Rollenerfahrung in einer noch nicht eingeübten, selbstverständlich gewordenen Praktik. Hier wird sichtbar, wie eine Person in einer Situation in eine kompetente Rolle für eine bestimmte Praxis gerufen wird (Schäfer, 2016, S. 10ff.). Deshalb konzentriert sich die Lesart darauf, die Rolle von Person zwei in der Praktik zu rekonstruieren und darüber die Praxis als Lernsituation zu verstehen. Da hier eine digital-gestützte Praxis im Distanzunterricht zu Hause interpretiert wird, bietet die Vignette die Chance, eine *verstreute Praxis* (Hoyer & Reis, 2021, S. 28) aus dem Schulsystem an einem anderen Ort rekonstruieren zu können und damit ein kleines Fenster zum Distanzunterricht und seine inklusiven/exklusiven Arbeitsformen zu öffnen.

Die interpretative Lesart zur Vignette

Die Vignette beschreibt eine Wir-Situation zwischen einem Schüler, Christopher, und einer zweiten Person, die mit der Autorin der Vignette identisch erzählt wird. Das Verhältnis der beiden Personen ist aus der Vignette selbst nicht zu erschließen. Diese zweite Person ist zwar nicht im direkten Fokus der Vignette – es geht eher um Christopher, wie er mit der Aufgabe zurechtkommt, ein Gedicht zu schreiben –, aber gerade Person zwei ist aus meiner Sicht ein wichtiger Schlüssel, um die Praktiken in der Szene zu verstehen. Markiert man die Verben, mit denen die Handlungen von Person zwei bezeichnet werden, dann lassen sich folgende Handlungen an diesen Verben erkennen:

- Sie fragt und strukturiert den Arbeitsprozess.
- Sie beobachtet die Handlungen von Christopher und beobachtet seine Regeltreue.
- Sie unterstützt Christopher, wenn die technische Lernumgebung nicht funktioniert.
- Sie diskutiert inhaltlich auf bestimmte Kriterien hin.
- Sie wendet etwas ein, wenn sie mit einer Lösung nicht einverstanden ist.
- Sie regt Christopher zur Selbstevaluation an.
- Sie macht Vorschläge, um eine angemessenere Lösung zu entwickeln, lässt aber Christopher die Autonomie zu eigenen Entscheidungen.
- Sie hinterfragt, wenn ein aufgerufener Kontext aus ihrer Sicht nicht passt.
- Sie ruft inhaltlich zur Aufgabe zurück, wenn der Faden verloren zu gehen droht.
- Sie löst Herausforderungen, z.B. mit der Webseite für Synonyme.

Person zwei ist deutlich in die Aufgabenbearbeitung von Christopher involviert und zwar mit einer *pädagogischen Rolle.* Sie stellt zwar nicht die Aufgabe, gibt sich aber deutlich den Führungsauftrag, dass die Aufgabe bearbeitet wird: a) überhaupt, b) im Rahmen eines möglichst selbstständigen Arbeitsflows, c) mit Hilfe von Unterstützungsinterventionen, wenn der Flow ins Stocken gerät, d) mit Inspektionen, wenn die Qualität zu stark von der Norm abweicht, und e) mit der Akzeptanz, dass letztlich Christopher woanders und vor jemand anderes Rechenschaft ablegen muss. Der aufgerufenen Praxis fehlen damit zwei wesentliche Elemente, wie sie für den Klassenunterricht typisch wären (Lüders, 2018): Von der Struktur Impuls-Response-Feedback/Evaluation (I-R-F) fehlt der Rahmen aus I und F. Wir befinden uns in der Response-Phase. Allerdings übernimmt Person zwei scheinbar *Aufgaben einer Lehr-*

person in dieser Phase: Sie identifiziert sich mit dem Impuls, sie übernimmt die Inspektion, sie führt die verdeckte Hilfe/Unterstützung aus, wie sie z. B. typisch ist für Lehrkräfte, die nach der Erteilung der Aufgabe Einzelpersonen oder Kleingruppen bei der Bearbeitung beobachten und die punktuell eingreifen, um die Bearbeitungsqualität zu steigern. Sie fühlt sich auch *dem guten Ergebnis verpflichtet*, auch wenn sie weder diejenige ist, die das Gedicht bewerten wird, noch diejenige, die für Christopher die Aufgabe löst. Sie übernimmt eine *pädagogische Rolle für eine Übergangsphase*, die zwischen der öffentlich gestellten Aufgabe und der öffentlichen Rückkopplung zu den Aufgabenbearbeitungen liegt.

Diese Struktur, eine nicht hinterfragte Aufgabe von Dritten zu einem von den Lernenden zu verantwortenden Ergebnis zu führen, das aus Sicht der Person zwei schon gut sein soll, ohne dass sie die Aufgabenbearbeitung anforderungsbezogen bewerten kann, ist typisch für eine Situation der Förderung, hier der *Einzelförderung* (Rabenstein & Podubrin, 2015). Der *Förderbedarf* von Christopher besteht vor allem im Aufrechterhalten der Konzentration und des Arbeitsflusses. Die Vignette hält eine Bearbeitung fest, bei der die Bearbeitungszeitspanne so groß und der Arbeitsprozess so gut im Fluss ist, dass Christoper zurecht müde ist und Person zwei stolz auf sich und die Führungsleistung in der Einzelförderung. Typisch für diese Praxis der Einzelförderung ist, dass die Beziehungsebene auch Privates (Häschen, Hut kaufen, Apps außerhalb der Lernumgebung erlauben) zulässt, ja der Bruch der reinen Bearbeitungsebene geradezu das Vertrauen schafft, dass hier Lernen Freude machen darf. Deshalb dürfen auch die Evaluationen und die Interventionen nicht zu stark autoritär aufgeladen sein. Die Balance zu wahren ist hier wichtig, um das Vertrauen der Lernenden nicht zu verlieren, aber auch nicht die Geltung der Aufgabe außer Kraft zu setzen. Lehrautorität sich punktuell zu leihen, damit das Ergebnis sich sehen lassen kann, aber sie auch deutlich nicht durchzusetzen – und sich damit auch in der Hierarchie unterhalb der eigentlichen Lehrkraft einzuordnen – macht die Professionalität von Person zwei aus, die mich an Arbeitsstrukturen der *Betreuung* erinnert. An diesem Sonderort gibt es neben den übernommenen Aufträgen auch eigene formale Ziele zum sozialen Verhalten, Arbeitstechniken und Arbeitsorganisation. Wie stark die Vignette auf das formale Ziel der Entwicklung der Konzentrationsfähigkeit und der Selbstregulation beim Lernen ausgerichtet ist, wurde schon deutlich, dazu passt aber auch die Zufriedenheit am Ende, dass der Belohnungsaufschub trainiert wurde.

Die rekonstruierte Praxis der Einzelförderung findet nun in der Situation des Distanzunterrichts statt. Hinweise hierfür sind die Spuren der digitalen Lernumgebung. Das Wort »*wohl*« deutet an, dass Person zwei nicht die Aufgabenstellerin ist, sie übernimmt die Aufgabe der Fachlehrerin in Praktischer Philosophie, ein Gedicht zu schreiben. Die zu verwendenden Techniken, Voraussetzungen und Ziele sind Person zwei nicht transparent. Sie ist allein gelassen mit der Aufgabe und dem Ziel, Christopher eine für ihn erfolgreiche Bearbeitung zu ermöglichen. Dafür muss sie Dinge kompensieren, die entweder als bekannt vorausgesetzt werden (Dokumente öffnen und drucken, Informationen suchen) oder aber die Aufgabe ist falsch aufgefasst worden. Das kann Person zwei nicht entscheiden. Unter Corona-Bedingungen beschreibt die Vignette eine typische Szene im Distanz- oder Wechselunterricht. Die I-R-F-Struktur ist so verteilt, dass I über ein digitales

Lernmanagementsystem (LMS) ohne persönliche Erklärung dargeboten wird. R erfolgt zu Hause und über die Abgabe der Aufgabe erhalten die Lernenden F – sofern sie es erhalten. Aus der Sicht der Theorie des E-Learnings wird so eine *dyadische Aufgabensituation* erzeugt, die geeignet ist für die Aneignung objektiver Wissensstrukturen (Schulmeister). Person zwei macht daraus eine *triadische Situation*, weil die Aufgabe eine ist, die anders strukturiert ist: Ein *Gedicht* zu schreiben ist keine Reproduktionsleistung, sondern ein kreativer Akt im Umgang mit Regeln. Gedichtschreiben*lernen* ist auf Resonanz angewiesen, damit der Regelrahmen, z. B. die Konventionen, sichtbar wird, aber auch damit in den kreativen Momenten die Wortfindungen an Plausibilität gewinnen. *Kommunikation* und *Kooperation* werden wichtig, was nur in triadischen Situationen möglich ist, die die geschlossene Situation Lernende bzw. Lernender-Lernobjekt aufbrechen. Die Grundpraxis der Einzelförderung lässt solche diskursiven Muster durchaus zu, aber sie darf sich darin nicht verlieren, sie hat ihre eigenen Ziele.

Die Aufgabe im Ordner hat a) weder die soziale Situation vorgesehen, b) eine Hilfe angeboten, wie eine andere Person intervenieren kann, und c) keine Kriterien für die Bearbeitung mitgeliefert, die Person zwei helfen könnten. Einzelförderung z. B. in der Betreuung ist diesem Problem oft ausgesetzt, dass *Übersetzungen* zwischen den Orten nicht ausreichend definiert sind und in der Betreuung in den Abwägungen der eigenen Handlungslogik Entscheidungen getroffen werden müssen, denen die Gratwanderung anzumerken ist zwischen der inhaltlichen Qualität, die in der Regel nicht von den Fördernden eigenständig erkannt werden kann, der Zielorientierung, *dass* die Aufgabe bearbeitet wird, und dem Anspruch gerade nicht so disziplinierend und machtbesetzt Schule zu sein. Symbol dieser Gratwanderung ist die Sequenz, in der Person zwei etwas *hinterfragen* und Christopher *weiterlabern* möchte. Christopher würde im Unterricht so nicht agieren, Person zwei als Lehrerin würde die Bemerkung so nicht stehen lassen, denn ein Gedicht entsteht eben nicht im Labern. Aber der Arbeitsfluss ist offensichtlich, die Konzentration weiter hoch, also stehen lassen. Person zwei unterscheidet sich in dieser rekonstruierten Handlungslogik auch deutlich von der rein erziehenden Aufgabe von bloßen Eltern, die gar nicht in die Diskursivität einsteigen würden, eben nicht hinterfragen, evaluieren, anregen, lösen usw. würden. Sie würden fragen: »Hast du die Aufgabe gemacht?« »Ja, habe ich!« Dann würden sie das Produkt vielleicht noch nach Unterscheidung vorhanden/nicht-vorhanden bewerten. Eltern können die Förderrolle natürlich übernehmen, aber dann übernehmen sie gerade im digitalen Lernen die Übersetzungsaufgabe von I zu R und leiten R zu F weiter und sie müssen wie in diesem Beispiel die Aufgabe eigenständig verändern, damit sie überhaupt produktiv werden kann.

Die Bedeutung für das Thema der Inklusion

Für das Thema Inklusion ist an der Vignette in dieser Lesart für mich Folgendes besonders relevant: Ohne die Übersetzung von Person zwei, ihre spezifische Rolleninterpretation in der Einzelförderung am verschobenen Ort ohne Übergabe der Aufgabe, hätte Christopher die Aufgabe so nicht bearbeiteten können. Die Interventionen von Person zwei an Schlüsselstellen sind zu offensichtlich. Er wäre nicht an den Regelrahmen erinnert worden und hätte keine Resonanz auf kreative Experimente erhalten. Die Lernumgebung sichert diese Struktur nicht. Durch die Digitalität fehlen wichtige soziale Phasen mit der Lehrkraft und den Schülerinnen und Schülern untereinander (Büttner & Reis, 2022; Woppowa & Reis, 2022). Der Lehrkraft, die die Aufgabe stellt, ist es letztlich gleichgültig, wer die Aufgabe wie schaffen kann, vielleicht sind ihr Gedichte egal, vielleicht auch einfach nur die Chance zu lernen, Gedichte zu schreiben. Dass Person zwei diese Leerstelle füllt, ist gut für Christopher, aber die Vignette markiert damit die Gleichgültigkeit der Aufgabenkultur gegenüber den dafür erforderlichen inneren und äußeren Lernumgebungen (Brieden, 2012). Und diese Gleichgültigkeit, die Exklusionen systematisch erzeugt, hinterlässt ein ungutes Gefühl.

Literatur

Brieden, N. (2012). Instruktion ist Konstruktion, oder: Was bedeutet Jesu »Piercing«? In G. Büttner, H. Mendl, O. Reis & H. Roose (Hrsg.), *Lernumgebungen.* Religion lernen. Jahrbuch für konstruktivistische Religionsdidaktik 3 (S. 53–70). Hannover: Siebert.

Büttner, G. & Reis, O. (2022). Was meint Digitalisierung und was hat das mit dem RU zu tun? *Katechetische Blätter,* 147 (2), 145–149.

Hoyer, I. & Reis, O. (2022). *Profilerosion und das Ringen um Identität an Katholischen Schulen. Eine praxistheoretische Untersuchung zu religiösen Artefakten.* Paderborn: Erzbischöfliches Generalvikariat.

Lüders, M. (2018). Unterrichtssprache und indirekt instruierendes Lehrerverhalten. In A. Schulte (Hrsg.), *Sprache. Kommunikation. Religionsunterricht* (S. 137–156). Leipzig: Evangelische Verlagsanstalt.

Rabenstein, K. & Podubrin, E. (2015). Praktiken individueller Zuwendung in Hausaufgaben- und Förderangeboten. Empirische Rekonstruktionen pädagogischer Ordnungen. In S. Reh, B. Fritzsche, T.-S. Idel, & K. Rabenstein (Hrsg.), *Lernkulturen. Rekonstruktion pädagogischer Praktiken an Ganztagsschulen* (S. 219–263). Wiesbaden: Springer.

Schäfer, H. (2016). Einleitung. Grundlagen, Rezeption und Forschungsperspektiven der Praxistheorie. In H. Schäfer (Hrsg.), *Praxistheorie. Ein soziologisches Forschungsprogramm* (S. 9–25). Bielefeld: transcript.

Woppowa, J. & Reis, O. (2022). Der Distanzunterricht als digitalisierender Kurzschluss. *Katechetische Blätter,* 147 (2), 150–155.

5.5 Lesartenantwort – Zur Beleuchtung der Lernkontexte

Katharina J. Rohlfing

Eigenes Vorverständnis der Vignette

Die Vignette beschreibt eine Situation aus dem Homeschooling. Die Herstellung dieser wurde möglich durch sich häufende Probleme in schulischen Tätigkeiten des

Kindes: Die Lehrerinnen und Lehrer meldeten Konzentrationsprobleme, Eindrücke von Unlust, Unbeständigkeit in Leistung, die von gar nicht vorhanden (Aufgaben nicht abgeben) über nur formell erfüllt (Aufgaben als leeres Blatt eingereicht, aber pünktlich abgegeben) zu inhaltlich erfüllt variierte. Um diesen Problemen zu begegnen und das Kind mehr in den schulischen Tätigkeiten zu beobachten, hat sich die Schreiberin der Vignette gegenüber dem Kind an den großen Küchentisch gesetzt. Das Vorhaben, das Kind zu beobachten und somit dafür zu sorgen, dass es beständig an den Aufgaben bleibt, wurde vorher besprochen. Christopher, Sohn der Schreiberin und Schüler der 5. Klasse eines G8-Gymnasiums, wünschte sich eine bestimmte Sitzordnung, bei der die Mutter keinen kompletten und permanenten Einblick in seine Tätigkeiten hatte, sondern eher auf seine Anfragen hin reagieren sollte. Für die Interaktion um das Gedicht von Christopher ist es wichtig zu wissen, dass er mit Deutsch als Erstsprache aufgewachsen ist, wohingegen seine Mutter mehrsprachig und Deutsch nicht ihre Muttersprache ist.

Die Schreiberin, die zugleich eine Forscherin in der Arbeitsgruppe ist, fertigt die Vignette entlang einer Situation und Interaktion, indem sie zuerst als Mutter agiert und dann ihre (Selbst-) Beobachtungen festhält.

Als Mutter erfährt sie in verschiedenen Kontexten (Kindergarten, Grundschule, weiterführende Schule, Musikschule), dass ihr Kind häufiger an dem sozialen Geschehen als an den Inhalten interessiert ist, die Aufgaben nicht sorgfältig erfüllt, sich leicht ablenken lässt und andere ablenkt. Die Charakterisierung, dass Christopher Konzentrationsprobleme hat, ist häufig in Gesprächen mit pädagogischen Kräften zu hören und wird manchmal durch einen Verdacht auf ADHS ergänzt.

Kontext der Vignette

Die Vignette entsteht in einer Situation, in der sich Christopher und seine Mutter gegenüber sitzen. Beide haben ihre Laptops vor sich. Die Mutter signalisiert durch ihre Präsenz Erreichbarkeit für Fragen, allerdings ist sie sonst in eigene Arbeiten am Laptop vertieft. Christopher ist im Homeschooling: Seit mehreren Wochen gibt es Kommunikation und Arbeitsaufträge über Microsoft TEAMS. Über dieses Tool werden von Lehrerinnen und Lehrern Aufgaben eingestellt, die in der Spalte »Aufgaben« zu sehen sind. Dort wird auch die Information darüber gegeben, zu welchem Zeitpunkt die Aufgabe »fällig« wird – bis dahin muss sie bearbeitet und als Textdokument, Bild (Aufnahmen von geschriebenen Produkten) oder Ergänzung in einer Datei abgegeben werden.

Antworten auf Gemeinsamkeiten der Lesarten: Kernpunkte des Homeschoolings?

Alle drei Lesarten gehen auf zwei Punkte ein: Rollenverständnis und Aufgaben. Durch die Gemeinsamkeit, aber auch durch die Grundsätzlichkeit, mit der sie die Situation erfassen, eignen sie sich als Kernpunkte des Homeschoolings und werden im Folgenden allgemein zusammengefasst.

Wechselnde Rollen

Die *Rolle*, die die Schreiberin in der Homeschooling-Situation einnimmt, kommt in drei Lesarten vor. In der Lesart von Uta Häsel-Weide wird ein Rollenwechsel thematisiert: Eigentlich ist die Schreiberin die Beobachterin und Forscherin, die jedoch in dieser Situation zu einer »Kumpanin« wird. Genauer analysiert, kommt Uta Häsel-Weide aber zu dem Schluss, dass die Rolle der Kumpanin ein Wunsch der Schreiberin bleibt: Obwohl es eine Kooperation zwischen ihr und Christopher gibt, so scheint »die Art der Tätigkeiten klar verteilt« zu sein und ist somit asymmetrisch: Die Regulation geht von der Schreiberin aus, während Christopher die Ideen einbringt und manche von ihnen durchsetzen kann. Diese Asymmetrie ist auch für das Verhältnis Mutter–Kind typisch. Damit deckt Uta Häsel-Weide auf, dass sich diese Situation nicht wesentlich von Alltag unterscheidet, weshalb es für Christopher schwierig ist, andere Macht-/Wissensverhältnisse einzuführen – auf diese Problematik weisen ebenfalls Bräu u.a. (2017) im Kontext der Hausaufgaben hin. Diese Verhältnisse sind in einer Gruppe der Gleichaltrigen dynamischer und können von Situation zu Situation, aber auch innerhalb einer Situation, verändert werden. Im Homeschooling wiederum wird der Rollenwechsel vor dem primären Verhältnis Mutter–Kind unternommen und von diesem im Endeffekt »überschrieben«.

Ebenfalls ein Rollenwechsel, wenn auch anderer Natur, wird in der Lesart von Oliver Reis thematisiert. Zunächst schreibt Oliver Reis der Schreiberin eine pädagogische Rolle zu: »sie identifiziert sich mit dem Impuls, sie übernimmt die Inspektion, sie führt die verdeckte Hilfe/Unterstützung aus, wie sie z.B. typisch ist für Lehrkräfte«. Zugleich weist Oliver Reis auf einen wichtigen Unterschied zwischen der Schreiberin und einer Lehrkraft hin: Die Schreiberin kann die pädagogische Rolle lediglich für eine Übergangsphase – zwischen Impulsgebung als Beginn einerseits und der Evaluation als Ende der Aufgabe andererseits – spielen. Dieser Unterschied, der darin liegt, sich die Lehrautorität »punktuell zu leihen«, führt Oliver Reis dazu, diese Rolle mit einer Betreuung gleichzusetzen (s. auch »assistant teacher« bei Bräu u.a., 2017, S. 73). Eine Betreuung geht über die Erfüllung der übernommenen Aufträge hinaus und bringt weitere Ziele »zum sozialen Verhalten, Arbeitstechniken und Arbeitsorganisation« mit sich. Durch diese Rollencharakterisierung verdeutlicht Oliver Reis, dass im Distanz- oder Wechselunterricht viele Voraussetzungen für das pragmatische Handeln gemacht werden, nicht nur hinsichtlich der Arbeitstechniken (Dokumente öffnen, drucken), sondern auch hinsichtlich der Eindeutigkeit einer Aufgabe. Wie in der Situation einer Einzelförderung werden durch die Rolle einer Betreuung Praktiken der Unterstützung sichtbar: Sie fördern die Produktionsbedingungen, weil sie diese durch das Erfüllen der Voraussetzungen überhaupt erst ermöglichen.

Dass sich Christopher weniger nach Betreuung und viel mehr nach einem produktiven Austausch sehnt, thematisiert Iris Kruse mit dem Ausdruck des »Weiterlabern«: »Drei, vier, vielleicht fünf Schülerinnen und Schüler verfassen gemeinsam ein Gedicht. Eine Person schreibt, die anderen machen Vorschläge für Aufzuschreibendes.« Aus diesen Rollen heraus entsteht zwar auch ein Gedicht, dem jedoch weniger Gewicht zugeschrieben wird als in der Situation des Homeschoolings. Iris Kruse spitzt den Eindruck zu, indem sie von »annehmendes Bekämpfen« und »bekämpfendes Annehmen« in der Interaktion zwischen Christopher und der Schreiberin schreibt und damit, ebenfalls wie Uta Häsel-Weide, auf die Asymmetrie der sich entwickelnden Interaktion verweist. Die Lesart von Iris Kruse lässt jedoch einen bestimmten Grund für diese Asymmetrie vermuten: Für die Schreiberin scheint das Gedicht (ge)wichtiger zu sein. Als Mutter sieht sie in dem Gedicht ein Produkt, das für die Leistungsbewertung benutzt wird. Sie überblickt die schulischen Prozeduren und versucht, auf diese Einfluss zu nehmen. Ist das eine Art der Supervision?

Zusammenfassend verdeutlichen die Lesarten ein Pendeln der Schreiberin zwischen unterschiedlichen Rollen. Die Rollen der Betreuerin, Kumpanin, Supervisorin sind nicht klar vorgegeben und ergeben sich aus der Situation heraus. Es zeigen sich Praktiken der Unterstützung, die darauf abzielen, Voraussetzungen zu erfüllen und somit dafür zu sorgen, dass das Kind an der Aufgabe arbeiten kann. Es ergeben sich aber auch Praktiken der Förderung wie das Diskutieren, Vorschlagen, Recherchieren, um die Produktionsbedingungen zu steigern, die durch die Simulation der Kumpanin-Rolle angestoßen werden.

Aufgaben und Aufgabenförmigkeit

Neben den Rollen werden in allen drei Lesarten die *Aufgaben* thematisiert, die für die schulische Beschäftigung eine zentrale Rolle spielen. In der Lesart von Uta Häsel-Weide schwingt die Frage an, welches gewünschte Verhalten diese Aufgabe erfordert und ob die Arbeitszeit dafür von Bedeutung ist. Es fällt ihr auf, dass die Schreiberin der »geleisteten Arbeitszeit und der Art und Weise des Arbeitens« eine hohe Bedeutung beimisst. »Unterbrechungen, wie das Einstellen von Musik, werden notiert, ebenso die Zwischenzeit und die Arbeitsweise. Konzentriertes Arbeiten scheint in der Vignette dann gemeint, wenn still gearbeitet wird«. Im Gegensatz zum Geschehen in der Schule, wo viele Formen des Arbeitens möglich sind, scheint die Schreiberin das Homeschooling auf die Fähigkeit des Alleinlernen zu konzentrieren, was durch die ausdrückliche Dokumentation und Förderung dieser Fähigkeit durch Technik (eine App) belegt wird. Womöglich kommt hier ein überzeichnetes und einseitiges Bild des Alleinlernens zur Geltung: Lernen im Homeschooling funktioniert, wenn das Kind sich selbst lange und ohne Ablenkung mit einer Aufgabe beschäftigen kann. Diese Einengung des Alleinlernens auf die Zeit und Fokus erinnert an die Beobachtungen von Flügel (2017, S. 88): Nicht die Qualität des Arbeitsproduktes, sondern die Arbeitshaltung selbst, sogar das Ideal einer Arbeitshaltung (lange Beschäftigung ohne Unterbrechung führe zu einer Höchstleistung), steht hier im Vordergrund.

Die Lesart von Oliver Reis hebt hervor, dass die vielfältigen Praktiken der Orientierung, die schulische Aufgaben transportieren, im Homeschooling reduziert werden. Die Orientierung bezieht sich nicht nur darauf, welche Arbeitsabläufe in der Schule relevant sind (schulische Orientierung), sondern auch dass diese Abläufe sich je nach Fach unterschiedlich gestalten (fachliche Orientierung), andere diskursive, interaktive und kognitive Fähigkeiten abverlangen und sich aus einer Progression in unterrichtlichen Inhalten ergeben (unterrichtliche Orientierung). Die Vignette deutet im Hinblick auf die Aufgaben im Homeschooling eine dramatische

Reduktion an: Aufgaben werden weniger als Impuls zum Weiterdenken im Sinne der unterrichtlichen Progression verstanden, sondern sollen abgearbeitet werden, ohne dass die »zu verwendeten Techniken, Voraussetzungen und Ziele« transparent sind. Oliver Reis bezeichnet diese Angaben als »*Übersetzungen* zwischen den Orten«, die nicht ausreichend definiert sind und »in der Betreuung in den Abwägungen der eigenen Handlungslogik Entscheidungen getroffen werden müssen«. Ohne die Transparenz der Techniken und Ziele geben Aufgaben zwar eine Orientierung, diese bleibt aber auf das Handeln im engen Sinne bezogen. Eine weitere Orientierung geben Aufgaben von sich aus nicht, weil Ablenkungen und nicht-lernorientierte Konnotationen, die dem Homeschooling immanent sind, das Fortsetzen oder Übersetzen der Progression von Inhalten verhindern. Zudem sind Aufgaben von sich aus »resonanzlos«, wie Iris Kruse feststellt, und können wie ein Netz wirken, in dem sich die Kinder verfangen, ohne die langfristigeren Ziele oder die Bezüge zu den bisherigen unterrichtlichen Inhalten zu erkennen. Um die Metapher aus der Lesart von Iris Kruse fortzusetzen, scheint diese Abarbeitung der Aufgaben die Kinder eher an einer Stelle festzuhalten, zwar durch eine Beschäftigung (oder die Praktik des Beschäftigt-Seins), die jedoch nirgendwo anschließt und weiterführend ist. Diese Situation ist vergleichbar mit einer Situation, in der Kindern zusammen mit einer Integrationskraft an Aufgaben arbeiten sollen. Die Integrationskräfte helfen ihnen, diese Aufgaben zu bearbeiten. Inwiefern diese Hilfe aber auch zu einer Uminterpretation der Aufgaben und einer Reduktion in der Orientierung führt, ist kaum bekannt. Bräu und Kollegen (2017) konnten zwar beobachten, dass Aufgaben, die mit Hilfe von Eltern gelöst werden, lösungsorientiert bearbeitet werden, ohne die Aufgabe an sich verstehen zu wollen. Sie gehen aber nicht auf eine potenzielle Uminterpretation ein. Für ein Verständnis von Aufgaben wären sicherlich Verknüpfungen mit bisherigen oder weiteren unterrichtlichen Inhalten wünschenswert, von denen die betreuende Person kaum etwas wissen kann. Erst diese Verknüpfungen lassen Aufgaben im Kontext einer inhaltlichen Progression erscheinen. Ob Kinder im Homeschooling diese Verknüpfungen allein leisten können, ist fraglich. Bezogen auf die Situation im Klassenraum weisen Lange und Wiesemann (2019, S. 141) darauf hin, dass Aufgaben auch die Fähigkeit abverlangen, zu entscheiden, »welche verschriftlichten Parameter relevant sind und über welche relevanten Rahmenbedingungen sich die Aufgabe ausschweigt«. Genau diese pragmatischen Fähigkeiten scheinen vorausgesetzt zu werden und werden mit Kindern kaum geübt oder mit der Lehrkraft abgeglichen. Die Tatsache, dass jede Aufgabe ein Entschlüsseln, Deuten oder eine Konstruktion (Lange & Wiesemann, 2019) erfordert, gerät in den Hintergrund.

Zusammenfassend lässt sich an den Aufgaben ein weiterer Kernpunkt des Homeschoolings festmachen. Durch die meistens fehlende Übersetzung zwischen den Orten oder die fehlende Resonanz werden sie auf das Abarbeiten der kleinen Schritte reduziert, ohne eine Orientierung im Sinne der inhaltlichen Progression zu geben. Es ist zu vermuten, dass sich diese weite Orientierung nicht aus den Aufgaben selbst, sondern viel mehr aus dem unterrichtlichen Geschehen an einem Ort ergibt und alle Aufgaben dieser Rahmung durch Resonanz und Bezug zu Techniken und Zielen bedürfen. Inwiefern die Historie der unterrichtlichen Interaktion für alle beteiligten Schülerinnen und Schüler erschließbar bleibt oder sie durch häuslichen Kontext abgelenkt werden, bleibt eine weiterführende Forschungsfrage. Es wird ersichtlich, dass im Gegensatz zu den diversen Kontextbedingungen der Klassenraum zumindest vergleichbare Aufnahme der Situation ermöglicht.

Antworten auf einzelne Lesarten

Antwort auf die Lesart und ihre theoretischen Markierungen von Iris Kruse

Bezugnehmend auf das Hin und Her-Pendeln der Rollen, die oben für das Homeschooling als charakteristisch festgehalten wurden, erläutert Iris Kruse, wie das Gedicht von Christopher durch die Schreiberin verändert wird und deckt auf, wie der ästhetische Modus des Dichtens dadurch einbüßt. Für eine Erklärung dafür, warum die Vorschläge des Kindes nicht übernommen werden, ist die Tatsache relevant, dass die Schreiberin eine Nicht-Muttersprachlerin ist. Sichtbar bemüht um die Leistung von Christopher, womöglich aus einer zu starken Fokussierung auf eine korrekte Form heraus, nehmen ihre Vorschläge viele (durchschnittliche) Erwartungen vorweg und wirken daher homogenisierend. Die Homogenisierung ist interessant vor dem Hintergrund, dass die Leistung des Kindes häufig als ungenügend oder nicht sorgfältig bewertet wird. Dieses Mal soll also eine Leistung entstehen, die keinen Zweifel aufkommen lässt. Der Kreativität wird hier also ein enger Korridor vorgegeben, durch den sie in Richtung Bewertung fließen soll. Iris Kruse sieht diesen Korridor kritisch: »Ästhetische Entwicklung wird eingedämmt, homogenisiert, erwartungsorientiert verändert.«

Die elterliche Unterstützung, die in dem Fall von Christopher funktional zu sein scheint, als sie die Selbständigkeit unterstützt (Wild & Gerber, 2007), wirkt auf in der Interaktion wachsende Leistung wie ein Backpulver: Es wird dafür gesorgt, dass das Produkt größer und entsprechend einer Norm erscheint, womit schon rein äußerlich die hohe Qualität erkennbar wird.

In dieser Lesart wird die Tatsache der Konstruktion einer Aufgabe durch den Verweis auf einen resonanzlosen Aufgabenorder verdeutlicht. Da keine Lehrkraft zur Verfügung steht, übernimmt die Schreiberin eine doppelte Funktion: (1) Inhalte prüfen und zugleich (2) bei der Konstruktion der Aufgabe beteiligt sein. In diesem Sinne plädieren Lange und Wiesemann (2019, S. 137) dafür, Aufgaben als soziomaterielle Kooperationsformen zu sehen, um die Rolle der anderen Personen in der »reziproken Prozessierung« besser charakterisieren zu können. Nur mit dieser Perspektive werden technische Unterstützungen, wie die Hasen-App, kritisch überdacht werden können, weil sie weder zu der Konstruktion der Aufgabe noch zu dem Produkt beitragen können. Sie sind lediglich bei der »Verwaltung« (Lange und Wiesemann (2019, S. 142) beteiligt, was Iris Kruse aus dem Zusammenhang zwischen der Sichtung der Appetit und dem Beschließen, das Gedicht sei fertig, schließt.

Antwort auf die Lesart und ihre theoretischen Markierungen von Uta Häsel-Weide

Die Lesart von Uta Häsel-Weide beginnt mit der Frage, warum die Zeit in der Vignette festgehalten wird. Mit dieser Beobachtung und dem Verweis auf Naumann und Laut (2007) deckt sie auf, dass die Fähigkeit der Konzentration auf eine Aufgabe mit einer quantitativen Vorstellung von Zeit einher geht. Bei der zeitlichen Dokumentation der Schreiberin ist nicht nur die Anfangs- und Endzeit von Belang. Auch werden Zwischenschritte zeitlich markiert: In den ersten 15 Minuten passiert viel: Es wird nicht nur die Aufgabe aufgenommen und die Häschen-App eingestellt, es entstehen auch die Grundidee und die ersten Zeilen des Gedichts. Diese Verdichtung ist es, die die Schreiberin festhalten möchte, womöglich als ein Gegenbeweis dafür, dass die signifikanten Arbeitsschritte immer mit Bedacht und Ruhe erfolgen. Während also die Konzentration auf eine bestimmte Form der Arbeitshaltung bezogen wird (vgl. Flügel, 2017), findet im unterrichtlichen Geschehen die Tatsache wenig Berücksichtigung, dass manche Kinder ihre Arbeitsschritte verdichten können. Die Verdichtung, die Budde (2013) eher kritisch sieht, erscheint hier durch persönliche Präferenz für ein Arbeitstempo in einem neuen Licht. Sie hat jedoch einen Preis, als die Schreiberin zum Schluss festhält, dass Christopher müde wirkt und keine Kraft für die Vervollständigung der Aufgabe aufbringen kann.

Zurück zur Konzentration wird in der Lesart festgehalten: »Konzentriertes Arbeiten scheint in der Vignette dann gemeint, wenn still gearbeitet wird.« Damit wird deutlich, dass nicht nur eine Arbeitshaltung mit der Konzentration verbunden wird, sondern diese zu einer Eigenschaft idealisiert wird. Uta Häsel-Weide kritisiert daran, dass diese Sichtweise es verhindert, gezielte Komponenten von Aufmerksamkeit zum Ziel des Trainings zu machen.

Antwort auf die Lesart und ihre theoretischen Markierungen von Oliver Reis

Die Lesart von Oliver Reis ruft die Struktur des Klassenunterrichts in Erinnerung: Impuls- Response-Feedback/Evaluation. Die Aufgabe, die Christopher zu erfüllen hat, entspricht weniger dieser Struktur. Zum einen, weil die Aufgabenförmigkeit sich im Homeschooling verstärkt und somit der »Impuls«, der breiter verstanden werden kann und eine unbestimmte Aktivität anstoßen kann, nur in der Form eines konkret zu erfüllenden Arbeitsauftrags gesendet wird. Zum anderen, weil all die stattfindenden Aktivitäten (Oliver Reis zählt die vielfältigen Handlungen der Schreiberin auf) sich um die Response-Phase drehen und somit diese (zu) stark betonen. Das Arbeiten wird durch diese Reduktion nicht einfacher. Im Gegensatz scheint das aufgabenförmige Lernen Christopher vieles abzuverlangen. Wie viel Kenntnis über die Pragmatik Kinder für eine Aufgabe benötigen, wird von Rohlfing und Grimminger (2019) am Beispiel einer Wortlernaufgabe verdeutlich: Ein zweijähriges Kind, das im Training über neue Wörter erfahren hat, muss auf Anfrage das Verständnis von dem neuen Wort demonstrieren, indem es auf ein Zielobjekt verweist. Diese einfache Aufgabe impliziert nicht nur eine kognitive Leistung; im

Vorfeld des Wortverständnisses muss das Kind sich (1) visuell orientieren, um die Anfrage aufzunehmen, (2) sich adressiert fühlen, (3) seine Rolle eines Antwortenden annehmen, (4) innerhalb der erfragten Domäne bleiben, (5) um schließlich auf ein Zielobjekt mit einem kommunikativen Mittel zu referieren (Rohlfing & Grimminger, 2019, S. 83). Ähnlich zu diesen »Jobs« gibt es auch im Homeschooling zahlreiche Jobs oder Arbeitsschritte (Aufgabenordner finden, Aufgabe verstehen, Verständnis absichern, Produktionsbedingungen vorbereiten, Aufgabe hochladen), die nötig sind, damit die Leistung produziert werden kann. Die Lernumgebung allein sichert diese Schritte aber nicht – so Oliver Reis in seiner Lesart und weist darauf hin, dass »Übersetzungen« zwischen den Orten von Nöten sind. Die pragmatischen Schritte leisten also die Funktion der Übersetzung: Sie kontextualisieren eine Aufgabe in einer bestimmten Situation unter bestimmten Produktionszuständen. Vorstellbar ist, dass Kinder, deren Eltern viel Zeit mit ihnen im Homeschooling verbringen, diese Schritte für sie im Sinne des Scaffolding übernehmen, damit die Kinder wiederum sich auf die Leistung/Produktion konzentrieren können. Somit werden die pragmatischen Schritte nicht von den Kindern erworben, sondern angesagt. Viel sinnvoller wäre aber, die zahlreichen pragmatischen Schritte transparent zu machen und im Sinne des Scaffolding erst langsam zu Voraussetzungen zu machen.

Oliver Reis verweist auf die Tatsache, dass ein Gedicht zu schreiben »keine Reproduktionsleistung« ist, sondern »ein kreativer Akt im Umgang mit Regeln. Gedichtsschreiben*lernen* ist auf Resonanz angewiesen«. Die Resonanz ist im Homeschooling reduziert, weil man die kreativen Einfälle leidglich in einer asymmetrischen Interaktion teilen kann. In solchen Situationen, so Bräu u. a. (2017), bemühen sich Eltern in einer nicht- pädagogischen Rolle zu agieren, was aber auch zu Rollenkonflikten führen kann.

Eigenes Vorverständnis der Vignette für das Thema Inklusion

Sowohl die Vignette selbst als auch die Lesarten verdeutlichen, dass das Thema »Konzentration« mit Bezug auf Aufgaben komplex ist. Neutral gesehen erfasst Konzentration die Fähigkeit, sich einer Aufgabe dadurch zuzuwenden, dass bestimmte Informationen ausgewählt und zugänglich gemacht werden. Dabei werden die interferierenden Informationen ignoriert (Gawrilow, 2016). Die Quantität der Zeit, d. h. wie lang diese Zuwendung erfolgt, sollte eigentlich keine Rolle spielen, sofern die Aufgabe bearbeitet wird. Doch in der Vignette kommen existierende Vorstellungen zum Vorschein, dass eine Aufgabe dann mit der höchsten Qualität erfüllt wird, wenn sich jemand allein, ohne Ablenkung oder Unterbrechung und lange dieser zuwendet; dementsprechend soll das Produkt »groß« sein. Dieses »Modell« von Aufgabenbearbeitung beschreiben Lange und Wiesemann (2019, S. 142): »Es geht im Unterricht vielfach um eine ökonomische Planerfüllung, in der z. B. auch das Tempo der Aufgabenbearbeitung als relevantes Güte- und Auswahlkriterium Bedeutung erhält. [...] Die Menge der bearbeiteten Aufgaben ist vielfach gewichtiger als der qualitative Wissenszuwachs.« An dem Verständnis von »Konzentration«, die oberflächlich auf die Fähigkeit des Kindes, in der Tiefe aber doch auf die Erwartungen zur Aufgabenbearbeitung abzielt, wird die Homogenisierung deutlich (Budde, 2013). Budde (2013) sieht darin eine Abwendung von unterrichtlichen Inhalten, hin zu einer Form des kleinschrittigen Abarbeitens, denn Aufgaben hätten einen klaren Aufforderungscharakter. In der Abarbeitung der Aufgaben werden Kinder an die Praktik des Beschäftigt-Seins herangeführt.

Während im Klassenraum relativ vergleichbare Produktionsbedingungen herrschen (die Schülerinnen und Schüler haben die Progression des Unterrichts mitbekommen, sie wenden sich den Aufgaben zu und arbeiten sie ab), gibt es im Homeschooling an allen drei Punkten potenzielle Schwierigkeiten. Auch wenn im Raum Ruhe herrscht, so enthält dieser (z. B. Kinderzimmer) einige Gegenstände mit einem anderen Aufforderungscharakter, die zu anderen Gedanken und somit zu Ablenkungen führen können. Leisten Erwachsene bei diesen Schwierigkeiten Hilfe, erfolgt das Abarbeiten nicht mehr selbstständig. Es stellt sich daher die Frage, wem das Arbeitsergebnis gehört. Nach Lange und Wiesemann (2019, S. 136) haben Aufgaben das Ziel, »den Lerninhalt auf einen auszuführenden Arbeitsauftrag« zu isolieren und die Schülerleistung somit individualisiert und als Selbständigkeit personell zurechenbar zu machen. Im Homeschooling funkt da jedoch die (pragmatische) Unterstützung der Erwachsenen, ihre Übersetzung und Uminterpretation, dazwischen.

Kein Wunder, dass es Konzentrations-App gibt, die die »Steuerung des Unterrichts« übernehmen (Budde, 2013, S. 181). An dieser Stelle, wo Budde (2013) das Medium des Arbeitsblattes betrachtet, kann nämlich das Häschen leicht ins Spiel kommen: Unter der Annahme, Aufgaben seien selbsterklärend, besteht die Steuerung lediglich darin, die Praktik des Beschäftigt-Seins einzuüben – dies kann auch eine App regeln. Mit Budde (2013) wäre zu fragen, welche Kinder in besonderer Weise die Kompetenz haben, sich lange der Aufgabe zuzuwenden und dabei große Arbeitsprodukte zu generieren? Mit Bezug darauf, welche Kinder die Technik eines Arbeitsblattes am besten beherrschen, verweist Budde (2013) auf Kinder aus bildungsaffinen Milieus, denen es besonders leichtfällt, die Übersetzungsleistung zu erbringen (Gellert & Hümmer, 2008). Zu vermuten ist, dass im Homeschooling nicht nur diese Bildungsaffinität, sondern besondere Formen der Berufstätigkeit der Eltern und somit ihrer Verfügbarkeit positiv mitwirken.

Literatur

Bräu, K., Harring, M., & Weyl, C. (2017). Homework practices: Role conflicts concerning parental involvement. *Ethnography and Education*, 12 (1), 64–77.

Budde, J. (2013). Didaktische Regime–Zettelwirtschaft zwischen Differenzstrukturen, Homogenisierung und Individualisierung. In J. Budde (Hrsg.), *Unscharfe Einsätze: (Re-)Produktion von Heterogenität im schulischen Feld* (S. 169–185). Wiesbaden: Springer.

Flügel, A. (2017). Die Organisation der Arbeit am Gruppentisch – Subjektpositionen im Spannungsfeld zwischen Aufgabenstellung und Peers. *Zeitschrift für interpretative Schul- und Unterrichtsforschung*, 16 (1), 83–96.

Gawrilow, C., (2016). *Lehrbuch ADHS.* Tübingen: UTB.

Gellert, U. & Hümmer, A.-M. (2008). Soziale Konstruktion von Leistung im Unterricht. *Zeitschrift für Erziehungswissenschaft*, 11 (2), 288–311.

Lange, J., & Wiesemann, J. (2019). In Bearbeitung. Schulische Aufgaben als feldübergreifende Kooperationsform. *Zeitschrift für Grundschulforschung*, 12 (1), 135–148.

Rohlfing, K. J. & Grimminger, A. (2019). Utilizing Pragmatic Frames as an analytical tool for children's performance during word learning. *Proceedings of the IEEE ICDL-EpiRob 2019* (S. 81–86). Oslo: IEEE.

Wild, E., & J. Gerber (2007). Charakteristika und Determinanten der Hausaufgabenpraxis in Deutschland von der vierten zur siebten Klassenstufe. *Zeitschrift für Erziehungswissenschaft*, 10 (3), 356–380.

6 Lesartenbündel zur Vignette »Ich hab ja auch noch Julius.«

6.1 Vignette aus dem Sachunterricht »Ich hab ja auch noch Julius.«

Franz Schröer[5]

Kurz vor den Sommerferien. Im Sachunterricht der dritten Klasse ist der menschliche Körper Thema. Zu Beginn der Stunde waschen sich alle die Hände. Alle tragen Mundschutzmasken. Die Klasse von Frau von der Heide soll in Expertengruppen von zwei bis drei Schülerinnen und Schülern arbeiten. Jede Gruppe soll eine Präsentation zu einem Organ des menschlichen Körpers erstellen. An der Wandtafel ist neben der Gruppenzusammensetzung zu lesen, dass die Expertengruppen Informationen zum Aussehen, zur Aufgabe/Funktion, zur Lage sowie zu Besonderheiten zu ihrem Körperteil zusammentragen sollen. Es gibt das Herz, die Lunge, den Magen, den Darm und die Nieren. Die Aufgabe wird kurz wiederholt und ein zugehöriges *Padlet* mit Informationen in Text- und Videoform über den Beamer gezeigt. Es werden Tablets und Arbeitsblätter im Steckbriefformat ausgeteilt. Die Gruppen verteilen sich im Klassenraum und auf dem Flur. Texte werden gelesen, Videos werden angeschaut. Frau von der Heide, Misha, die Schulbegleiterin von Sabrina und Julius, der Schulbegleiter von Yousef kreisen durch die Klasse. Sie helfen mit der Anmeldung bei *iServ*, beantworten Fragen und verweisen hin und wieder auf das Arbeitsblatt, auf dem die Informationen festgehalten werden sollen.

Julius bleibt, nachdem er einige Gruppen unterstützt hat, bei Yousef, Paul und Erhan stehen, die sich mit der Lunge befassen. Die Jungen blättern durch das Padlet. Sie scrollen kurz durch den langen Informationstext, um sich dann für ein Video zu entscheiden. Julius steht in ihrem Rücken und schaut auf das Tablet. Er wartet und beobachtet.

Als die Arbeit ins Stocken gerät, hockt er sich dazu. Ein kleiner Konflikt wird geklärt, dann geht es weiter. Julius scrollt nun durch den Text und die drei Jungen sehen zu. Frau von der Heide legt zwei kleine Lungenflügel aus einem Anatomie Torso auf den Tisch. Dann geht sie weiter. Julius bleibt bei der Gruppe und versucht, Yousef zum Lesen zu animieren. Der vergräbt nach kurzer Zeit das Gesicht in den Händen. Währenddessen spielen Erhan und Paul mit den zwei

5 Unter Mitarbeit von Claudia Tenberge

kleinen Lungenflügeln auf dem Tisch. Julius versucht es weiter: »Du musst doch nur die wichtigen Sätze aus dem Text kopieren und einfügen.« Yousef ist dafür nicht zu haben. Paul tippt nun auch Julius mit dem Lungenflügel an, der ignoriert. Erhan indes interessiert sich für das Video der Nachbargruppe: »Es war einmal das Leben«. Julius steht auf und schaut sich im Raum um. Der Lungenflügel aus dem Torso wird neben eine Abbildung im Text gehalten.

Frau von der Heide kommt vorbei und fragt: »Erhan, was ist los?« Sie bekommt keine Antwort und geht weiter. Julius hockt sich wieder zur Gruppe. Sie versuchen, einen Ausschnitt aus dem Text zu kopieren, es funktioniert. Erhan ist der Auffassung, dass er besser Basketball spiele als Paul. Der verlässt daraufhin die Gruppe und setzt sich auf das Sofa. Frau von der Heide trennt die Gruppe. Paul soll nun allein zur Funktion der Lunge arbeiten. Er erhält ein Tablet, nimmt sich eine gelbe Sanduhr, dreht sie um und geht langsam, die Sanduhr in der einen, das Tablet in der anderen Hand, zu seinem neuen Einzelplatz.

Kurze Zeit später: Musik wird gespielt. Die Expertenarbeit endet.

Frau von der Heide kündigt an, dass es beim nächsten Mal weitergeht. Sie fragt, was die Gruppen schon herausgefunden haben.

Der Lebergruppe war es zu laut, sie haben noch nichts. Sie dürfen beim nächsten Mal auf dem Flur arbeiten. Die Magengruppe weiß jetzt, warum der Magen knurrt und dass man sich verschluckt, wenn das Essen statt in der Speise- in der Luftröhre landet. Die Darmgruppe weiß, dass der Darm bei Kindern vier und bei Erwachsenen fünf Meter lang ist. Die Herzgruppe wünscht sich noch mehr Videos. Sie wissen schon, dass das Herz Blut produziert. Als die Lungengruppe an der Reihe ist, ruft Paul: »Es war richtig schlecht.« Erhan antwortet vom anderen Ende des Raumes: »Wir haben nichts gewusst.« Yousef sagt: »Ich habe als Einziger gearbeitet.« »Vielleicht kommt Julius dann beim nächsten Mal von Anfang an zu euch, zur Unterstützung«, kündigt Frau von der Heide an.

Sie heftet für die ganze Klasse ein Sternchen an die Wand: »Das hat doch schon ganz gut geklappt.«

6.2 Eine resonanzpädagogische Lesart

Iris Kruse

Orientierungslos vereinzelte Anti-Experten

Die Vignette markiert ihre Geschehenszeit durch Topoi der Corona-Pandemie: Die Kinder der dritten Klasse waschen sich vor Unterrichtsbeginn die Hände; sie tragen Mundschutzmasken. Ob der Unterricht, der kurz vor den Sommerferien des Schuljahres 2020/21 stattfindet, über das Gebot zum Händewaschen und das Tragen von Masken hinaus durch das pandemische Geschehen und durch damit verbundene Erfahrungen und Entbehrungen geprägt ist, bleibt unexpliziert. Gleichwohl weist die beschriebene Materialität der Szene eigene Corona-Marker auf. Es sind die digitalen Formate »Padlet« und »iServ«, die zum Zeitpunkt dieser Vignettenlektüre (September 2021) stark corona-konnotiert sind; haben digitale Formate dieser Art doch erst unter dem Druck des pandemisch bedingten Unterrichtsausfalls Einzug in die deutschen Schulen gehalten.

Thematisch sind in diesem Unterricht innere menschliche Organe. Zu Herz, Lunge, Magen, Darm und Nieren sind Informationen auf dem Padlet enthalten. Zu eben diesen Padlet-Inhalten gibt es zu Beginn der Unterrichtsstunde eine kurze Präsentation durch die Lehrkraft. Dieser Darbietung kommt die Funktion zu, alle Lernerinnen und Lerner wissen zu lassen, was auf dem Padlet verfügbar ist. Die Rede ist von »Informationen in Text- und Videoform«. Nach der vom Beamer gestützten Kurzeinführung werden – so heißt es in der Vignette – *Tablets und Arbeitsblätter* verteilt. Die Arbeitsblätter haben, so heißt es weiter, ein *Steckbriefformat* und fordern mithin durch ihre Vorstruktur zum Auffüllen der Gliederungspunkte für die Beschreibung eines der fünf menschlichen Organe auf. Deutschdidaktisch gesehen geht es hier mithin um eine Form materialgestützten Schreibens (Feilke, Lehnen, Rezat & Steinmetz, 2019), denn aus diversen Quellen je unterschiedlicher Medialität (Schrifttexte, Videos, Bilder, gegenständliche Modelle) sollen Informationen gewonnen werden, die gebündelt, strukturiert und komprimiert zur Darstellung kommen. Dass es um eine schriftbasierte Darstellung geht, legt die Rede vom *Arbeitsblatt* anzunehmen nahe. Dass offenbar auch digital kopierte Auszüge aus ebenfalls digitalen Schrifttexten während der Informationssammlungsprozesse eine Rolle spielen, irritiert. Welches Endprodukt soll entstehen? In welcher Medialität und Materialität?

Die drei Drittklässler namens Yousef, Paul und Erhan, die im Mittelpunkt des Vignettengeschehens stehen, haben sich für Informationssammlung und Präsentationserstellung zur »Lunge« entschieden. Aber war es eigentlich eine wirkliche Entscheidung, die für die kleine Arbeitsgruppe dazu geführt hat, gerade dieses Organ zu bearbeiten? Die Vignette thematisiert weder den Gruppenbildungsprozess noch die Themenwahl und produziert damit bedeutende Leerstellen. Sind Yousef, Paul und Erhan eine wirkliche Interessensgemeinschaft, die sich aufgrund des Themas zusammentut? Oder ist es eher eine Gewohnheitsgemeinschaft, die sich hier erneut und mehr oder weniger routiniert zusammenschließt? Ihre in der Vignette sichtbar werdenden Zugriffe auf die Inhalte des Padlets legen die Vermutung nahe, dass es eher die Gewohnheit ist, die die Dreiergruppe zusammengeführt hat. Vom Thema scheinen sie nicht sehr inspiriert zu sein, ebenso wenig offenbar von der Medialität der Inhaltsdarbietung. Über ihre Tätigkeiten heißt es: »*Die Jungen blättern durch das Padlet*; des Weiteren *scrollen [sie] kurz durch den langen Informationstext, um sich dann für ein Video zu entscheiden.*« Was zeigen diese Auswahlhandlungen? Schriftlich Dargebotenes, das eine lesende Aneignung benötigt, scheint für die drei Jungen keine gute Option für einen Wissenserwerb zu sein. Der als *lang* bezeichnete Informationstext wird offenbar schnell als geeignete Quelle verworfen. Das für den Informationszugriff von den Ansprüchen des Erlesens befreite Video scheint da in den Augen der Jungen die bessere Wahl zu sein. Fällt den Jungen das Lesen schwer? Wenden sie sich deshalb dem Video zu? Was aber tun sie mit dem Video? Auf welchem Aneignungsweg und mit welchen Rezeptionsstrategien versuchen sie zu den nötigen Informationen über das von ihnen zu bearbeitende Organ »Lunge« zu kommen? Die Vignette zoomt an den Modus der Videobetrachtung nicht heran. Stattdessen heißt es etwas lapidar, dass *die Arbeit ins Stocken gerät.* Wie aber haben die Jungen ›gearbeitet‹? Von schriftlichen Exzerpten zum Video ist in der Vignette nicht die Rede. Stattdessen kommt eine Reihe sprunghafter und zerklüfteter Handlungen in verschiedenen Situationen zur Sprache: In einer nicht näher bestimmten Situation flammt ein nicht genauer beschriebener Konflikt auf und wird irgendwie (wie?) geklärt; die drei Jungen scrollen erneut durch einen Informationstext des Padlets (wer hat hier eigentlich das ›Heft‹ in der Hand?); das Modell eines Lungenflügels wird auf dem Tisch der Gruppe abgelegt; es wird zum Lesen animiert, das Gesicht in Händen vergraben, mit dem Lungenflügel-Modell gespielt und das Video einer Nachbargruppe betrachtet. Die Vielschichtigkeit dieser in schneller Abfolge und ohne nähere Erläuterung berichteten Ereignisse und Handlungen transportiert den Eindruck der Unruhe und Dezentriertheit. Die Tätigkeiten der einzelnen Akteurinnen und Akteure wirken zerklüftet und wenig thematisch orientiert. Allenfalls den Handlungen der erwachsenen Akteurinnen und Akteure ist eine gewisse Intentionalität zu unterstellen: Da ist die Lehrerin Frau von der Heide, die offenbar stark auf materialseitige Aktivierung setzt (*»sie legt den Kindern zwei kleine Lungenflügel aus einem Anatomie-Torso auf den Tisch«*), und da ist Julius, der *Schulbegleiter von Yousef*, der offenbar darauf hofft, durch das schlichte Durchscrollen eines Padlet-Textes die Aufmerksamkeit der drei Schüler zu bekommen. Die Resonanzlosigkeit dieses Tuns offenbart erschreckende Beziehungsarmut, die vielleicht sogar als Zone der Entfremdung die Beziehung von Lernenden und Lehrenden prägt, weil »Lehrer, Schüler und ›Stoff‹ sich im Grunde nichts zu sagen haben, und mehr noch: in der sie sich gleichgültig oder ablehnend und feindlich gegenüberstehen« (Rosa, 2020, S. 409). Eine Feindlichkeit ist indes nicht spürbar, wohl aber der Umstand, dass die Beziehungen zwischen dem Schulbegleiter und dem von ihm begleiteten Jungen Yousef von wirklicher Zuwendung, von Interesse und Begegnungshaftigkeit nicht geprägt zu sein scheint. Und sicher sind die »Resonanzachsen« (Rosa, 2020, S. 409) zwischen dem Thema und den Kindern Yousef, Paul und Erhan gestört.

Was geschieht zwischen Yousef und seinem Schulbegleiter namens Julius? Hier ist die Rede davon, dass Julius versucht, den zu betreuenden Yousef zum Lesen zu animieren. Was sagt er? Mit welchen Ideen und Argumenten bemüht er sich darum, den Jungen, der ganz offenbar nicht leicht liest, davon zu überzeugen, dass die Anstrengung des Lesens sich lohnt? Dass der Informationstext zur Lunge *lang* ist, hat die Vignette bereits verraten. Dass vom reinen Durchscrollen noch kein Leseimpuls ausging, ebenfalls. Der Text selbst also (Hat er Bilder? Ist er untergliedert? Hat er ansprechende Zwischenüberschriften? In welcher Schriftgröße ist er verfasst?) scheint hier keine Lesemotivation geweckt zu haben. Eher schreckt er ab, weckt Erinnerungen an mühsame Dekodiererfahrungen mit anderen Texten. Die Textgestalt scheint schwierig für Yousef zu sein. Und die von der Vignette leider nicht auserzählten Animationsbemühungen von Julius scheinen hier nichts ausgleichen und mildern zu können, denn Yousef beginnt nicht mit dem Lesen, sondern *»vergräbt nach kurzer Zeit das Gesicht in den Händen«*. Wie ist dieses Vergraben des Gesichts in den Händen zu deuten? Lesedidaktisch: Yousefs lesebezogenes Selbstkonzept (vgl. Möller & Schiefele, 2004) ist offenbar so schwach, dass eine reine Leseanimation hier nicht ausreicht. Um dem Jungen die Erfahrung zu ermöglichen, dass mittels eigener Bemühungen aus hermetisch wirkenden Texten relevante, brauchbare, nützliche und womöglich sogar interessante Informationen gewonnen werden können, hätte nicht auf pure Animation, sondern auf Verfahren der Lesebegleitung bei gleichzeitiger präsentativer Anwendung von Lesestrategien (vgl. Rosebrock & Nix, 2014, S. 73 f.) gesetzt werden müssen. Dies geschieht mit einiger Wahrscheinlichkeit deshalb, weil die Selbstwirksamkeitserwartungen des Jungen durch Erfahrungen des Scheiterns beim Erlesen von Texten gegen Null gesunken sind. Zu vermuten ist auch, dass die Abkehr von der Sozialität und der körperliche Ausstieg aus dem Geschehen den Zumutungen eines leistungsvergleichenden Lesens entstammen. Schulische Praktiken leistungsorientierten und leistungsvergleichenden Lesens bewirken, dass noch die interessanteste Information eines Textes vom Leistungs- und Vergleichsdruck überdeckt wird. Über den Leseunterricht, den der Junge erfahren hat und immer noch erfährt, sagt die Vignette explizit nichts aus. Das Vergraben des Gesichts in den Händen verweist indes meines Erachtens deutlich darauf, dass er hier im Leseerwerb Missachtung, Zurücksetzung und Ablehnung erfahren hat.

Der ergebnisorientierte Ansatz des Schulbegleiters Julius setzt auf ein Copy-and-paste-Verfahren, das offenbar verkennt, dass für ein ›Herauskopieren‹ wichtiger Teile aus einem Text, eben diese Teile zunächst lesend identifiziert werden müssen. Warum liest er nicht gemeinsam mit Yousef? Sieht er nicht die Verbindung der Schlüsselkompetenz Lesen mit Lern- und Arbeitserfolgen im Sachunterricht? Fehlt ihm die Ruhe? Schnell heißt es in der Vignette: »*Julius steht auf und schaut sich im Raum um*«. Wonach sucht er? Nach Zerstreuung, die ihn davon entbinden könnte, sich Yousef mit seinen Lernbedürfnissen – seinen erodierten Selbstwirksamkeitserwartungen und den darunter vergrabenen intrinsischen Interessen (vgl. Rosa 2020, S. 410) – zuzuwenden?

Die Vignette dokumentiert damit deutlich die Durchsetzungskraft von Formen des »Erledigungslernens« (Rumpf, 2010) gegenüber authentischen und erfahrungshaltigen Erkundungen, wie sie auch zu den hier thematischen menschlichen inneren Organen möglich sind. Von erfahrungshaltigem Lernen berichtet die Vignette nichts, und es ist dessen Fehlen, das aus dem geradezu stakkatoartigen Bericht von oberflächlichen Sortierarbeiten der Erwachsenen und Ausweichtätigkeiten der Kinder grell hervorsticht. Für Julius, den Schulbegleiter, muss zunächst vor allem die Gruppe aus Yousef, Erhan und Paul zusammengehalten werden, denn diese sind mit sprunghaften Nebentätigkeiten beschäftigt. Paul tippt Julius mit dem Lungenflügel an, Erhan interessiert sich für das Video der Nachbargruppe, die Lehrerin Frau von der Heide fragt Erhan mehr oder weniger unvermittelt nach seinem Befinden und Julius – so sagt es die Vignette – »*hockt sich wieder zur Gruppe*«. Dass die Kinder Yousef, Paul und Erhan keinerlei Züge einer Arbeitsgruppe und Arbeitsgemeinschaft aufweisen, zeigt sich im allernächsten Schritt am offenbar bereitwillig akzeptierten Verweis für Paul, der nach einem Streit mit Erhan – es ist ein themenfremder Streit, der nichts mit zu bearbeitenden Inhalten, sondern mit Basketball zu tun hat – auf einen Einzelplatz verwiesen wird. Separierung also statt Gruppenbildung! Warum werden die Kinder, die doch als vermeintliche »*Exper-*

tengruppe« einer gemeinsamen Sache nachgehen sollen, hier weiter vereinzelt, statt zusammengeführt? Welche Möglichkeiten hätte es gegeben, den Jungen den »gemeinsamen Gegenstand« (Feuser, 1998) nahe zu bringen und »gemeinsame Lernsituationen« (Wocken, 2014) zu stiften? Dass dies unter dem Label der »Expertengruppen« so ganz und gar nicht gelingt, wirkt nachgerade lächerlich auf eine Weise, die der Vignettenleserin indes nicht das Lachen im Halse stecken bleiben lässt, sondern vielmehr dort einen schweren Kloß produziert.

So viel Vereinzelung! So viel Übersehen-Werden! So viel Sinnleere! So viel Enttäuschung! All dies liegt im tieftraurigen Finale der Vignette, das eingeleitet wird mit der Erwähnung eines anmutigen Rituals des Classroom-Managements: Es wird Musik gespielt (welche eigentlich?) und die Unterrichtsphase, der so genannten »Expertenarbeit«, endet. Offenbar werden nun in einem Frage-Antwort-Ping-Pong die einzelnen Arbeitsgruppen nach den Erträgen ihrer Arbeit befragt. Nicht alle haben Erfolge in Form von gewonnenen Erkenntnissen zu berichten. Einige aber schon. Yousef, Erhan und Paul antworten ihrer atomisierten Nicht-Gruppen-Struktur entsprechend einzeln auf die Ertragsfrage ihrer Lehrerin. Erhan findet, dass es *»richtig schlecht«* gewesen sei, und Paul fügt von seinem Separierungsplatz aus etwas hinzu, das die beiden im Streit auseinandergezogenen Jungen in der Empfindung des Scheiterns wieder eint: *»Wir haben nichts gewusst!«* Yousef indes schließt sich dem nicht an. Möchte er sich hervortun? Will er keinesfalls ein Scheitern zugeben? Er betont in klarem Abgrenzungsgestus: *»Ich habe als Einziger gearbeitet.«* Ein Statement, das verwundert und verwirrt. Hat er doch durch das Verbergen des Kopfes in den Armen mehr als deutlich signalisiert, dass ihm alles zu viel ist. Der Arbeitsertrag, der eingefahren wurde, besteht allein aus einem kopierten Absatz aus dem digitalen Text, von dem begründet anzunehmen ist, dass er von Yousef nicht gelesen wurde. Macht ihn die rein oberflächliche Erfüllung des von Julius zurechtgestutzten Arbeitsauftrags – *»Du musst doch nur die wichtigen Sätze aus dem Text kopieren und einfügen!«* – tatsächlich zufrieden? Ist er so sehr gefangen in der Angst vor institutionellem Versagen, dass er den Anspruch an wirkliche Lernerfahrungen bereits aufgegeben hat? Anstrengend war es für ihn zweifelsohne in der Fremdbestimmungsschere zwischen bedeutungslosem Lerngegenstand und oberflächlich antreibendem Lernbegleiter. Diese Arbeit des Ertragens und Aushaltens hat er tatsächlich geleistet. Persönlich adressierte Anerkennung bekommt er indes nicht, denn die Reaktion der Lehrerin zielt schlicht und ausschließlich auf die vermeintlich erfolgreiche Unterstützungsfunktion des Schulbegleiters: *»Vielleicht kommt Julius dann beim nächsten Mal von Anfang an zu euch.«* Ist schon dies ein Hieb für das tatsächliche Erleben der Kinder, folgt noch ein weiterer, der die Selbstkundgaben, die das empfundene und tatsächliche Scheitern offen betonen, schlicht übergeht: *»Das hat doch schon ganz gut geklappt.«*

Literatur

Feilke, H., K. Lehnen, S. Rezat & Steinmetz, M. (Hrsg.) (2019). *Materialgestütztes Schreiben. Erfahrungen aus der Praxis und Perspektiven der Forschung.* Stuttgart, Freiburg: Fillibach bei Klett.

Feuser, G. (1998). Gemeinsames Lernen am gemeinsamen Gegenstand. Didaktisches Fundamentum einer Allgemeinen (integrativen) Pädagogik. In A. Hildeschmidt & I. Schnell (Hrsg.), *Integrationspädagogik. Auf dem Weg zu einer Schule für alle* (S. 19–35). Weinheim u. a.: Juventa.

Möller, J. & Schiefele, U. (2004). Motivationale Grundlagen der Lesekompetenz. In U. Schiefele, C. Artelt & S. P. Schneider (Hrsg.), *Struktur, Entwicklung und Förderung von Lesekompetenz. Vertiefende Analysen im Rahmen von PISA 2000* (S. 101–124). Wiesbaden: Springer.

Rosebrock, C. & Nix, D. (2014). *Grundlagen der Lesedidaktik und der systematischen schulischen Leseförderung.* Baltmannsweiler: Schneider-Hohengehren.

Rumpf, H. (2010). *Was hätte Einstein gedacht, wenn er nicht Geige gespielt hätte? Gegen die Verkürzung des etablierten Lernbegriffs.* Weinheim, Basel: Juventa.

Wocken, H. (2014). *Im Haus der inklusiven Schule. Grundrisse – Räume – Fenster.* Hamburg: Feldhaus.

Rosa, H. (2020). *Resonanz. Eine Soziologie der Weltbeziehung.* Frankfurt a. M.: Suhrkamp.

6.3 Eine Lesart im Spannungsfeld von Abhängigkeit und Autonomie

Désirée Laubenstein

Multiprofessionelle Kooperation?

Beim Lesen der Vignette fällt zunächst die klar anmutende Unterrichtsorganisation auf. Trotz bevorstehender Sommerferien wird konstruktiv gearbeitet, der Arbeitsauftrag scheint klar: Arbeiten in Expertinnen- und Expertengruppen von zwei bis drei Schülerinnen und Schülern einer dritten Klasse zum Thema ›Organe des menschlichen Körpers‹ im Rahmen des Faches Sachunterricht mit dem Ziel der Erstellung einer Präsentation. Die Schülerinnen und Schüler werden mit dem nötigen Wissen zur Erfüllung der Aufgabenstellung ausgestattet, das digitale Handling in Form von Tablets und die Serveranmeldung sichergestellt. Ebenfalls wird die geforderte Darstellungsform anhand eines zusätzlichen Arbeitsblattes in Steckbriefformat unterstützt. Auf dem ersten Blick ein gutes Classroom Management, das nach Helmke (2014) als ein Hauptqualitätsmerkmal guten Unterrichts gilt. Die organisatorische Ebene scheint geklärt, ebenso die Unterrichtsorganisation (vgl. Syring, 2017, S. 34).

Nach und nach erschließt sich der inklusive Kontext in der Darstellung: In der Klasse befinden sich neben der Lehrkraft eine Schulbegleiterin und ein Schulbegleiter; eine für Sabrina, einer für Yousef. Es handelt sich demnach um eine dritte Klasse einer Grundschule mit dem Schwerpunkt des Gemeinsamen Lernens. Welchen sonderpädagogischen Förderbedarf Sabrina und Yousef haben, wird nicht präzisiert, gleichwohl diese einen offiziellen Status durch die Anwesenheit der Schulbegleitung haben müssen, die nach SGB VIII, §35a im Rahmen der Eingliederungshilfe für Kinder und Jugendliche mit einem sonderpädagogischen Unterstützungsbedarf in der emotionalen und sozialen Entwicklung (seelische Behinderung) und nach SGB IX, §112 im Rahmen der Teilhabe an Bildung von Menschen mit Behinderung geregelt ist.

In der kurzen darstellenden Frequenz der Unterstützung zum Arbeitsbeginn der Gruppen entsteht der Eindruck, dass sich das Team der Erwachsenen aus Lehrkraft und Schulbegleitung gemeinsam für die Klasse verantwortlich zeigt, sie *»kreisen durch die Klasse«*, helfen, *»beantworten Frage«*, unterstützen. Die Schulbegleiterin und der Schulbegleiter werden in ihrer Funktion scheinbar nicht allein auf die Hilfe ›ihrer‹ Schülerin oder ›ihres‹ Schülers beschränkt, die Diffusität aufgrund gemeinsamer Verpflichtungen scheinbar gebannt (vgl. Laubner, Lindmeier & Lübeck, 2021). Die Hervorhebung der Bedeutsamkeit der Zusammenarbeit unterschiedlicher Professionen im Kontext des Gemeinsamen Unterrichts ist nicht neu (vgl. Wocken, 1988), gleichwohl zeigen sich die Anforderungen an ein verändertes Arbeits- und Rollenverständnis, die Etablierung gemeinsamer professioneller Standards und die geteilte Verantwortung für die Gestaltung von Bildungsangeboten für alle Schülerinnen und Schüler nach wie vor als organisatorische, strukturelle und individuelle Herausforderung und werden in der allgemeinen Diskussion um Schulqualität und dem wissenschaftlichen Diskurs über Inklusion und Sonderpädagogik regelmäßig aufgegriffen (vgl. Lütje-Klose, 2016). »Die multiprofessionelle Kooperation des gesamten schulischen Personals, insbesondere der Regel- und Förderschullehrkräfte, der pädagogischen Fachkräfte (PF) und der Schulleitungsmitglieder stellt eine zentrale Gelingensbedingung inklusiver Schule dar« (Guthöhrlein, Laubenstein & Lindmeier, 2019, S. 13).

Die Vorherrschaft von Wissensreproduktion

Schnell scheinen die Rollen der erwachsenen Akteurinnen und Akteure jedoch wieder in etablierte Rollenmuster und Verantwortungsbereiche zu wechseln: Julius, der Schulbegleiter von Yousef, wendet sich nach anfänglicher Unterstützung der gesamten Klasse der Gruppe zu, in der Yousef arbeitet. Es handelt sich hierbei um eine Gruppe von drei Jungen. Offensichtlich haben die Jungen Schwierigkeiten, ihre Arbeitsschritte zu organisieren; sie *»blättern durch das Padlet«*, scrollen durch den Informationstext, entscheiden sich dann für ein Video. Die Fülle an möglichen Informationen ist groß, die Auswahl schwer. Die Offenheit des Unterrichtsangebotes und der möglichen Wissensaneignung lässt eine Unsicherheit bei den Jungen aufkommen, die es ihnen erschwert, konstruktiv und zielstrebig mit ihrer Arbeit zu beginnen und die die Notwendigkeit einer adaptiven Unterrichtsorganisation zeigt, die inhaltlich und methodisch an die Lernenden anzupassen ist (vgl. Wember, 2001). Julius, als Schulbegleiter von Yousef, beobachtet zunächst die Gruppe, steht im Hintergrund, wartet ab. Die Arbeit der Jungen gerät ins Stocken und Julius greift nun direkt ins Geschehen ein. Er klärt aber nicht nur den Konflikt, von dem ohne Spezifizierung in der Vignette berichtet wird, sondern bleibt in der Aktivierung.

An dieser Stelle zeigt sich ein wesentliches Moment des Themenfeldes ›Abhängigkeit vs. Autonomie‹, der den pädagogischen Kontext im Rahmen dieser Unterrichtssituation durchdringt und der insbesondere mit Blick auf die Implementierung einer Maßnahme als Einzelfallhilfe seit geraumer Zeit im wissenschaftlichen Diskurs aufgrund konstruierter Abhängigkeiten der Schülerin bzw. des Schülers von der Begleitung verstärkt kritisiert wird (vgl. u. a. Heinrich, 2016). Es sind nicht die Schüler, die ihre Arbeit organisieren und sich mit dem angebotenen Wissen auseinandersetzen, es ist Julius, der durch den Text scrollt, *»die drei Jungen sehen zu«*. Das wesentliche Moment des Verständnisses von Unterstützung von Julius eröffnet sich in der Form, dass dieser sich nicht als Lernbegleiter der Jungen (insbesondere von Yousef) versteht, sondern die Verantwortung für die geforderte Ergebnisdarstellung der Jungen übernimmt. »Dialogischer Unterricht« jedoch, »der das Subjekt als selbstständigen Konstrukteur seines Erkenntnisprozesses ernst nimmt, geht davon aus, dass das Kind selbst die Möglichkeit hat, seine eigenen vorläufigen Erfahrungen in den Unterrichtsdialog [in dieser Vignette wäre es der Gruppendialog] einzubringen« (Krawitz, 2007, S. 278). In Anlehnung an Krawitz zeigt sich hier, dass »ein einseitiger monokausaler Kommunikationsablauf« (ebd.) das Unterrichtsgespräch dominiert, in dem Julius seine Rolle als ›Wissender‹ herausstellt und den Jungen ihren Platz als ›Unwissende‹ zuweist. Julius dominiert in seiner Rolle als ›wissender Belehrer‹ das Gruppenarbeitsgeschehen. Im Sinne eines konstruktivistischen Verständnisses von Unterricht ginge es hier aber vielmehr darum, Prozesse des gemeinsamen Erfindens von Wirklichkeiten anzustoßen, zu perturbieren, nicht zu dominieren und zu steuern. Das Entdecken, Enttarnen und Erfinden des gemeinsamen Gegenstandes im Sinne eines Re-/De-/Konstruktionsprozesses (vgl. Reich, 2010) wird gleichsam durch die Vorherrschaft der Wissensreproduktion verhindert, wenn Julius Yousef auffordert: *»Du musst doch nur die wichtigsten Sätze aus dem Text kopieren und einfügen.«* Doch: *»Yousef ist dafür nicht zu haben.«*

In der Situation der Fremdbestimmung zeigen die Jungen gleichwohl ihre Selbstermächtigung; Yousef verweigert die von Julius bemühte Motivation zum Lesen, er *»vergräbt nach kurzer Zeit das Gesicht in den Händen«*. Aber auch die zwei anderen Jungen der Gruppe, Erhan und Paul, verweigern die Arbeit; sie spielen mit dem Lungentorso auf dem Tisch, wenden sich dem Klassengeschehen zu, fokussieren sich nicht mehr auf den Arbeitsauftrag.

Erst als Julius sich wieder der gesamten Gruppen zuwendet, scheint die Arbeit aufgenommen zu werden. Sie kopieren eine Textpassage, fokussieren aber ihre Aufmerksamkeit weniger auf den Inhalt als vielmehr auf die Technik, so dass sich der inhaltliche Arbeitsprozess nach wie vor als fragil zeigt und durch private Gespräche erneut gestört wird. Als es zu einem weiteren Konflikt zwischen Erhan und Paul kommt, zerfällt die Gruppe ganz.

Ein weiteres entscheidendes Moment kristallisiert sich heraus, als die Lehrkraft zu der Gruppe kommt und die weitere Arbeitsorganisation autoritär-bestimmend festlegt: Paul soll nun allein arbeiten, da er es war, der die Gruppe nach der Provokation von Erhan verlassen hat.

Erkennbar wird hier eine Rollendiffusion in der Kooperation eines multi-›professionellen‹ Teams im gemeinsamen Unterricht, soweit von einer Professionalität einer Schulbegleitung ausgegangen werden kann (vgl. Schindler, 2020). Insbesondere beim inklusiven Classroom Management im Beziehungskontext von Teamarbeit in heterogenen Klassen verweist Krüger (2015, S. 140) auf entscheidende Kriterien, die es zu berücksichtigen gilt:

- Gemeinsam kommunizierte Zielsetzungen
- Klarheit und Transparenz bei Rollen und Verteilung der Aufgaben
- Verbindlichkeit und Kontinuität in Bezug auf Meetings und Arbeitsabläufe
- Direkte Kommunikation und wechselseitige Beziehungen
- Aktive Beteiligung von jedem einzelnen Teammitglied
- Gemeinsame Verantwortung für das Arbeitsergebnis nach außen

Inwieweit diese Kriterien in der hier beschriebenen Unterrichtssituation vom Team insbesondere in der Unterrichtsplanung und -durchführung berücksichtigt wurden und werden, wäre eines fokussierten Blickes wert, würde diesen aber perspektivisch auf andere Interaktionsprozesse verschieben.

Die Arbeitsphase ist zu Ende, die Gruppen berichten von ihrem Lernprozess, der als gut, mal weniger gut dargestellt und empfunden wird. Paul und Erhan sind sich einig: »*Es war richtig schlecht.*« und »*Wir haben nichts gewusst.*« Nur Yousef scheint zufrieden, stellt zumindest seine Anstrengungsbereitschaft heraus: »*Ich habe als Einziger gearbeitet.*« Die Lehrkraft registriert das Feedback, gleichwohl sie es nicht wahrnimmt, denn statt zu klären, wo spezifische Unterstützung für die Gruppe notwendig gewesen wäre, bestimmt sie, dass Julius als Schulbegleiter die Gruppe das nächste Mal von Anfang an unterstützen soll. In diesem Moment offenbart sich ein logischer Fehlschluss des Verständnisses von Lernen, das sowohl von der Lehrkraft als auch von den Schülern selbst lediglich im Sinne eines vorzeigbaren Endproduktes der Fremd- bzw. der Selbsteinschätzung standhält. Im Sinne der ›Konstruktion eines Unterstützungsbedarfs‹ in Anlehnung an Balgo (2003) wird hier eine Trennlinie zwischen »schulischem Lernen« und »schulischem Nicht-Lernen« gezogen. Inwieweit diese willkürliche Trennung, lediglich fokussiert auf ein vorzeigbares Ergebnis (hier das Ausfüllen des Steckbriefes als Arbeitsblatt oder die Anfertigung der geforderten Präsentation), im weiteren Lernverlauf als »normales schulisches Nicht-Lernen« oder gar als »unnormales schulisches Nicht-Lernen« (Balgo, 2003, S. 2) dem jeweiligen Schüler zugeschrieben wird, wird hier nicht geklärt. Julius als Schulbegleiter erhält jedoch den Auftrag, die Gruppe das nächste Mal »*von Anfang an*«, implizit mit Blick auf das vorzuweisende Endprodukt, zielführender zu unterstützen, um »unnormales schulisches Nicht-Lernen« abzuwenden? Auf jeden Fall aber die Verantwortung der Leistungserbringung der Schüler zu übernehmen, an der auch seine Arbeit gemessen wird.

Eine kritisch-konstruktive Auseinandersetzung im Kontext der Aneignung von Wissen und Berücksichtigung der Eigenkonstruktionen der Schüler findet nicht statt. Es mutet fast zynisch an, wenn die Lehrkraft am Ende der Stunde für die ganze Klasse ein Sternchen an die Wand heftet und verkündet: »*Das hat doch schon ganz gut geklappt.*«

Zurückkommend auf den ersten Eindruck des Classroom Managements scheinen hier wesentliche Techniken der Klassenführung (vgl. Kounin, 2006, S. 8) von der Lehrkraft nicht berücksichtigt worden zu sein, insbesondere

1. Allgegenwärtigkeit und Überlappung (Withitness und Overlapping)
2. Reibungslosigkeit und Schwung (Smoothness und Momentum)

3. Gruppenmobilisierung und Rechenschaftsprinzip (Group Focus)
4. Intellektuelle Herausforderung durch Inhalt und Art des Unterrichts

Vielmehr zentrieren sich mögliche Lösungsvorschläge der Lehrkraft auf eine Verantwortungsdelegation, hier auf Julius als Schulbegleiter, der in der nächsten Stunde die Gruppe zur geforderten Wissensreproduktion führen soll. Ob hier im Sinne von Rollenklarheit, Transparenz und einer guten Einbindung von Schulbegleitung in das pädagogische Team ausgegangen werden kann, entzieht sich der Beurteilung als Leserin oder Leser. Kritisch-konstruktiv ließe sich in der Gesamtbetrachtung dieser Unterrichtssequenz mit Fokus auf das Team nach Schmidt (2016) jedoch darauf hinweisen, dass »Schulbegleitungen einen sowohl positiven als auch negativen Einfluss auf die Leistungen, die Beteiligung und die Integration der Schüler/innen haben [können]. Umso wichtiger erscheint eine adäquate Definition von Rollen, die Sicherstellung einer guten Zusammenarbeit und eine ausreichende Qualifizierung und weiterführende Schulung der Schulbegleitungen, um den potenziell möglichen positiven Einfluss, den Schulbegleiter/innen auf die betreuten Schüler/innen, die ganze Klasse sowie die Klassenleitung entfalten können, bestmöglich auszuschöpfen« (Schmidt, 2016, o.S.).

Literatur

Balgo, R. (2003). Wie konstruiere ich mir eine Lernbehinderung? Eine provokative Anleitung. In *Das gepfefferte Ferkel. Online-Journal für systemisches Denken und Handeln.*

Guthöhrlein, K., Laubenstein, D. & Lindmeier, C. (2019). *Teamentwicklung und Teamkooperation.* Stuttgart: Kohlhammer.

Heinrich, M. (2016). Professionalisierbarkeit von Schulbegleitung? In A. Lübeck & M. Heinrich (Hrsg.), *Schulbegleitung im Professionalisierungsdilemma, Rekonstruktionen zur inklusiven Beschulung* (S. 5–31). Münster: MV-Wissenschaft.

Helmke, A. (2014). *Unterrichtsqualität und Lehrerprofessionalität. Diagnose, Evaluation und Verbesserung des Unterrichts.* (5. Auflage). Seelze-Velber: Klett Kallmeyer.

Kounin, J. S. (2006). *Techniken der Klassenführung.* (Original der deutschen Ausgabe, 1976). Münster: Waxmann.

Krawitz, R. (2007). Unterricht. In K. Bundschuh, U. Heimlich & R. Krawitz (Hrsg.), *Wörterbuch Heilpädagogik* (3. Auflage) (S. 277–280). Bad Heilbrunn: Klinkhardt.

Krüger, R. (2015). Vom Klassenlehrer zum Teamleiter für inklusives Classroom-Management. In R. Krüger & C. Mähler (Hrsg.), *Gemeinsames Lernen in inklusiven Klassenzimmern. Prozesse der Schulentwicklung gestalten* (S. 135–144). Köln: Carl Link.

Laubner, M., Lindmeier, B. & Lübeck, A. (2021). *Schulbegleitung in der inklusiven Schule.* Grundlagen und Praxis (3. Auflage). Weinheim, Basel: Beltz.

Lütje-Klose, B. (2016). Teamarbeit. In I. Hedderich, J. Hollenweger, G. Biewer & R. Markowetz (Hrsg.), *Handbuch Inklusion und Sonderpädagogik* (S. 365–369). Bad Heilbrunn: Klinkhardt.

Reich, K. (2010). Erfinder, Entdecker und Enttarner von Wirklichkeit. Das systemisch-konstruktivistische Verständnis von Lernen und Lehren. *Pädagogik*, 62 (1), 42–47.

Schindler, F. (2020). Situative Bedingungen und personale Merkmale im Arbeitsfeld Schulassistenz. *Vierteljahresschrift für Heilpädagogik,* 17 (4), 1–22.

Schmidt, L.D.H. (2016). Schulische Assistenz – Der Forschungsstand in Deutschland mit Blick auf die internationale Ebene. *Zeitschrift für Inklusion online*, 12 (4).

Syring, M. (2017). *Classroom Management: Theorien, Befunde, Fälle – Hilfen für die Praxis.* Göttingen: Vandenhoeck & Ruprecht.

Wember, F.B. (2001). Adaptiver Unterricht. *Sonderpädagogik*, 31 (1), 161–181.

Wocken, H. (1988). Kooperation von Pädagogen in integrativen Grundschulen. In H. Wocken, G. Antor & A. Hintz (Hrsg.), *Integrationsklassen in Hamburger Grundschulen. Bilanz eines Modellversuchs* (S. 199–274). Hamburg: Curio.

6.4 Eine praxistheoretische Lesart zur Expertinnen- und Expertenrolle

Oliver Reis

Der theoretische Rahmen der Lesart

Die Vignette bietet unterschiedliche Fragestellungen an, die unter dem Fokus von Inklusion stehen könnten. Es ließe sich nach der Bedeutung von *multiprofessionellen Teams* fragen: Dann würde Julius und seine Rolle zwischen der Lehrerin und den Kindern, insbesondere der von ihm begleiteten Kleingruppe in den Fokus rücken. Es ließe sich danach fragen, welchen Status Julius einnimmt, mit welchem Auftrag er mit der Kleingruppe oder speziell mit Yousef arbeitet. Wie die Lehrerin seine Rolle sieht, was sie von ihm erwartet (Brandstetter, Reis, Wenig & Yagdi, 2021). Man könnte nach Chancen und Grenzen der digitalen Akteurinnen und Akteure fragen, die hier einerseits wie Medien zur Recherche von Informationen eingesetzt werden, aber doch als Akteurinnen und Akteure auf den Unterrichtsprozess einwirken (Reis, 2021a). Insgesamt könnte man nach der Bedeutung von Artefakten fragen und die Lungenflügel als Ding rekonstruieren, mit dem man wunderbar *undiszipliniert sehen* kann (Röhl, 2015, S. 174 f.). Man könnte auch aus inklusionsdidaktischer Sicht das Verhältnis von (Schein-)Differenzierung und Normalisierung in den Kleingruppen und zwischen den Kleingruppen untersuchen. Dazu gehört auch die fehlende Orientierung der Kleingruppe von Yousef, Erhan und Paul, wo kaum zu unterscheiden ist, ob hier ein Differenzierungs- oder ein Homogenisierungsproblem vorliegt (Rabenstein, Laubner & Schäffer, 2020). Überhaupt könnte man fragen, welche Rolle der Inhalt hier spielt. Geht es wirklich um die Organe? Sind sie überhaupt situiert? Was ist das Lernziel im Verhältnis von Verhaltens- und Inhaltsaspekt? Wie kommt es, dass die Organe hier so austauschbar sind wie ihre Modellierung in den Artefakten?

All das wären mögliche Fragen mit jeweils einem anderen Fokus, die sich praxistheoretisch untersuchen ließen. Mit Blick auf die Praktiken, die ich bisher in den Vignetten rekonstruiert habe, wie die Erkundung oder die Förderung in der Betreuung, spricht in der Vignette aber die methodische Form der *Experteninnen und Expertengruppe* an, die ein bestimmtes Interaktionsgefüge, offenes und zugleich zielorientiertes Arbeiten ermöglichen und vor allem Motivation für die Bearbeitung komplexer Aufgaben erzeugen soll. Ziel ist es, durch den Zuspruch der Expertinnen und Expertenrolle das Selbstbewusstsein zu stärken (Laner & Eichelberger, 2014, S. 43 ff.). Mir geht es um die Organisation des Unterrichts, die in der Praxis der sogenannten *Expertinnen und Expertengruppe* so lernförderlich und in sich selbstbegründet eingesetzt wird. Gerade für inklusive Kontexte bietet die Modellierung als Expertin oder Experte laut Konzept die Möglichkeit, ressourcenorientiert zu arbeiten. Die Vignette ermöglicht einen praxistheoretischen Zugang, dieser Behauptung einmal nachzugehen. Die Lesart folgt der Vignette nicht diachron, sondern systematisch.

Die interpretative Lesart zur Vignette

Drei Aspekte sind an dieser Organisationsform der Gruppenarbeit als Expertinnen und Experten für ein Thema aktuell für mich bedeutsam:

a) grundsätzlich die Modellierung als Expertin oder Experte,
b) die Normalisierung der fehlenden Chancengleichheit in dem Konzept und
c) die Verfahrenskonzentration.

Zu a) Ich beschäftige mich gerade aus religionspädagogischer Sicht intensiver mit der »Subjektorientierung« als basalem Prinzip im religiösen Lernen seit gut 50 Jahren: Religiöses Lehren/Unterrichten ist an den Lern-/Bildungsprozessen der Kinder und Jugendlichen auszurichten. Jede religionspädagogische Maßnahme ist aus der Bedeutungs- und Lebensperspektive der Kinder und Jugendlichen heraus zu begründen. Daraus ergibt sich das Verbot, religiöse Überzeugungen aufzudrängen, überhaupt den Glauben der Kinder und Jugendlichen zu bewerten. Methodisch sind Lernprozesse nicht von Gott und seinem Willen her zu entwerfen, sondern von der Lebensrelevanz der Schülerinnen und Schüler her. Das Prinzip ist auch forschungstheoretisch relevant, weil es die Erforschung der Denkwelten von Kindern und Jugendlichen befeuert, die ja dann zu kennen sind. Forschungsproduktiv ist das Prinzip auch, wenn man antisubjektorientierte Strukturen in Schule, Familien oder Gemeinde rekonstruieren kann, wenn sich Akteurinnen und Akteure eben nicht zurückhalten und versuchen, Kinder und Jugendliche für eigene Interessen zu benutzen. Weil die Subjektorientierung als Denkrahmen und als funktionales Argument so bedeutsam ist, ist sie aber auch Teil von Formen alternativer Subjektivierungen im Sinne Foucaults. Auch das Kind/die oder der Jugendliche, die oder der sich aus eigenem Interesse religiös bilden will, das sich mit religiösen Positionen auseinandersetzen will, die Geltungsansprüche verhandeln will oder tröstenden Zuspruch biblischer Geschichten braucht, ist eine Modellierung, die für pädagogische Zwecke gebraucht wird (Reis, 2021b).

Und so wie das autonome unverzweckte Subjekt, eine Folie für pädagogische Formen ist, so ist auch die Expertin und der Experte eine Folie für pädagogische Behandlung. Die Kinder sind keine Experten, die Dreier-Gruppe sicher nicht, die haben ja »*nichts gewusst*« und schon gar nicht Yousef, der »*doch nur die wichtigen Sätze aus dem Text kopieren und einfügen*« muss. Sprache und Handlung der Fremdbehandlung und Selbstbehandlung sind kongruent: Zumindest in der Kleingruppe ist die Modellierung als Experten die Legitimation für Nicht-Lehren. Experten wissen schon und wissen, was sie noch nicht wissen. Sie können sich selbst einen Lernweg vorlegen und können eigenständige Urteile treffen (Fiedler, 2004, S. 39 ff.). In den Gruppen, in denen die Modellierung funktioniert, wäre es interessant zu wissen, welche Milieus, Bildungshintergründe, Lernstrategien, Befähigung im Belohnungsaufschub sich dort wiederfinden. Expertinnen und Expertengruppen sind dann sinnvoll, wenn die Kinder schon können/besitzen, was sie lernen sollen: Selbstorganisation, Verantwortungsübernahme, Selbstwirksamkeitsvorstellungen. In der Vignette erhalten die Kinder außer von dem nicht-beauftragten Julius keine Unterstützung und seine Unterstützung besteht darin, die Aufgabe angemessen zu der wirklichen Lernausgangslage die Komplexität zu reduzieren, damit die Kinder auch ein vorzeigbares Produkt haben (Nähe zur Vignette von Katharina Rohlfing).

Zu b) Die Kinder in der Kleingruppe spiegeln der Lehrkraft, dass sie keinen Ertrag haben, dass sie nicht nur kein neues Wissen erworben haben, im Grunde fehlt ihnen auch das Wissen, um als Experten überhaupt arbeiten zu können. Und trotzdem reagiert die Lehrkraft nicht auf dieses Feedback und hält die Modellierung als Experten aufrecht, die weiter – wie die anderen Gruppen auch – ganz normal an dem eigenen Organ arbeiten. Der Prozess ist ganz normal, das nächste Mal gibt es Julius direkt zur Unterstützung. Auf der Oberfläche bleibt es bei dem Anspruch, die Aufgabe selbst zu lösen. Wenn Julius als Unterstützung den Unterschied machen muss, dann muss aber von ihm das Lösungspotenzial ausgehen. Dann sind die Kinder weiter keine Experten, müssen es aber in ihrem Skript als normale Kinder bleiben, die in der Expertenrolle neugierig, motiviert, wissend sein müssen. Und wenn sie es nicht sind? Der Expertinnen und Expertenstatus erlaubt eine Normalisierung, die zugleich die fehlende Chancengleichheit der Gruppen und Individuen überspielt und die Lehrkraft entlastet (Rabenstein & Reh, 2009).

Zu c) Dann gibt es ja immer noch das Verfahren, das formal durchgezogen wird. Am Ende stehen die Praktiken: Internetrecherche, relevante Textschnipsel herauskopieren, zur Not wird Julius die wichtigen Stellen schon noch finden, Arbeitsblatt ausfüllen, abgeben. Fertig, normaler Unterricht mit einem klaren Verfahren. Die Modellierung als Expertinnen und Experten hilft dabei, den Organisationsimpuls an die Kinder leichter zu adressieren und die Praxis der Informationsbeschaffung und geordneten Darstellung auf dem Arbeitsblatt durchzuführen. Und am Ende werden alle Gruppen etwas dastehen haben und da die Expertinnen und Experten ja auch nicht für eine relevante Aufgabe gebraucht werden, ist es auch gleichgültig, was hinter den ausgefüllten Arbeitsblättern wirklich an Expertise steht (Budde, 2013). Niemand außerhalb des Klassenraums braucht diese Expertise, bzw. kein Schaden geht von der Nicht-Expertise aus, so dass am Ende die Differenz von Expertise und Nicht-Expertise geschliffen ist.

Die Bedeutung der Vignette für Inklusion

Der Verfasser der Vignette positioniert sich selbst nicht in der Vignette, wie dies z. B. bei der von Iris Kruse der Fall ist. Man könnte vermuten, dass die Inklusion in der Schule als Institution oder der Choreografie von Differenz (Kleingruppe/Organe, Rollen in der Kleingruppe, Rollen der Lehrenden) und Homogenisierung (die anderen Kleingruppen, innerhalb der markierten Kleingruppe) angesiedelt ist. Die zugeschriebene Expertenrolle wertet die Differenzierung der Kleingruppen und die Individuen der markierten Kleingruppe auf, aber sie wird in den konkreten Praktiken nicht kongruent ausgefüllt. Die Kinder und auch die unterstützende Kraft bringen nicht das nötige *praktische Wissen* und die richtige *teleo-affektive Struktur* (Schatzki, 2002, S. 77) mit, um die Rolle in der Praxis kompetent auszuführen. Genau in der inkompetenten Ausführung nehmen sie zugleich wieder die Rolle ein, die sie im sozialen Gefüge der Klasse sowieso haben. Nur dass die zugeschriebene Rolle von der Rolle der Förderung entlastet, wie dies die Vignette von Katharina Rohlfing mit dem zugeschriebenen Förderbedarf des Kindes beschreibt. Ist nun diese Besonderung Ausdruck von Inklusion oder die Abdämpfung von Förderbedarfen unter der Expertenrolle wie in dieser Vignette (Schweiker, 2020)?

Literatur

Brandstetter, B., Reis, O., Wenig, E. & Yagdi, S. (2021). Nebeneinander ohne Konflikte. Die multiprofessionelle Struktur interreligiöser Lehrgemeinschaften. *Pädagogische Horizonte*, 4 (1), 23–38.

Budde, J. (2013). Didaktische Regime – Zettelwirtschaft zwischen Differenzstrukturen, Homogenisierung und Individualisierung. In J. Budde (Hrsg.), *Unscharfe Einsätze: (Re-)Produktion von Heterogenität im schulischen Feld* (S. 169–186). Wiesbaden: Springer.

Fiedler, M. (2004). *Expertise und Offenheit.* Tübingen: Mohr Siebeck.

Laner, C., Eichelberger, H. & Dietl, K. (Hrsg.) (2014). *Schule neu gedacht – Schule neu gemacht. Die moderne Schule. Reformpädagogische Unterrichtsentwicklung.* Innsbruck: Studien Verlag.

Rabenstein, K. & Reh, S. (2009). Die pädagogische Normalisierung der ›selbstständigen Schülerin‹ und die Pathologisierung des ›Unaufmerksamen‹. Eine diskursanalytische Skizze. In J. Bilstein & J. Ecarius (Hrsg.), *Standardisierung — Kanonisierung. Erziehungswissenschaftliche Reflexion* (S. 159–180). Wiesbaden: Springer.

Rabenstein, K., Laubner, M. & Schäffer, M. (2020). Diskursive Praktiken des Differenzierens und Normalisierens. In: H. Leontiy & M. Schulz (Hrsg.), *Ethnographie und Diversität* (S. 187–208). Wiesbaden: Springer.

Reis, O. (2021a). Transformationen des hochschuldidaktischen Dreiecks im Kontext der Digitalisierung. In A. Burke, L. Hiepel, V. Niggemeier & B. Zimmermann (Hrsg.), *Theologiestudium im digitalen Zeitalter* (S. 67–86). Stuttgart: Kohlhammer.

Reis, O. (2021b). »Wer alles hinterfragen will, muss mit dem Boden der Tatsachen anfangen.« Narrative und ihre Funktionen, Chancen und Grenzen in der religionspädagogischen Forschung. In: *Theo-Web. Zeitschrift für Religionspädagogik*, 20 (2), 81–92.

Röhl, T. (2015). Die Objektivierung der Dinge. Wissenspraktiken im mathematisch-naturwissenschaftlichen Schulunterricht. *Zeitschrift für Soziologie*, 44 (3), 162–179.

Schatzki, T. R. (2002). *The Site of the Social. A Philosophical Account of the Constitution of Social Life and Change.* University Park, PA: Penn State University Press.

Schweiker, W. (2021). Überlegungen zum Heterogenitätsbegriff aus inklusionstheoretischer Perspektive. In B. Grümme, T. Schlag, & N. Ricken (Hrsg.), *Heterogenität. Eine Herausforderung für Religionspädagogik und Erziehungswissenschaft* (S. 69–84). Stuttgart: Kohlhammer.

6.5 Lesartenantwort – Zu mikro- und makrostruktureller Adaptivität von Lernunterstützung im inklusiven Sachunterricht

Franz Schröer und Claudia Tenberge

Die Vignette zeigt zunächst, bezogen auf den Unterrichtsinhalt, die Auseinandersetzung mit einem eher randständigen Themenbereich naturwissenschaftlichen Lernens in der Grundschule. Grundsätzlich wird der Aufbau des menschlichen Körpers zwar durchgehend curricular und auch in der Fachdidaktik Sachunterricht aufgegriffen (vgl. Gläser, 2013, S. 116f.), jedoch stehen dabei überwiegend der Aufbau und die Funktion des Bewegungs- und Stützapparats sowie des Herz-Kreislaufsystems und weniger die Organe des Körpers im Vordergrund (vgl. Gläser, 2013, S. 116f.).

Auf der prozessbezogenen bzw. methodischen Seite des betrachteten Unterrichtsausschnitts wirkt das Zusammenspiel aus dem Erschließen, Strukturieren, Gestalten und perspektivisch Präsentieren von Informationen zu einem Ausschnitt des behandelten Themenbereichs eingangs anspruchsvoll, aber schlüssig. Dabei liegt der methodische Fokus der Unterrichtseinheit aus sachunterrichtsdidaktischer Perspektive weniger auf perspektivbezogenen, also in diesem Fall naturwissenschaftlichen Denk-, Arbeits- und Handlungsweisen (z. B. beobachten, untersuchen, experimentieren). Es wird stattdessen augenscheinlich eine Förderung perspektivübergreifender Denk-, Arbeits- und Handlungsweisen, wie etwa dem Erkennen, Verstehen und Erschließen von Informationen sowie dem eigenständigen Erarbeiten eines Themas (vgl. GDSU, 2013, S. 20ff.) angestrebt (s. auch Lesart Reis: »Überhaupt könnte man fragen, welche Rolle der Inhalt hier spielt.«).

Die Unterrichtseinheit lässt ferner, bezogen auf ihre methodische Anlage, zumindest eingangs Ansätze einer kooperativen und kommunikativen Zusammenarbeit unter den Schülerinnen und Schülern an einem gemeinsamen übergeordneten Gegenstand im Sinne Kucharz's (2015, S. 227ff.) erkennen. Kaum eingelöst findet sich dabei die Berücksichtigung des für den Sachunterricht konstitutiven Prinzips der Vielperspektivität; im Sinne einer Berücksichtigung vielfältiger

1. kindlicher Zugangsweisen und -möglichkeiten,
2. lebensweltlicher Repräsentanzen des Inhalts sowie
3. unterschiedlicher fachkultureller Potenziale (Kahlert, 2016, S. 214ff.).

Die Vignette versucht eben jene Diskrepanzen zwischen der Anforderung gemeinsamen und kooperativen Lernens in einer Gruppe einerseits sowie der komplexen Struktur des Arbeitsprozesses und einem Mangel an unterschiedlichen Zugangs- und Erkenntnisweisen andererseits aufzugreifen.

Den Fokus des Beobachters auf die eine in der Vignette beschriebene Gruppe lösten dabei neben der frühen Irritation in der Arbeit der Gruppe die Schwierigkeiten bei der Aufrechterhaltung des Lern- und Arbeitsprozesses auch in Zusammenarbeit mit dem Schulbegleiter Julius aus. So ist die Vignette maßgeblich von Momenten, in denen Lernen scheitert, dominiert und man möchte fragen, wo in der betrachteten Situation Möglichkeiten für eine positive Wendung lagen (s. Lesart Kruse: »Warum werden die Kinder [...] hier weiter vereinzelt, statt zusammengeführt? Welche Möglichkeiten hätte es gegeben, den Jungen den ›gemeinsamen Gegenstand‹ (Feuser, 1998) nahezubringen und ›gemeinsame Lernsituationen‹ (Wocken, 2014) zu stiften?« oder zumindest für kritisch-konstruktive Befassung (s. Lesart Laubenstein) post-hoc liegen.

Expertenarbeit – Problemstellen alternativer Subjektivierungen

Die Lesarten Reis und Kruse greifen wiederholt das methodische Arrangement der Expertinnen- und Expertenarbeit und die Markierung der Kinder als Expertinnen und Experten für einen Teilbereich des Unterrichtsthemas kritisch auf. Dabei wird vor allem virulent, dass die agierenden Schüler während des Arbeitsprozesses kaum nachweisbare Expertise zum Gegenstand, etwa in Form deklarativen Wissens über die Lage, das Aussehen oder die Funktion der Lunge erwerben. Ferner wird im letzten Teil der Vignette deutlich, dass auch die Schülerinnen und Schüler selbst mit niedrigen Selbstwirksamkeitserwartungen und geringer Zufriedenheit mit dem eigenen Lernprozess aus der Arbeitsphase kommen.

Die Lesart Kruse markiert die Kinder in Referenz auf das Scheitern kooperativer und kommunikativer Zusammenarbeit innerhalb der vielfältigen, komplexen Anforderungen des Verfahrens in der Konsequenz als »orientierungslos vereinzelte Anti-Experten«. Reis wirft in Verbindung damit die Frage auf, ob für die Kinder im Kontext des anspruchsvollen Verfahrens, das von den Schülerinnen und Schülern verlangt, Informationen unterschiedlicher Medialität und Materialität (s. Lesart Kruse) zu erfassen, zu bündeln, zu rekonstruieren und perspektivisch zu präsentieren, nicht bereits die »Modellierung« als Expertin und Experte eine Überforderung darstellt. »Expertinnen und Experten wissen schon und wissen, was sie noch nicht wissen, können sich selbst einen Lernweg geben und können eigenständige Urteile treffen.« Ähnliche Modellierungen der Rolle der Expertin oder des Experten beschreibt für den Sachunterricht Schönknecht (2015). Expertise könne etwa durch sachunterrichtsnahe Interessen der Kinder, vorab außerschulisch erworben sein und nach Vertiefung in den Unterricht etwa als Vortrag, Forscherheft oder in einer Expertinnen- und Expertenrunde eingebracht werden (S. 482). Eine zweite Art der Modellierung sieht, wie in der Vignette, den Erwerb von Expertise in Unterrichtsprojekten vor. Maßgeblich ist hierfür jedoch, so Schönknecht (2015, S. 483), dass den Schülerinnen und Schülern die Möglichkeit gegeben wird, im Rahmen einer Expertinnen- und Expertenarbeit eigene Interessen zu entwickeln und ihnen nachzugehen. Dieser fundamentale Bestandteil war im beobachteten Unterrichtsarrangement nicht zu erkennen.

Den Lernenden wird entsprechend wenig interessen- bzw. bedürfnisgeleitetes Lernen ermöglicht, sodass so u.a. Krapp (2005, S. 639) mit der Befriedigung individuell unterschiedlicher psychologischer Grundbedürfnisse (basic needs) eine zentrale Voraussetzung für erfolgreiches Lernen wenig Berücksichtigung findet.

Es liegt an dieser Stelle folglich nahe, die Vignette und ihre Lesarten vor dem Hintergrund des Verhältnisses von Abhängigkeit und Autonomie im Lernprozess zu diskutieren: Die Vignette beschreibt die Lernenden in einem Abhängigkeitsverhältnis zu einer feststehenden Aufgabe und dem zu bearbeitenden Inhaltsbereich. Ob vorab die Möglichkeit bestand, selbstständig ein Thema für die eigene Präsentation auszuwählen oder eine Gruppe eher in Form einer Interessens- als nur einer Arbeitsgemeinschaft zu bilden, konnte nicht beobachtet werden (s. Lesart Kruse). Die lehrgangsartig gebündelten Informationen auf der einen sowie die bezogen auf das Lerntempo jeweils homogen erscheinenden Gruppen auf der anderen Seite, lassen jedoch vorgelagerte Wahlmöglichkeiten eher unwahrscheinlich erscheinen. Auch wird die Relevanz von Informationen in Form von Leitbegriffen (Lage, Funktion, Aufgabe, Aussehen, Besonderheiten) vorab festgelegt, wodurch die Aufgabe große Teile des eingangs genannten Erkennens und Erschließens von Informationen vorwegnimmt. Das Verstehen der vorgegebenen Texte und Videos sowie das eigenständige Erarbeiten rücken dadurch in den Vordergrund. Eben diese Anforderungsbereiche überfordern die Schüler offenkundig. Die in der Lesart Kruse angedeuteten, lesedidaktischen Überlegungen zum Anforderungsniveau der Texte und Videos sowie zum lesebezogenen Selbstkonzept werfen diesbezüglich die Frage auf, inwiefern die vorstrukturierten methodischen Elemente hier adaptiv im Sinne einer Berücksichtigung der Fähigkeiten, Potenziale und Bedürfnisse der Lernenden gesetzt wurden (vgl. Simon, 2015).

Die Interaktion der Schülergruppe mit dem Schulbegleiter Julius potenziert den Fokus auf das Verhältnis von Abhängigkeit und Autonomie im Lernprozess. Dem Beobachter entstand der Eindruck, dass die in der Lesart Laubenstein angeführte »Rollenklarheit« und Transparenz der Rollenverteilung für den Schulbegleiter Schwierigkeiten birgt. Es fehlte, so der Eindruck, an einer Strategie und einem Ziel für die Intervention oder Aktivierung. Ohne diese kann auch in reflexiver Auseinandersetzung nicht klar werden, unter welchen Voraussetzungen die Intervention als abgeschlossen betrachtet und Julius ggf. die Gruppe wieder verlassen kann. Die Intervention verfehlt so den Zweck den Kindern im Sinne des Scaffoldings, durch adaptiv eingesetzte aktivierende und strukturierende Maßnahmen, Autonomie zurückzugeben und Verantwortung für den eigenen Lernprozess (wieder) zu übertragen (van de Pol et al., 2010). Die Alternative Subjektivierung als Experte, die Rolle als Lern*begleiter* und die ursprüngliche Aufgabe werden dadurch ad absurdum geführt. In der Äußerung des Schulbegleiters zum Kopieren von Informationen aus dem Text zeigt sich dies besonders deutlich.

Über potenzielle Ursachen (z. B. Beziehungsarmut, s. Lesart Kruse) könnten hier lediglich Spekulationen angestellt werden.

Der folgende Abschnitt richtet das Augenmerk genauer auf Problemstellen und Potenziale in der Interaktion *zwischen* den Akteurinnen und Akteuren unter Berücksichtigung des Verhältnisses von *Offenheit* und *Struktur*.

Kindorientierung – zur adaptiven Gestaltung strukturierender und aktivierender Leistungen

Das Kind ist im Kontext jeden Unterrichts eine zentrale didaktische Kategorie (Fölling-Albers, 2015). Es kommt mit Bedürfnissen und Interessen, mit Vorstellungen und mehr oder weniger elaborierten Theorien über die Welt, die es umgibt, in die Schule. »Kinder haben, so die anthropologische Annahme, von Natur aus, den Antrieb, sich mit ihrer Lebenswelt auseinander zu setzen, ihr einen Sinn zu geben« (Fölling-Albers, 2015, S. 34). So muss davon ausgegangen werden, dass auch die Schülergruppe in der Vignette zunächst beabsichtigt, sich im Rahmen der vorgegebenen Aufgabe mit der Lunge zu befassen. Offenkundig wird dies etwa in der Anmeldung auf dem Padlet und dem Aufrufen von Materialien. Jedoch lässt die Auseinandersetzung früh erkennen, dass zwischen den angebotenen Informationen zu deren Überführung in ein Lernergebnis, etwa auf dem vorliegenden Arbeitsblatt, eine oder mehrere Barrieren bestehen (s. auch Lesart Laubenstein). Die Interaktion mit dem Schulbegleiter verweist dabei auf Barrieren sprachlicher, die Trennung am Ende der Gruppenarbeit auf Lernbarrieren interpersoneller Natur zwischen den Schülern. Ferner könnten die komplexe Struktur des Arbeitsauftrages, eine fehlende Zieltransparenz bezogen auf das Arbeitsergebnis und eine mangelnde Adaption der lernunterstützenden Maßnahmen des Lernbegleiters als weitere Lernbarrieren vermutet werden.

Insbesondere die Lesarten Laubenstein und Kruse nehmen die Interventionen des Lernbegleiters Julius und deren Wirkung oder eben Nicht-Wirkung auf das Lernen der Schülergruppe kritisch in den Blick. Dabei vereint beide Lesarten, dass sie nach dem suchen, was hier als konstruktivistischer Wendepunkt bezeichnet werden soll. Bei aller Öffnung von Sachunterricht im Zuge einer inklusiven Gestaltung und der vermehrten Forderung etwa nach Projektunterricht bedarf auch ein inklusiver Sachunterricht offenkundig strukturgebender Elemente (Schröer & Tenberge, 2022). In Bezugnahme auf Reich (2014) bilden in der methodischen Gestaltung solche (1) instruktiven Anteile nur einen Teil der Rahmung inklusiven Unterrichts neben weiteren Anteilen die sie als (2) Werkstätten, (3) Projekte und (4) Lernlandschaften bezeichnet (S. 315). Instruktive Anteile des Unterrichts, wie der Schulbegleiter Julius sie vornimmt, bedürfen entsprechend einer Ausrichtung auf die Übertragung von Verantwortung für den eigenen Lernprozess an die Lernenden, eine Rückkehr zur eigenständigen Konstruktion. Eben jene Ausrichtung lassen Julius' Interventionen kaum erkennen. Sie wirken auf den Beobachter, wie auch die Lesart Reis unter dem Stichwort »Verfahrenskonzentration« ausführt, einseitig auf die Fertigstellung eines Arbeitsergebnisses, z.B. auf das Ausfüllen des Steckbriefs ausgerichtet. So geben die einseitig instruktiv ausgerichteten Interventionen des Schulbegleiters (Mikroebene), die in Teilen auch in der Anlage der Unterrichtseinheit zu liegen scheinen (Makroebene), Anlass für eine reflexive Antizipation konstruktivistischer Alternativen, ergo konstruktivistischer Wendepunkte im Gesprächsverlauf und im Unterrichtsarrangement (für Beispiele s. Tab. 1).

Tab. 1: Konstruktivistische Alternativen zum Gesprächsverlauf auf Mikro- und Makroebene

Mikroebene	Makroebene
1. Inhaltlich strukturieren: »Zielsetzungen und Vorgehen transparent machen« (Kleickmann, 2012, S. 13) 2. »Einsatz verschiedener Repräsentationsformen« (Grewe & Möller, o. J., S. 3) 3. Kognitiv aktivieren: »Diskussion zwischen den Kindern anregen« (Kleickmann, 2012, S. 13)	1. Dem Unterricht vorgelagerte diagnostische Strategien mit dem Ziel einer Erhebung und Berücksichtigung von Vorläufervorstellungen und Interessen der Schülerinnen und Schüler (z. B. Schroeder & Miller, 2017; Simon, 2015) 2. ko-konstruktive Auswahl und Gestaltung adaptiver Strategien und Maßnahmen (Simon, 2015, S. 232) 3. Ausgehen von der Alltagssprache, um von dort zur Bildungs- und zur Fachsprache zu kommen. (Prediger & von Aufschnaiter, 2017, S. 301)

Methode, Sozialform und Verfahren im fortwährenden Konflikt

Gegenüber dem Unterrichtsinhalt, der in der Vignette wenig Berücksichtigung findet, stehen die Methode, Sozialform und das Verfahren deutlich im Vordergrund. Die Sozialform kann dabei unter Zugriff auf das Drei-Ebenen-Modell nach Kiper, Meyer und Topsch (2011) auf der Mesoebene der Gruppenarbeit zugerechnet werden. Die Methode untergliedert sich ausgehend von der Expertinnen- und Expertenarbeit auf der Mesoebene in die o.g. Methoden (Verstehen, Erschließen, Erkennen und Rekonstruieren von Informationen) auf der Mikroebene. Dabei findet sich, was m. E. die Konzentration und Stabilität des Verfahrens ausmacht, in der Vignette, wie auch im Rückblick auf die Beobachtung, keine genauere Differenzierung oder Elementarisierung des Verfahrens in Teilschritte. Das Ausfüllen des Steckbriefs konnte einen solchen Teilschritt im Sinne einer Strukturierung der Rekonstruktion von Informationen darstellen, jedoch lässt der Steckbrief, was auch auf die Offenheit der Gestaltung des Endproduktes verweist, keinerlei Verbindung zur zu erstellenden Präsentation erkennen. Auch scheinen die Lungenflügel, welche die Lehrerin auf den Tisch legt, kaum in Verbindung gebracht zu werden zu den weiteren medialen Repräsentationsformen. Der zentrale Widerspruch liegt zwischen der Stabilität des Verfahrens auf der einen und seiner fehlenden Transparenz auf der anderen Seite. Dem Schulbegleiter und der Lehrperson sind das Verfahren, mit dem man die vorliegende Menge an Informationen erfassen, zusammenfassen und strukturieren kann klar. Auch sind ihnen die Verbindungen zwischen den unterschiedlichen Repräsentationen bewusst. Sie werden jedoch nicht hinreichend differenziert oder exemplarisch verdeutlicht. Im Hinblick auf eine Elementarisierung des Verfahrens in übersichtliche Teilschritte auf der einen und eine adaptive Darstellung und Portionierung von Informationen auf der anderen Seite, liegt darin eine zentrale Leerstelle des Unterrichtsausschnitts. Deren Füllung hätte der Schülergruppe möglicherweise den anspruchsvollen Weg zum Experten erleichtern können.

Schluss und Offene Fragen

Die Vignette zeigt, so leitet die Lesart Reis ein, wie unschuldig und vermeintlich inklusiv ein methodisches Arrangement zunächst anmuten kann. Es überrascht den Autor der Vignette selbst rückblickend, wie wenig inklusive Anteile die eigene Beobachtung zu Tage fördern konnte. Es bleibt die Frage offen, inwiefern an einem solchen Beispiel inklusives Unterrichten gelehrt und gelernt werden kann. Es erscheint rückblickend anspruchsvoller denn je inklusive Unterrichtspraktiken teilnehmend zu beobachten, da diese im Falle gelingender Inklusion verborgener ablaufen. Hier können etwa die in der Lesart Laubenstein aufgerufenen Techniken der Klassenführung nach Kounin und ihre vertiefte Anwendung auf die Situation assoziiert werden. Zumindest insofern wirken das Zusammenspiel von Vignette und Lesarten auf den Autor sinnstiftend, als dass sie in der Schnittstelle zwischen Unterrichtspraxis und theoretischem Anspruch Fragen aufwerfen, die kritisch-konstruktive Auseinandersetzung anregen.

Auch wenn die Vignette eine Vielzahl an Unzulänglichkeiten aufwirft und betont, so erscheint sie dem Autor doch alltäglich und nicht exotisch. Als könnte sie sich mit all ihren zuvor unidentifizierten und auch hier vielleicht nicht vollständig aufgedeckten Schwierigkeiten ggf. sogar aufgrund der Popularität der Methode *Expertinnen- und Expertenarbeit* sogar vermehren. Die Schwierigkeit liegt dabei für den Autor nicht, wie in der Lesart Reis, bereits in der Markierung als Expertin oder Experte und auch nicht in fehlender Expertise. Sie liegt m. E. maßgeblich in der mangelnden Förderung eigener Interessen und positiver Selbstwirksamkeitserwartungen. Den Schülerinnen und Schülern, und zwar allen, das Gefühl zu geben sich für etwas zu interessieren und (wenn auch nur für einen kleinen Teilbereich) sie zur Expertin und zum Experten zu machen, ohne dabei die Sache aus dem Blick zu verlieren. »Die Menschen stärken, die Sachen klären!« (von Hentig, 1985)

Ein bedeutender Teil davon, Inklusion aus einer wissenschaftlichen, auf Erkenntnis ausgerichteten Perspektive zu verstehen, besteht für den Autor

1. darin, zu erkennen, an welchen Stellen Theorien und Modelle den Anschluss an pädagogische und fachdidaktische Praktiken verlieren, vermissen- oder vielleicht sogar auslassen. Wo diese Stellen liegen, dazu kann das vorliegende Bündel zur Diskussion anregen. Ein weiterer wichtiger Aspekt liegt
2. im Verständnis für und der Berücksichtigung von Schülerinnen- und Schülerbedürfnissen im Kontext von Fachunterricht. Auch für eine vertiefte Auseinandersetzung mit Strategien zur Antizipation der Beschaffenheit und möglichen Strategien zur Berücksichtigung von Lernbedürfnissen gibt das Bündel m. E. Anlass.

Literatur

Fölling-Albers, M. (2015). Kind als didaktische Kategorie. In J. Kahlert, M. Fölling-Albers, M. Götz, A. Hartinger, S. Miller & S. Wittkowske (Hrsg.), *Handbuch Didaktik des Sachunterrichts* (2., aktualisierte und erweiterte Auflage) (S. 31–35). Bad Heilbrunn: Klinkhardt.

GDSU (Hrsg.) (2013). *Perspektivrahmen Sachunterricht* (Vollständig überarbeitete und erweiterte Auflage). Bad Heilbrunn: Klinkhardt.

Gläser, E. (2013). »Und die Knochen machen, dass du dich bewegen kannst.« Schülervorstellungen zum menschlichen Stütz- und Bewegungsapparat und ihre Bedeutung für Lernprozesse im Sachunterricht. In S. Wittkowske & K. von Maltzahn (Hrsg.), *Lebenswirklichkeit und Sachunterricht: Erfahrungen – Ergebnisse – Entwicklungen* (S. 112–125). Bad Heilbrunn: Klinkhardt.

Grewe, O. & Möller, K. (o. J.). Analyseschwerpunkt Sprachsensible Lernunterstützung. *Pro-Vision – WWU Münster*

von Hentig, H. (1985). *Die Menschen stärken, die Sachen klären: ein Plädoyer für die Wiederherstellung der Aufklärung* (Reclams Universal-Bibliothek) (Bibliografisch ergänzte Auflage 2003, [Nachdruck].). Stuttgart: Reclam.

Kahlert, J. (2016). *Der Sachunterricht und seine Didaktik* (4., aktualisierte Auflage). Bad Heilbrunn: Klinkhardt.

Kiper, H., Meyer, H. & Topsch, W. (2011). *Einführung in die Schulpädagogik* (4. Auflage). Berlin: Cornelsen Scriptor.

Kleickmann, T. (2012). Kognitiv aktivieren und inhaltlich strukturieren im naturwissenschaftlichen Sachunterricht. *SINUS an Grundschulen.*

Krapp, A. (2005). Das Konzept der grundlegenden psychologischen Bedürfnisse: Ein Erklärungsansatz für die positiven Effekte von Wohlbefinden und intrinsischer Motivation im Lehr-Lerngeschehen. *Zeitschrift für Pädagogik*, 51 (5), 626–641.

Kucharz, D. (2015). Inklusiver Sachunterricht. In I. Schnell & C. Huf (Hrsg.), *Inklusive Bildung in Kita und Grundschule* (S. 221–236). Stuttgart: Kohlhammer.

van de Pol, J., Volman, M. & Beishuizen, J. (2010). Scaffolding in Teacher–Student Interaction: A Decade of Research. *Educational Psychology Review*, 22 (3), 271–296.

Prediger, S. & von Aufschnaiter, C. (2017). Umgang mit heterogenen Lernvoraussetzungen aus fachdidaktischer Perspektive: Fachspezifische Anforderungs- und Lernstufungen berücksichtigen. In T. Bohl, J. Budde & M. Rieger-Ladich (Hrsg.), *Umgang mit Heterogenität in Schule und Unterricht: Grundlagentheoretische Beiträge, empirische Befunde und didaktische Reflexionen* (S. 291–307). Bad Heilbrunn: Klinkhardt.

Reich, K. (2014). *Inklusive Didaktik: Bausteine für eine inklusive Schule* (Inklusive Pädagogik). Weinheim u. a.: Beltz.

Schönknecht, G. (2015). Expertinnen und Experten. In J. Kahlert, M. Fölling-Albers, M. Götz, A. Hartinger, S. Miller & S. Wittkowske (Hrsg.), *Handbuch Didaktik des Sachunterrichts* (Band 8621) (S. 480–485). Bad Heilbrunn: Klinkhardt.

Schroeder, R. & Miller, S. (2017). Sachunterrichtsdidaktik und Inklusion. In F. Hellmich & E. Blumberg (Hrsg.), *Inklusiver Unterricht in der Grundschule* (S. 231–247). Stuttgart: Kohlhammer.

Schröer, F. & Tenberge, C. (2022). Sachunterricht – Theorien und Konzeptionen inklusiven Sachunterrichts. In T. Dexel (Hrsg.), *Theorien und Konzepte inklusiver (Fach-)Didaktik in der Primarstufe – Ein Lehrbuch* (S. 158–185). Münster, New York: Waxmann.

Simon, T. (2015). Adaption – woran und wofür? Adaption als Kerngeschäft inklusionsorientierter Sachunterrichtsdidaktik. In K. Liebers, B. Landwehr, A. Marquardt & K. Schlotter (Hrsg.), *Lernprozessbegleitung und adaptives Lernen in der Grundschule: Forschungsbezogene Beiträge* (S. 229–234). Wiesbaden: Springer.

7 Lesartenbündel zur Vignette »Zielgleich und zieldifferent«

7.1 Vignette aus dem Mathematikunterricht »Zielgleich und zieldifferent«

Désirée Laubenstein

Montagmittag, 12:05 Uhr, Mathematikunterricht in der 6. Klasse. Das Thema dieser Stunde ist die Wiederholung der Multiplikation von Dezimalzahlen anhand von Sachaufgaben. 21 Schülerinnen und Schüler (10 Schülerinnen und 11 Schüler) sind anwesend. Ihre Tische stehen jeweils abgerückt voneinander zur Einhaltung der Abstands- und Hygienemaßnahmen. Alle tragen eine Mund-Nasen-Bedeckung. Sechs Schülerinnen und Schüler fehlen aufgrund eines Coronafalls in der Klasse.

Das Lehrerteam trifft nach dem Gong zum Unterrichtsbeginn nacheinander ein. Die Integrationskraft von Amun ist bereits da und setzt sich neben den Schüler. Auf das ›Leisezeichen‹ der Lehrkraft (eines erhobenen Arms und des Zeigefingers der anderen Hand am Mund als Geste der Stille) und die Nachahmung durch die Schülerinnen und Schüler, wird es ruhig im Klassenraum. Die Stunde beginnt.

Die Lehrkräfte agieren nach dem Prinzip ›one teach, one observe‹. Die Rituale, die Unterrichtsorganisation und der Ablauf scheinen allen Beteiligten vertraut zu sein. Die Atmosphäre ist erwartungsvoll und aufmerksam.

Zunächst wird der Rechenweg der schriftlichen Multiplikation an der Tafel wiederholt.

20 Augenpaare richten sich nach vorne an die Tafel. Der Lehrer stellt eine Aufgabe: 12,75 x 10 und fragt: »Was ist zu tun?«. Viele Schülerinnen und Schüler melden sich. Ahmet stöhnt und sagt: »Ich schaff' das nicht.« Der Lehrer ermutigt: »Du schaffst das!« Während sich ein Unterrichtsgespräch entwickelt, in dem die Schülerinnen und Schüler, die sich melden und aufgerufen werden, ihre Lösungsvorschläge und Rechenwege erläutern und Nachfragen stellen, schweift der Blick von Seda ab. Sie schaut kaum zur Tafel. Ihr Kopf ist leicht gesenkt. Immer wieder spielt sie mit ihrem Handy auf dem Tisch, mit ihrer Federmappe oder einem Blatt Papier, streicht sich durchs Haar, zieht die Ärmel ihres Pullovers herunter, betrachtet ihre verschlungenen Finger. Schülerinnen und Schüler, denen der Rechenweg noch nicht verständlich ist, fragen nach; der Lehrer erläutert und demonstriert geduldig an der Tafel. Wortbeiträge werden mit kurzen Kommentaren gelobt: »Prima.«, »Super.«, Gut zusammengefasst.«; weitere

Schülerinnen und Schüler zu Beiträgen motiviert: »Das wissen mehr von Euch. Da kann ich mehr Hände sehen.« Seda zieht sich aus dem Unterrichtsgeschehen raus, ihr Blick bleibt nach unten gerichtet. Während ein Arbeitsblatt mit Sachaufgaben ausgeteilt wird und sich der Blick der Schülerinnen und Schüler auf das vor ihnen liegende Arbeitsblatt richtet, spielt sie mit einer Strähne ihres Haares. Auf dem Arbeitsblatt sind in zwei Spalten Lebensmittel mit unterschiedlichen Preisen aufgelistet. So kostet der Apfel in dem einen Supermarkt 0,52 €, in dem anderen 0,45 €, die Packung Milch in dem einen 0,99 €, in dem anderen 1,21 €. Die Schülerinnen und Schüler sollen nach einem Blick auf die Preise zunächst einschätzen: »In welchem Supermarkt würdet Ihr einkaufen?« und fangen an zu spekulieren, welcher Supermarkt günstiger ist. Die meisten Schülerinnen und Schüler beteiligen sich rege durch Wortbeiträge; Seda bleibt stumm und spielt mit ihrem Haargummi.

In der sich anschließenden Arbeitsphase in Einzelarbeit, in der die Schülerinnen und Schüler eine Einkaufsliste ausrechnen sollen, wird überwiegend konzentriert gearbeitet. Einige Schülerinnen und Schüler diskutieren leise miteinander. Armin, Noah und Julius vergleichen ihre Ergebnisse, andere bearbeiten die Aufgabe still allein. Amun diskutiert seine Rechnung mit der Integrationskraft. Ahmet scheint zunächst sehr motiviert, rutscht dann jedoch auf seinem Stuhl hin und her. Er gähnt, streckt sich, spielt mit seiner Mund-Nasen-Bedeckung, lehnt sich zurück, beobachtet die Klasse, stützt seinen Kopf mit der linken Hand ab und starrt auf sein Arbeitsblatt. Nach wenigen Minuten geht er nach vorn und bittet die Lehrkraft die Klasse kurz verlassen zu dürfen. Kerem steht ebenfalls auf, geht nach vorn, informiert den Lehrer und verlässt die Klasse. Kurze Zeit später kommt er mit einer gefüllten Wasserflasche zurück.

Eine Lehrkraft geht zu Seda, kniet sich neben ihren Tisch und bespricht mit ihr ihre Aufgaben. Seda fängt an zu arbeiten. Die Lehrkräfte gehen von Schülerin und Schüler zu Schülerin und Schüler durch die Klasse, unterstützen, beantworten Fragen, rechnen gemeinsam und wenden sich den Schülerinnen und Schülern zu, die explizit um Hilfe bitten. Gelegentlich hört man ein Lob: »Habt Ihr fantastisch gemacht.« Seda unterbricht ihre Rechnungen. Der Lehrer geht zu ihr und bespricht die weiteren Aufgaben. Seda arbeitet weiter. Die Integrationskraft rechnet zusammen mit Amun die Aufgabe, präsentiert sein Ergebnis und fragt ihn, ob das stimmt.

Amun geht kurz nach draußen. Auch Lili verlässt die Klasse. Beide kommen kurz darauf zurück. Nach gut 10 Minuten kommt auch Ahmet wieder in die Klasse, geht zu seinem Platz, legt zunächst seinen Kopf auf den Tisch, stützt ihn dann mit der Hand ab, lehnt sich an die Wand und starrt auf sein Arbeitsblatt. Währenddessen diskutiert die Gruppe der drei Jungen (Armin, Noah und Julius) ihre Ergebnisse. Da diese nicht identisch ausfallen, versuchen sie sich gegenseitig von der Richtigkeit ihrer jeweiligen Rechnung zu überzeugen: »Nee, das stimmt nicht, guck mal, das musst Du so rechnen.«

Die Arbeitsphase ist beendet. Die Teamkooperation der Lehrkräfte erfolgt bei der anschließenden Ergebnispräsentation gleichberechtigt. Die meisten Schülerinnen und Schüler sind motiviert, ihr Ergebnis zu präsentieren und ihren Rechenweg zu erläutern. Ahmet melde sich und präsentiert ein falsches Ergebnis. Seda starrt währenddessen auf ihre Finger, blättert in ihren Unterlagen auf dem Tisch, streicht ihr Haar zurück und legt ihre Blätter in die Mappe.

7.2 Eine Lesart mit Überlegungen zum Umgang mit Lernunsicherheiten

Katharina J. Rohlfing

Situationsauslegung

In der Vignette wird eine Stunde des Mathematikunterrichts zum Thema Multiplikation von Dezimalzahlen beschrieben. Diese findet offensichtlich in Zeiten der Coronapandemie statt, da alle Kinder Mund-Nasen-Bedeckung tragen. In der Beschreibung gibt es zwei Fokusse: Zum einen, etwas herausgezoomt, der Klassenverbund oder eine Gruppe von Kindern, in der Ereignisse stattfinden, die mit Unterrichtszielen übereinstimmen; zum anderen, etwas hineingezoomt, Ereignisse, an denen Einzelpersonen wie Amun, Ahmet und Seda teilnehmen, die offenbar von Unterrichtszielen abweichen. Bei Amun wird die Begleitung einer Integrationskraft angesprochen, die am Unterricht teilnimmt. Die spontane Reaktion der Überforderung von Ahmet lässt vermuten, dass er ein »schwacher« Schüler ist, der sich jedoch an den Ereignissen im Klassenverbund beteiligt. Die Beschreibung von Seda weist darauf hin, dass sie sich nicht für die Inhalte interessiert und stattdessen ihre Beschäftigung mit anderen Gegenständen sucht (Handy, Federmappe, Blatt Papier oder ihre Haare). Die fokussierte Beschreibung stellt die Einzelpersonen wie Amun, Ahmet und Seda im Kontrast zu anderen Schülerinnen und Schülern dar, die genau wissen, was ihre Aufgabe ist und was für eine Rolle sie einnehmen können und sollen. Beispielweise fragen Schülerinnen und Schüler, *»denen der Rechenweg noch nicht verständlich ist«*, nach, woraufhin sie eine Erläuterung und geduldige Demonstration an der Tafel bekommen.

Die interpretative Lesart zur Vignette

Metakognitive Kompetenzen

Dieser Kontrast erscheint für die Vignette essenziel: Das Beispiel des Nachfragens nach dem Rechenweg, der noch nicht verständlich ist, weist bei den Kindern, die im Einklang mit den Unterrichtszielen beschrieben werden, auf eine bestimmte Kompetenz hin, die sie von den Einzelfällen unterscheidet: Sie bezieht sich auf die Identifikation der eigenen Wissenslücke, d. h. zu wissen, was man nicht weiß. Vor dem Hintergrund der existierenden entwicklungspsychologischen Studien handelt es sich dabei um eine Kompetenz, die jüngere Kinder von sich aus nicht aufbringen können. Denn im Gegensatz zu älteren Kindern im Alter von acht Jahren, können jüngere Kinder die eigene Wissenslücke nicht identifizieren, nicht einmal, wenn sie gerade neue Inhalte erfahren haben (Mills & Keil, 2004). Auch profitieren sie nicht unmittelbar von Methoden, mit denen sich ältere Kinder ihrer Wissenslücke bewusst werden (Aguiar, Stoess & Taylor, 2012). Für einen Klassenverbund bedeuten die Befunde, dass Lehrkräfte in einer Grundschule mit Kindern rechnen müssen, die keine Fragen formulieren können, da ihnen ihre Wissenslücke nicht bewusst ist. Dass es sich dabei nicht »nur« um den Mangel an Fragen handelt, verdeutlicht eine aktuelle Studie, die das Formulieren von lernbezogenen Fragen mit der Fähigkeit der Kinder zusammenbringt, sowohl effektive Fragen zu erkennen als auch sich für Inhalte zu interessieren (Jirout & Klahr, 2020). Es wäre wichtig, Lehrerinnen und Lehrer an dieser Stelle Wege aufzuzeigen, wie sie Kinder zu den Inhalten bewegen können, ohne auf ihre Initiative zählen zu können. In der Vignette wird dieser Weg erst in der weiteren Phase des Unterrichts möglich, in der es um Einzelarbeit geht:

In der Interaktion die Wissenslücken aufdecken

»Eine Lehrkraft geht zu Seda, kniet sich neben ihren Tisch und bespricht mit ihr ihre Aufgaben. Seda fängt an zu arbeiten. Die Lehrkräfte gehen von Schülerin und Schüler zu Schülerin und Schüler durch die Klasse, unterstützen, beantworten Fragen, rechnen gemeinsam und wenden sich den Schülerinnen und Schülern zu, die explizit um Hilfe bitten. Gelegentlich hört man ein Lob: ›Habt Ihr fantastisch gemacht.‹ Seda unterbricht ihre Rechnungen. Der Lehrer geht zu ihr und bespricht die weiteren Aufgaben. Seda arbeitet weiter.«

Diese Passage verdeutlicht, dass eine direkte dialogische Interaktion vonnöten ist, um Seda auf einen Arbeitspfad zu bringen und auch dafür zu sorgen, dass sie ihn weitergeht als Seda ihre Rechnungen unterbricht. Zwar ist hervorzuheben, dass die Lehrkraft hier dieses Bedürfnis von Seda erkennt und dialogisch handelt (z. B. Conti, 2019), jedoch für die zukünftige Leistung von Seda die Anwendung einer Methode sinnvoll wäre, die ihr einerseits diesen dialogischen Einstieg ermöglicht, aus dem sie jedoch erfährt, wie sie sich in einer Gruppe – ohne direkte Ansprache und den dialogischen Zugzwang einer beispielsweise direkten Frage oder Aufforderung – einbringen kann.

Zusammenführung

Dementsprechend könnte es sinnvoll sein, mit allen Kindern im Klassenverbund eine Strategie zu erarbeiten, mit der sie ein bewusstes kognitives »Monitoring« des eigenen Wissens und eigener Lösungsstrategien betreiben könnten, ohne sozialen Druck fürchten zu müssen. Mit kognitivem »Monitoring« wird eine metakognitive Operation bezeichnet (Flavell, 1979), sich selbst zu reflektieren. Diese Operation wird diskutiert als prädiktive Fähigkeit für den Lernerfolg sowohl der Erwachsenen als auch der Schulkinder (Veenman, Van Hout-Wolters & Afflerbach, 2006). Eine experimentelle Studie zeigte, dass diese metakognitive Operation sich bei 20 Monate alten Säuglingen trainieren lässt (Goupil et al., 2016), was die Einübung eines bewussten kognitiven »Monitoring« des eigenen Wissens und eigener Lösungsstrategien bei Schulkindern denkbar macht.

Die Vignette endet mit einem ähnlichen Kontrast, wie am Anfang aufgezeigt wurde: Im Klassenverbund gibt es Kinder, die nach der Mathematikstunde in ihrem Lernfortschritt weitergekommen sind. Es gibt aber auch Kinder (wie Ahmet oder Seda), die in ihrem Zustand (Lernunsicherheit bei Ahmet oder Lerndesinteresse bei Seda) zurückbleiben, ohne dass dieser von einer Lehrkraft zum Schluss aufgegriffen wird. Die Fähigkeit zu haben, diesen Zustand aus eigener Kraft und durch das Monitoring zu thematisieren, wäre ein Mittel, um Zielgleichheit oder -differenz im inklusiven Unterricht aufzudecken und darauf einzugehen.

Literatur

Aguiar, N. R., Stoess, C. J. & Taylor, M. (2012). The development of children's ability to fill the gaps in their knowledge by consulting experts. *Child Development*, 83 (4), 1368–1381.

Conti, L. (2019). Schule wandeln, dialogisch handeln. Das Aktionsforschungsprojekt SHARMED. *QfI- Qualifizierung für Inklusion*, 1 (1), 1–18.

Flavell, J. H. (1979). Metacognition and cognitive monitoring: A new area of cognitive–developmental inquiry. *American Psychologist*, 34 (10), 906–911.

Goupil, L., Romand-Monnier, M. & Kouider, S. (2016). *Infants ask for help when they know they don't know. Proceedings of the National Academy of Sciences*, 113 (13), 3492–3496.

Jirout, J., & Klahr, D. (2020). Questions–and some answers–about young children's questions. *Journal of Cognition and Development*, 21 (5), 729–753.

Mills, C. M., & Keil, F. C. (2004). Knowledge the limits of one's understanding: The development of an aware- ness of an illusion of explanatory depth. *Journal of Experimental Child Psychology*, 87 (1), 1–32.

Veenman M., Van Hout-Wolters, B., & Afflerbach, P. (2006). Metacognition and learning: Conceptual and methodological considerations. *Metacognition and Learning*, 1 (1), 3–14.

7.3 Eine Lesart aus der Perspektive inklusiver Mathematikdidaktik

Uta Häsel-Weide

Die Vignette beschreibt eine Mathematikstunde, wobei der Fokus der Betrachterin zwischen der Kooperation der Lehrkräfte, den inhaltlichen Aufträgen und den Tätigkeiten einzelner Schülerinnen und Schüler hin und her springt. Prägend an der Vignette ist dieses Wechselspiel, das Sprunghafte und das damit von der Vignettenschreiberin als wichtig markierte.

Kalkül statt inhaltlichem Denken

Die Vignette beginnt mit einer inhaltlichen Verortung. Wir befinden uns im Mathematikunterricht. Auch das Thema der Stunde »Wiederholung der Multiplikation von Dezimalzahlen anhand von Sachaufgaben« ist notiert.

»Der Rechenweg der schriftlichen Multiplikation wird an der Tafel wiederholt«, so die Vignette. Dazu wird die Aufgabe 12,75 · 10 berechnet. Schriftlich? Wirklich?, fragt sich die Mathematikdidaktikerin in mir und regt sich auf. Wieso sollte diese Aufgabe schriftlich gerechnet werden? Hier geht es um ein Verständnis des Stellenwertsystems, die Vervielfachung mit der Basis 10. Eine Multiplikation mit zehn ist schriftlich deutlich schwieriger als im Kopf und keinesfalls der Rechenweg, der mathematikdidaktisch zu empfehlen wäre. Wichtig wäre bei der Aufgabe darauf zu schauen, welches Verständnis von Dezimalzahlen die Kinder haben, die kritische Stelle »Stellenwertverständnis« zu beachten (Mosandl & Sprenger, 2017; Häsel-Weide & Schöttler, 2021). Unproblematisch scheint es dann auch nicht zu sein, mehrere Schülerinnen und Schüler fragen nach und Seda schaltet ab. Differenzierung scheint nicht vorgesehen, alle Lernenden bekommen die gleichen Arbeitsblätter und rechnen aus. Die Preise sollen zuerst geschätzt, dann ausgerechnet werden. Dabei ist kein Schätzen auf der Basis von Stützpunktvorstellung erforderlich, sondern überschlagenes Rechnen (Hunke, 2012). Allerdings auch nur um anschließend den genauen Preis auszurechnen. Fachdidaktisch fragwürdig. Die Preisangaben »Preis pro Stück bei Äpfeln« sind alltagsfern, der Arbeitsauftrag insgesamt hat auch mit der Lebenswelt von Jugendlichen in Klasse 6 wenig zu tun. Als ob die Entscheidung über die Wahl des Supermarktes von einer Ersparnis von wenigen Cents abhinge. Im Einsatz scheinen hier eingekleidete Aufgaben, mit denen Alltags- und Lebensnähe suggeriert, aber bei genauerem Hinsehen nicht gegeben sind, sondern die zu übende Rechenoperation in einen Kontext gekleidet wird (Franke & Ruwisch, 2010; Häsel-Weide, 2020).

Die Schülerinnen und Schüler arbeiten in Einzelarbeit, allen scheint das gleiche Arbeitsblatt vorzuliegen. Zielgleicher Unterricht mit Fokus auf Produkte, die sich in richtigen Ergebnissen ausdrücken und die in einer frontalen Sicherung präsentiert werden. Die Lernenden nennen das Ergebnis, das als richtig oder falsch gewertet wird, und scheinen dazu ihren Rechenweg zu erläutern. Worin dieser besteht, inwiefern verschiedene Wege diskutiert, typische Fehler thematisiert werden, wird nicht berichtet. Auch die überschlagende Rechnung wird in der Vignette nicht wieder erwähnt.

Mathematikdidaktisch scheint also das Kalkül im Vordergrund zu stehen (Prediger, 2009), es wird auf der symbolischen Ebene in Einzelarbeit geübt und dabei auf lebensferne Textaufgaben zurückgegriffen. Guter Mathematikunterricht verfolgt andere Prinzipien und Leitideen, inklusiver erst recht (Häsel-Weide & Nührenbörger, 2017), oder sehe ich die Orientierung an vielfältigen Kompetenzen, Vorgehensweisen, Lösungswegen, Interessen nur nicht?

Doing difference

Einzelne Lernende lernen wir in der Vignette besser kennen, sie werden namentlich erwähnt, der Blick fällt immer wieder auf sie zurück. Ahmed und Seda sind zwei von ihnen. Sie haben Schwierigkeiten, Ahmed stöhnt, Seda zieht sich heraus. Die Vignette beschreibt ihr Verhalten anhand körperlicher Ausdrucksformen – stöhnen, mit dem Handy spielen. Wer wird noch betrachtet? Anun mit seiner Integrationskraft, Lilli und Kerem, die die Klasse verlassen, und Armin, Noah und Julius, die in der Einzelarbeitsphase diskutieren. Die Vignette hebt diese Jugendlichen aus der Gruppe heraus und macht sie zu etwas Besonderem. Das Besondere ist die Abweichung – sie haben Schwierigkeiten, arbeiten nicht, entziehen sich dem Unterricht auf unterschiedliche Weise. Die Vignette beschreibt ihr Verhalten durch Ausdrücke von Langeweile, Desinteresse oder Inkompetenz (Kopf auf den Tisch legen, mit Handy spielen, den Blick schweifen lassen, falsche Ergebnisse präsentieren). Nicht personalisiert werden die Erfolgreichen, Unauffälligen, Leisen. Sie verschwinden in der Gruppe als »die meisten Schülerinnen und Schüler«, die motiviert sind, oder werden passiv erwähnt, da ein Lob der Lehrkraft zu hören ist. Die Adressaten des Lobs werden in der Vignette nicht fokussiert. Markiert werden also Abweichungen, abweichendes Verhalten von der Unterrichtsnorm oder -erwartung (Lindmeier, 2019).

Was zeigt die Vignette? Was löst sie in mir aus? Sie lässt mich verärgert zurück. Verärgert über den eingefangenen Mathematikunterricht, in dem ich so wenig Grundzüge inklusiven Mathematikunterrichts erkenne. Verärgert über die für mich rudimentären und fehlenden Informationen zu Rechenwegen, Fragen der Lernenden und fachlichen Diskursen. Im inklusiven Mathematikunterricht ist die fachliche Partizipation für mathematisches Lernen entscheidend: das inhaltliche Teilen von Ideen, Vorgehensweisen, die Übernahme von inhaltlicher Verantwortung (Schöttler, 2019; Hähn, 2021). Das geht nur, wenn dem auch Aufmerksamkeit geschenkt wird. Doch die Vignette gibt mir keine Antworten, sondern bleibt auf der Ebene des körperlich Sichtbaren, beschreibt gähnen, strecken, zurücklehnen, schenkt dem Füllen der Wasserflasche mehr Aufmerksamkeit als der Aufgabe, bei der Ahmet unterbricht, oder den Fragen, die gestellt, den Diskussionen, die geführt werden. »Eine Vignette beschreibt nicht, behauptet nicht, sie zeigt« (Schratz et al., 2012, S. 35). Ja, aber manchmal zeigt sie nicht, was man sehen will.

Literatur

Franke, M. & Ruwisch, S. (2010). *Didaktik des Sachrechnens in der Grundschule.* Heidelberg: Spektrum.

Hähn, K. (2021). *Partizipation im inklusiven Mathematikunterricht. Analyse gemeinsamer Lernsituationen in geometrischen Lernumgebungen.* Wiesbaden: Springer.

Häsel-Weide, U. (2020). Sachrechnen. In U. Heimlich & F. B. Wember (Hrsg.), *Didaktik des Unterrichts bei Lernschwierigkeiten. Ein Handbuch für Studium und Praxis* (4., aktualisierte Auflage) (S. 303–318). Stuttgart: Kohlhammer.

Häsel-Weide, U. & Nührenbörger, M. (2017). Grundzüge des inklusiven Mathematikunterrichts. Mit allen Kindern rechnen. In U. Häsel-Weide & M. Nührenbörger (Hrsg.), *Ge-*

meinsam Mathematik lernen – mit allen Kindern rechnen (S. 8–21). Frankfurt a. M.: Grundschulverband e.V.
Häsel-Weide, U. & Schöttler, C. (2021). Das Dezimalsystem verstehen – Bedeutung, Erkenntnisse, Anregungen. *Zeitschrift für Mathematikdidaktik in Forschung und Praxis, 2 (2)*, 1–38.
Hunke, S. (2012) *Überschlagsrechnen in der Grundschule. Lösungsverhalten von Kindern bei direkten und indirekten Überschlagsfragen.* Wiesbaden: Springer.
Mosandl, C. & Sprenger, L. (2017). Ausbau des Zahlverständnisses bei großen Zahlen und Stellenwerten. In U. Häsel-Weide & M. Nührenbörger (Hrsg.), *Gemeinsam Mathematik lernen – Mit allen Kindern rechnen* (S. 143–152). Frankfurt a. M.: Grundschulverband e. V.
Lindmeier, C. (2019). *Differenz, Inklusion, Nicht/Behinderung. Grundlinien einer diversitätsbewussten Pädagogik.* Stuttgart: Kohlhammer.
Prediger, S. (2009). Inhaltliches Denken vor Kalkül – Ein didaktisches Prinzip zur Vorbeugung und Förderung bei Rechenschwierigkeiten. In A. Fritz & S. Schmidt (Hrsg.), *Fördernder Mathematikunterricht in der Sekundarstufe* (S. 213–234). Weinheim: Beltz.
Schöttler, C. (2019). *Deutung dezimaler Beziehungen. Epistemologische und partizipatorische Analysen von dyadischen Interaktionen im inklusiven Mathematikunterricht.* Wiesbaden: Springer.
Schratz, M., Schwarz, J. F., Westfall-Greiter, T., Meyer-Drawe, K., Rumpf, H., Tomlinson, C. A. u. a. (2012). *Lernen als bildende Erfahrung. Vignetten in der Praxisforschung.* Innsbruck: Studien-Verlag.

7.4 Eine Lesart unter Berücksichtigung Gewaltfreier Kommunikation

Katharina Kammeyer

In der beschriebenen Stunde bearbeiten 21 Sechstklässlerinnen und Sechstklässler mittags ab 12.05 Uhr im Klassenraum Multiplikationsaufgaben. Die räumlichen Konstellationen fallen hierbei insbesondere ins Auge: Die Mehrheit der Klasse ist, in Coronazeiten bedeutsam, zusammen vor Ort. Eine räumliche Trennung besteht zu sechs Schülerinnen und Schülern, die aufgrund eines Coronafalles nicht anwesend sind. Räumliche Vereinzelung innerhalb der Gruppe der Anwesenden findet statt durch auseinander gerückte Tische. Ausgehend von dieser Einzelsitzanordnung ergeben sich jedoch Kooperationen: unter den Schülerinnen und Schülern bzw. zwischen den Lehrkräften, der Integrationskraft und einzelnen Lernenden, die insgesamt unterschiedlich lange an den für alle gleichen Matheaufgaben arbeiten. Zeitweise treten einzelne Schülerinnen und Schüler aus unterschiedlichen Gründen aus diesen Kooperationen heraus. Es ergibt sich das in der Überschrift der Vignette benannte Verhältnis von Gleichheit und Differenz. Über die Lernwege und -ziele hinaus betrifft dies m. E. auch die damit verbundene Berücksichtigung von Grundbedürfnissen der Beteiligten. Insgesamt werden hier vorgenommene Differenzierungspraktiken und Bezüge auf Gemeinsames von den Beteiligten nicht infrage gestellt oder unterbrochen, vielmehr zeigen sich verschiedene, in der hier vorgenommenen Interpretation als günstig bezeichnete Passungen.

Die Gruppe und Einzelne – Einzelarbeit und Kooperationen

Auf den ersten Blick verläuft der Unterricht unspektakulär: Das Leisezeichen wirkt, so dass der Unterricht beginnen kann. Alle weiteren Organisationsformen kommen ebenso zu einer vertrauten Wirkung, so dass Aufmerksamkeit und Motivation die Haltung der beteiligten Schülerinnen und Schüler prägen und sich auf ein Voranschreiten des Arbeitsprozesses auswirken. *Die Unterschiedlichkeit dieser Beteiligungsformen vor dem Hintergrund gemeinsamer Bedürfnisse ist Thema der Vignette,* die den Blick auf einzelne Kinder lenkt:

Zu Beginn des Unterrichts wird den vielen, die sich auf die Frage der Lehrkraft hin im Plenum melden, als Einzelner zunächst Ahmet gegenübergestellt, der die Sorge äußert, dass er die Lösungssuche nicht schaffen werde. Gegenüber den 20 Augenpaaren, die nach vorn schauen, folgt die Perspektive der Vignette sodann Seda und ihrem Blick, der auf ihr Spiel mit Dingen in ihrer Hand abschweift. Die aktive Teilnahme der Mehrheit einschließlich Ahmets am Unterrichtsgespräch bewirkt Erläuterungen der Lehrkraft sowie Lob und motivierende und ermutigende Ansprache. Das Schweigen und Spiel Sedas bewirken, dass sie sich »*aus dem Unterrichtsgeschehen raus*« zieht, so auch in der nächsten Arbeitsphase, in der wiederum die aktive spekulierende Lösungssuche durch die Mehrzahl der Lernenden Sedas Schweigen und Spiel gegenübergestellt werden.

In der folgenden, »*überwiegend konzentriert*« ablaufenden »*Einzelarbeitsphase*« werden nun diejenigen besonders beschrieben, die gerade nicht allein arbeiten: Armin, Noah und Julius arbeiten trotz abgerückter Tische miteinander. Amun arbeitet mit der Integrationskraft. Die zwei Lehrkräfte gehen unterstützend auf alle Schülerinnen und Schüler zu, stehen bei Fragen zur Verfügung und motivieren. Solche individuelle Ansprache führt Seda dazu, dass auch sie zu arbeiten beginnt und nach einer Unterbrechung ihrer Rechnungen durch einen weiteren Kontakt mit der Lehrperson nochmals weiterarbeitet.

Die Vignette hebt in dieser Arbeitsphase Grundbedürfnisse, die sich in Handlungen auswirken, hervor: Ahmet bedarf Bewegung, frischer Luft, Spiel und einer Arbeitspause. Kerem möchte sein Bedürfnis nach Trinken stillen. Beide wenden sich an eine Lehrkraft und erbitten die Erlaubnis, die Klasse verlassen zu dürfen. Die Bitte wirkt: Sie dürfen sich aus der Einzelarbeitsphase herausziehen, verlassen den Raum und kommen kurz darauf zurück. Amun und Lili schließen sich an. Als Ahmet zurückkommt, steigt er nicht wieder in den Arbeitsprozess ein, sondern legt seinen Kopf auf den Tisch, dann in seine Hand und starrt an die Wand. Zeitgleich diskutieren Armin, Noah und Julius ihre unterschiedlichen Ergebnisse und den richtigen Rechenweg. Zieldifferenz wirkt sich hier nicht als Problem aus, sondern als Anlass für Argumentation.

Die Vignette schließt so, wie sie begann. Gegenüber der Mehrheit derjenigen, die sich motiviert beteiligen, werden zwei Kinder hervorgehoben: Ahmet, dessen Ergebnis nicht korrekt ist, und Seda, die wiederum ihre Finger betrachtet und ihre Unterlagen zusammenlegt. Ihr Rechenergebnis erfahren wir nicht, auch nichts über das Niveau, auf dem sie gearbeitet hat.

Zusammenhang von Gewaltfreiheit und Bedürfnisorientierung

Insgesamt fällt an der Schilderung des Ablaufs des Geschehens auf, dass in dieser Klasse Aktivitäten routiniert nebeneinander stattfinden können, die zeitgleich unterschiedliche Lernprozesse ermöglichen. Auch unterschiedliche Arbeitsergebnisse (in der Gruppe der drei Jungen und von Ahmet) werden, zumindest im Rahmen dieser Stunde, zugelassen. Auffällig ist, dass die Lernaktivitäten in pädagogisch organisierten Konstellationen stattfinden, ohne dass diese von den Schülerinnen und Schülern in Frage gestellt werden oder durch die Lehrpersonen eingefordert werden müssten. Der Fokus der Beschreibung liegt dabei auf dem Verhältnis Einzelner zum Lernprozess und auf der wirksam werdenden pädagogischen Bedürfnisorientierung. Im Sinne der Praxis »Gewaltfreier Kommunikation«, die Marshall Rosenberg im Kontext der amerikanischen Bürgerrechtsbewegung in den 1960er Jahren entwickelte, besteht zwischen beidem, Gewaltfreiheit und Bedürfnisorientierung, ein Zusammenhang:

»Im Zentrum Gewaltfreier Kommunikation steht die Wahrnehmung dessen, was ich selbst und andere Menschen zum Leben brauchen. Verbindung zu mir selbst und anderen, so die bereichernde Erfahrung gewaltfreier Kommunikation, wird möglich, wenn ich meine eigenen Bedürfnisse ebenso wahr- und ernst nehme wie die meiner Mitmenschen: ›Liebe deinen Nächsten wie dich selbst‹ – ›Liebe dich selbst wie deinen Nächsten‹« (Orth & Fritz, 2014, S. 17).

Formulierungen dieser Grundbedürfnisse finden sich bei Manfred Max-Neef. Er beschreibt Bedürfnisse, die kulturübergreifend alle Menschen betreffen: Solche des physischen Lebens (Wasser, Essen, Luft usw.), Sicherheit/Schutz, Verständnis/Empathie, Liebe, Erholung/Spiel, Kreativität, Geborgenheit/Gemeinschaft, Autonomie/Selbstbestimmung, Sinn und Inhalt (vgl. ebd.). In der vorliegenden Vignette lassen sich im Handeln der Lehrpersonen und Schülerinnen und Schüler alle diese Bedürfnisse mehr oder weniger explizit wiederfinden. Strategien zu ihrer Erfüllung sind dann gewaltfrei, wenn die Beobachtung und Wahrnehmung der eigenen bzw. fremden Gefühle gelingen, das Bedürfnis erkannt werden kann und als Bitte (und nicht als Forderung) formuliert wird (vgl. Orth & Fritz, 2014, S. 20ff.). In der beschriebenen Vignette gelingt dies explizit den Schülerinnen und Schülern, die miteinander kooperieren, denen, die sich erholen, und denen, die die Klasse verlassen möchten. Auch im Verhalten der Lehrpersonen wirkt sich eine Orientierung an genannten Grundbedürfnissen und Gewaltfreiheit aus, indem sie den verschiedenen Mitgliedern der Klasse Phasen von Aktivität und Erholung ermöglichen und, wenn auch nicht explizit liebevolle, so zumindest freundliche Ermutigung und Empathie zeigen, insgesamt im Ablauf Sicherheit und Schutz der Beteiligten gewährleisten[6] sowie sowohl Räume für gemeinschaftliches als auch selbstbestimmtes Handeln schaffen.

6 Die Grundhaltungen von Akzeptanz, Empathie und Kongruenz, die Carl Rogers in seinem psychotherapeutischem Personenzentrierten Ansatz entwickelt hat, gelten auch angesichts der Herausforderung inklusive Grundhaltungen im Klassenmanagement zu entwickeln als

Selbsttätigkeit als Wenn diese Praktiken als routinierte Ausdrucksformen tieferliegender sozialer Ordnungen gelten können, wird hier eine Ordnung sichtbar, die, zumindest in der gewählten Szene, förderlich ist für das Zulassen von Zieldifferenz. Kennzeichnen dieser zugrundeliegenden Struktur ist eine an Gleichheit ausgerichtete Orientierung – an gleichen Grundbedürfnissen.

Differenzierungspraktiken

Fokussieren wir die Beobachtungsperspektive stärker auf das Thema der Differenzierung, fällt die Praktik der Selbsttätigkeit auf. Sie wirkt als wichtige Differenzierungspraktik insbesondere in offenen und individualisierten Unterrichtsarrangements (vgl. Budde, 2018, S. 146f.) und eröffnet die Spannung, dass ein solcher Unterricht einerseits die Fähigkeit zur Selbsttätigkeit anregen will, andererseits aber die Notwendigkeit besteht, »die noch nicht selbstständigen mit Vorgaben und Beispielen zu unterstützen« (Bräu, 2013, S. 34). Dies betrifft nicht nur grundsätzlich offenen Unterricht, sondern bereits relativ kurze Phasen wie hier die als Einzelarbeit vorgesehene in unserem Beispiel: Einige Schülerinnen und Schüler gehen aus der Einzelarbeit in Gruppenarbeit über, andere können mit der Arbeit nach individuellen Absprachen mit der Lehrkraft beginnen, wieder anderen gelingt dies erst mit Unterstützung durch die Integrationskraft. Die Zeitspanne, in der Ergebnisse und Ergebniswege entwickelt und diskutiert werden und die, in der, gerade in der Mittagszeit, Erholungszeit benötigt wird, variiert unter den Schülerinnen und Schülern deutlich. Pädagogische Unterscheidungen zwischen »Langsamen und Schnellen, Kreativen, Zielstrebigen und Zerstreuten« (Budde, 2018, S. 147) fallen dann als neue situative Differenzierungsformen gegenüber den soziokulturellen Differenzierungen nach Geschlecht, Milieu, Migrationshintergrund oder Dis/ability auf.

Diese Beobachtung kann in zwei Richtungen interpretiert werden: Zum einen wird die gängige Perspektive, dass soziokulturelle Differenzen nicht nur in Unterricht hineinwirken, sondern im Unterricht erst konstruiert werden, auf diese Weise erweitert: Durch jeweilige Unterrichtskulturen, genauer durch entsprechende Praktiken in Unterricht werden neben den soziokulturellen Differenzen auch pädagogische hervorgebracht wie Selbsttätigkeit, Leistung, Kooperation und, wie in unserem Beispiel, die Fähigkeit, Bedürfnisse wahrzunehmen und zu verbalisieren. Nach Interdependenzen zu soziokulturellen Vielfaltskonstruktionen wären diese weiter zu untersuchen. Möglich wäre es einerseits, dass sie sich gleichen, dass also, wie Rabensteins These lautet, »in Praktiken der sozialen Konstruktion von Leistung im Unterricht soziale Differenzen in Leistungskategorisierungen konvertiert und darin als soziale Differenzen reinszeniert werden« (Rabenstein, Idel & Ricken, 2015, S. 247). Andererseits wäre es möglich, genauer situativ zu untersuchen, inwiefern Leistungskonstruktionen überhaupt zu verstehen sind. Denn ähnlich wie Sturm und Wagner-Willi konkurrenz- und auch kooperationsorientierte Varianten von

wirksam, insofern sie zu einem nicht-dirigierenden und fördernden Verhältnis von Lehrpersonen gegenüber Schülerinnen und Schülern führen (Textor, 2018, 157).

Leistungskonstruktionen herausgearbeitet haben (vgl. Sturm & Wagner-Willi, 2015), lässt sich auch in unserem Fall fragen, welche Art von Leistung die Schülerinnen und Schüler erreicht haben, je nach ihrem individuellen Können. Im Fall der Studien von Wagner-Willi und Sturm stellte sich heraus, dass beide Leistungsformen in Verbindung stehen zu Dimensionen des Geschlechts und sozialer Ungleichheit, jedoch nicht zur Dimension des Migrationshintergrundes (vgl. ebd.).

Sensibilisiert von diesem Befund kann sich eine zweite Lesart ergeben, insbesondere um reifizierende Effekte und eine Wiederholung von Stigmata zu vermeiden. Die Verteilung der Aktivitätsbeschreibungen und der Namen der verschiedenen Kulturkreise in der vorliegenden Vignette kann insofern nicht schlicht als Bestätigung der Kopplung Migrationshintergrund – Entwicklung von (nicht) erfolgreichen Lernstrategien gelten. Denn über Erfolg bzw. Misserfolg von Seda wird schlicht nichts gesagt. Die Vignette wirft vielmehr die Frage danach auf, worin die zusätzliche Erklärung bestand, die die Lehrperson ihr gegeben hat. Weil »Erklären als Analyse des Misslingens« (Gruschka, 2018, S. 157) gilt, ist es gut möglich, dass Seda noch nicht verstanden hat, was zu tun ist. Erklärungsbedarf entsteht jedoch auch, wenn gilt: »Man hat zwar verstanden, was man tun soll, aber damit beginnt erst das begründete Nachfragen, das auf eine tiefere Schicht des Wissens und Könnens verweist« (ebd.). Möglich ist es also ebenso, dass Seda sogar schon sehr viel verstanden hat und nach Vertiefungen sucht. Es muss also offen blieben, auf welchem Niveau Seda Erklärungen und ggf. eine differenzierte Aufgabenstellung benötigt. Eine weitere mögliche Interpretation könnte sein, dass ihr Selbstpraktiken für selbstständiges Arbeiten fehlen. Dann erzeugt »Selbstständigkeit als normierte schulische Anforderung« (Martens, 2018, S. 215) Ausgrenzungen, die erst durch Hilfen aufgelöst werden. Wiederum möglich wäre es jedoch ebenso, dass sie in der Wiederholungs- und in der Ergebnissicherungsphase nicht über-, sondern unterfordert ist und deshalb schweigt. Die genannten Dualismen von Langsamen und Schnellen, Zielstrebigen und Zerstreuten sind also ergänzungsbedürftig. Das gleiche gilt für die quantitative Perspektive auf Konzentration, die erst dann Aussagen über Erfolg zulässt, wenn individuelle Fähigkeiten und Zielformulierungen zu ihr in ein Verhältnis gesetzt werden.

Literatur

Bräu, K. (2013). Zwischen Lerninhalten und Prozessunterstützung, zwischen Sache und Person. *Zeitschrift für interpretative Unterrichtsforschung*, 2 (2), 21–37.

Budde, J. (2018). Differenzierungspraktiken im Unterricht. In M. Proske & K. Rabenstein (Hrsg.), *Kompendium Qualitative Unterrichtsforschung. Unterricht beobachten – beschreiben – rekonstruieren* (S. 137–152). Bad Heilbrunn: Klinkhardt.

Gruschka, A. (2018). Lehren, Zeigen, Erklären. In M. Proske & K. Rabenstein (Hrsg.), *Kompendium Qualitative Unterrichtsforschung. Unterricht beobachten – beschreiben – rekonstruieren* (S. 153–170). Bad Heilbrunn: Klinkhardt.

Martens, M. (2018). Individualisierung als unterrichtliche Praxis. In M. Proske, K. Rabenstein (Hrsg.), *Kompendium Qualitative Unterrichtsforschung. Unterricht beobachten – beschreiben – rekonstruieren* (S. 207–222). Bad Heilbrunn: Klinkhardt.

Orth, G. & Fritz, H. (2014). *Bitten statt fordern. Ein Schulentwicklungsprojekt mit Gewaltfreier Kommunikation.* Paderborn: Junfermann.

Rabenstein, K., Idel, T.-S. & Ricken, N. (2015). Zur Verschiebung von Leistung im individualisierten Unterricht. Empirische und theoretische Befunde zur schulischen Leitdifferenz. In J. Budde, N. Blasse, A. Bossen & G. Rißler (Hrsg.), *Heterogenitätsforschung. Empirische und theoretische Perspektiven* (S. 241–258). Weinheim, Basel: Beltz.
Sturm, T. & Wagner-Willi, M. (2015). Praktiken der Differenzierungsarbeit im Fachunterricht einer integrativen Schule der Sekundarstufe. Zur Überlagerung von Schulleistung, Peerkultur und Geschlecht. *Gender*, 7 (1), 64–78.
Textor, A. (2018). *Einführung in die Inklusionspädagogik* (2. Auflage). Bad Heilbrunn: Klinkhardt.

7.5 Lesartenantwort – Zur Frage nach der Addressabilität in inklusiven Lehr-Lernsettings

Désirée Laubenstein

Pädagogische Herausforderungen im Lehr-Lernkontext von Schülerinnen und Schülern lassen sich in der schulischen Praxis tagtäglich erleben, sei es, dass Lehrkräfte ihre Schülerinnen und Schüler aktivieren, motivieren, sich ihnen zuwenden, sie schlicht »sehen«, denn es ist die gezielte Adressabilität (vgl. Schleiffer, 2014), die erst die Erkenntnis konstituiert: Im Sehen werde ich gesehen, also bin ich (vgl. Winnicott, 1974). Pädagogische Lehr-Lern-Situationen situieren sich in einem professionellen Beziehungskontext eines gegenseitigen Abhängigkeitsverhältnisses (vgl. Laubenstein, 2008, S. 205 in Anlehnung an die Hegelsche Herr-und-Knecht-Dialektik), da der eine zur Ausbildung seiner Identität und sozialen Rolle (als Lehrkraft oder Schülerin bzw. Schüler) auf den jeweils anderen angewiesen ist.

Auf dieser Grundlage scheint es zunächst sekundär, in welcher Schulform wir uns befinden, separierend oder im gemeinsamen Unterricht, im Primar- oder Sekundarbereich, gleichwohl sich in bestimmten Konstellationen Problembereiche durchaus kumulieren oder sich Entwicklungsaufgaben von Schülerinnen und Schülern im Verlauf ihrer Entwicklung anders konturieren (vgl. Hurrelmann & Quenzel, 2016).

Kontextbezug

Die Gelegenheit der Praxishospitation ergab sich für die Vignettenschreiberin durch ihren wissenschaftlichen Mitarbeiter, der als Sonderpädagoge, neben der Tätigkeit an der Universität, an einer Gesamtschule im Sekundarbereich I unterrichtet. Unter Berücksichtigung des eigenen Vorverständnis schien es dabei nicht ausschlaggebend, bei welcher Jahrgangsstufe, in welchem Unterrichtsfach hospitiert wurde – Gelegenheiten, Herausforderungen im Lehr-Lernkontext zu beobachten würden sich ergeben.

Im Vorfeld erhielt die Vignettenschreiberin einige Informationen zum Klassenkontext. Anhand eines Sitzplanes wurden schnell Bedarfe von Schülerinnen und Schülern der 6. Klasse diskutiert. Schülerinnen und Schüler mit diagnostiziertem sonderpädagogischen Förderbedarf waren hier schon deutlich gekennzeichnet. Insgesamt handelte es sich um 27 Schülerinnen und Schüler, wobei sechs an diesem Tag aufgrund eines Coronafalls in der Klasse nicht anwesend waren, zwei davon mit dem Förderschwerpunkt Sprache, drei mit dem Förderschwerpunkt Lernen, einer mit dem Förderschwerpunkt Emotionale und soziale Entwicklung, einer mit den Förderschwerpunkten Sprache und Lernen – eine klassische Durchmischung im Kontext gemeinsamer Unterrichtung. Kurze biografische Informationen zu einzelnen Schülerinnen und Schülern oder einer Schülerinnengruppe wurden ausgetauscht, z. B. zu den ›Mädchen‹, die sich durch Lernmotivation und sozial angepasstes Verhalten auszeichnen, insbesondere aber zu Amun mit dem Förderschwerpunkt Emotionale und soziale Entwicklung, ein Schüler, der in der Vergangenheit durch massiv ausagierendes, externalisierendes Verhalten aufgefallen sei und zur Impulskontrolle, Emotionsregulation, zur Lernunterstützung und Hilfe bei der sozialen Integration in die Klasse eine Integrationskraft hat. Oder zu Seda, die aufgrund ihres diagnostizierten Förderschwerpunktes Lernen zieldifferent unterrichtet wird und aus problematischen familiären Verhältnissen komme mit Verdacht auf Vernachlässigung und Gewalterfahrungen.

Mit diesen Informationen betrat die Vignettenschreiberin die Klasse und in einer gleichsam distanzierten Selbstbeobachtung scannte der diagnostizierende und klassifizierende Blick (vgl. Foucault, 1988) die Klasse, eine ›Ordnung der Dinge‹ (vgl. Foucault, 1995), eine Ordnung des ›sonderpädagogischen Blicks‹ durch das Pendeln wie zwischen einem Weitwinkel- und einem Teleobjektiv herstellend: Eine Integrationskraft neben einem Schüler, Amun; ein in sich zurückgezogenes, die Klasse und ihre Mitschülerinnen und Mitschüler beobachtendes Mädchen, in dem Versuch ihren Status in der Klasse auszuloten, Seda. In einem Moment wurden all diese Eindrücke von der Vignettenschreiberin wahrgenommen, eingeordnet, zugeordnet. Kein unvoreingenommener Blick und doch offen, kein Blick, der fest zementiert auf Schülerinnen und Schüler aufgrund der im Vorfeld erhaltenen Informationen starrt und doch fokussiert, wachsam, gleichsam sezierend.

Zur Titulierung der Vignette

Mit Blick auf Heterogenitätsdimensionen im gemeinsamen Unterricht wird insbesondere unter Einbeziehung der eigenen Bildungsgänge Lernen (§ 35 AO-SF) und Geistige Entwicklung (§ 41 AO-SF) die Notwendigkeit und der Anspruch eines zieldifferenten Unterrichts evoziert, so auch bei der Vignettenschreiberin mit Blick auf die anstehende Unterrichtshospitation und den erhaltenden Vorinformationen über die Schülerinnen und Schüler der 6. Klasse. Zieldifferenzierung stellt eine an den Lern- und Entwicklungsmöglichkeiten der Schülerinnen und Schüler orientierte schulische Unterrichtsplanung sowie eine Individualisierung von Förderung, Leistungsanforderung, Leistungsfeststellung und Leistungsbewertung in den Mittelpunkt gemeinsamer Unterrichtung (vgl. Guthöhrlein, Lindmeier & Laubenstein,

2020). Diese Praxis mit Blick auf mögliche Interpretationen von und den Umgang mit ministeriellen Verordnungen bietet Schulen, die den Weg der inklusiven Schulentwicklung beschritten haben, pädagogische Freiräume (vgl. Laubenstein et al., 2015, S. 161 ff.). Andere dagegen stellt es vor Herausforderungen und unüberwindbar erscheinende, schizophren, im Sinne des Double-Bind anmutende Situationen schulischen Alltags mit Blick auf Leistungserfassung, Notenvergabe und Bildungsstandards. »Für mich ist schwierig, dass man die Schüler einerseits da abholen soll und will, wo sie stehen, es im Schulgesetz heißt, wir sind zur individuellen Förderung verpflichtet, also alle Kollegen und für alle Schüler, aber andererseits, wer das konsequent macht, da könnte man am Ende nicht die Klassenarbeit auf Regelschulniveau machen. Das müssen wir aber bei den Kindern, die kein Gutachten haben. Und solange das so ist, dass man sie einerseits im Unterricht individuell fördern soll und dann alle gleich bewerten [in der Klassenarbeit], außer die Schüler, die nach einem anderen Bildungsgang unterrichtet und bewertet werden, da könnten wir in Mathe unser Thema mit 3/4 der Klasse einpacken (…). Solange wir also bei den Regelschülern individuell fördern sollen, aber nicht individuell benoten dürfen, ist das ganz schwierig (…)« (Guthöhrlein et al., 2020, S. 115). Es ist eben jener Spannungsbogen des bestehenden schulischen Systems, dieser Spagat zwischen individualisierten Ansprüchen und Bedürfnissen einer heterogenen Schülerinnen- und Schülerschaft, die Herausforderung von Zielgleichheit und Zieldifferenz, die sich in jeder beliebigen Schule im Sekundarbereich I, in jeder beliebigen Unterrichtsstunde einer 6. Klasse offenbart, die diese Szene nach Ansicht der Vignettenschreiberin enthüllt und im Sinne des Verständnisses von Inklusion erneut die Forderung aufwirft, rechtliche Rahmenbestimmungen oder Verordnungen zu flexibilisieren und pädagogisch zu rahmen (vgl. hier insbesondere die abschließenden Empfehlungen zur Unterrichtsentwicklung und -gestaltung (Guthöhrlein et al., 2020, S. 122 ff.)). Zieldifferenzierung versteht sich dann als pädagogische Aufgabe für alle Schülerinnen und Schüler, bedeutet auch mehr als entsprechend angepasstes, elementarisiertes Lernmaterial für weitere Bildungsgänge und schließt Lernmotivation und gemeinsame Gestaltung des Unterrichts ein.

Antwort auf die Lesarten

Die unterschiedlichen Lesarten fokussieren für die Vignettenschreiberin zwei zentrale Ordnungsstrukturen: 1. Den Blick und 2. Die Differenz. Zudem erscheinen die jeweiligen fachtheoretisch und fachdidaktischen Perspektiven, die auf ein je spezifisches und doch gemeinsames Verständnis von inklusiven Praktiken in pädagogischen Situationen des Gemeinsamen Lernens deuten.

Der Blick

Der Blick der Vignette (und damit der Schreiberin) realisiert sich im Wechselspiel von Interaktionen, Tätigkeiten und Einzelpersonen und ist damit multiszenisch angelegt. Alle drei Lesarten verweisen auf den Blick als dichotome Ordnungsstruktur: Die Gruppe vs. die bzw. der Einzelne; die zusammen Arbeitenden vs. die

Einzelarbeitenden, wobei die Lesart von Katharina Kammeyer die Dichotomie durch die Multiperspektivität erweitert, so dass sich die klassischen Differenzlinien von Geschlecht, Milieu oder auch sonderpädagogischem Förderbedarf ausdehnen und als neue, situative, vielleicht pädagogische? oder auch subversiv-geheime Differenzierungsformen zu erkennen geben: »*Die Unterscheidung zwischen ›Langsamen und Schnellen, Kreativen, Zielstrebigen und Zerstreuten‹.*« Gleichwohl sich neue Differenzierungsformen ergeben, erschreckt die Vignettenschreiberin beim Lesen der Lesart die damit möglicherweise implizierte Transformation dieser Differenzkategorien als Seinsformen der Schülerinnen und Schüler: Die Langsamen, der Zielstrebige könnten im Sinne einer deklarierten ›anthropologischen‹ Grundkonstante eine ›neue Ordnung des pädagogischen Blickes‹ als erweitertes, gleichwohl die unterrichtlichen Praktiken bestimmendes ›Tableau‹ (Foucault, 1995) konturieren.

Festzuhalten bleibt jedoch unzweifelhaft, dass es sowohl die Vignettenschreiberin als Beobachterin der Situation, aber auch die Leserinnen und Leser der Vignette sind, die je eigene Differenzen im Gesagten konturieren, wobei das Nicht-Gesagte virulent auf die Gestaltung der Szene mit einwirkt. Mit der Fokussierung auf einzelne Schülerinnen und Schüler in der Vignette werden diese zu etwas Besonderem; sie werden gleichsam in das Auge der Betrachtenden ›hineingezoomt‹, wie es die Lesart von Katharina Rohlfing hervorhebt. Dieses Besondere wird in der Lesart von Uta Häsel-Weide jedoch nicht als Einmaligkeit wahrgenommen, sondern markiert die Abweichung vom Normalen, das Unnormale in seiner Differenz. Zu Recht moniert die Lesart: »*Nicht personalisiert werden die Erfolgreichen, Unauffälligen, Leisen.*« Sie zu fokussieren scheint nicht notwendig im klassifizierenden Blick der Sonderpädagogik. Somit stehen nicht alle Schülerinnen und Schüler im Mittelpunkt der Betrachtung, werden in dieser Vignette nicht alle Schülerinnen und Schüler ›gesehen‹ – eine Lesart, die die Vignettenschreiberin zum Nachdenken über ihr professionelles Selbstverständnis anregt. Und doch gibt es auch eine andere Lesart, die in dieser Differenz von Gruppe und Einzelner bzw. Einzelnem ein Moment der Selbstermächtigung von individuellen Bedarfen erkennt, so Katharina Kammeyer, eine soziale Ordnung, die ein respektvolles Miteinander ermöglicht und Bedürfnisse zulässt, mehr noch: anerkennt.

Im Hinblick auf die Differenzierungspraktiken in der Vignette konnotieren die unterschiedlichen Lesarten auf der einen Seite konträre, auf der anderen Seite aber auch identische Momente der Wissensaneignung über eine Unterrichtsform, die sich als ritualisierter Handlungsablauf charakterisieren lässt, über Nachfragen, Gruppendiskussionen oder Einzelarbeit der verschiedenen Schülerinnen und Schüler und offenbaren hier ihr je fachtheoretisches und fachdidaktisches Verständnis:

Der ›mathematikdidaktische‹ Blick analysiert den vorgeschlagenen Lernweg und die Vorgehensweise der schriftlichen Multiplikation der Lehrkraft zum Verständnis von Dezimalzahlen bei den Schülerinnen und Schülern. Das aus diesem kritischen Blick resultierende Unverständnis der mangelnden Zieldifferenz konstatiert sich zusammenfassend: »*Unproblematisch scheint [das Vorgehen] nicht zu sein, mehrere Schülerinnen und Schüler fragen nach und Seda schaltet ab.*« Auch die suggerierte, aber nicht existierende Alltagsnähe der Aufgabenstellung wird scharf kommentiert und lässt die kritische Frage aufkommen, welche Lebenswirklichkeiten der Schülerinnen und Schüler hier verpasst, welche Anschlussfähigkeiten hier nicht wahrgenommen werden. Unabhängig davon, ob es sich um ein inklusives Setting handelt, offenbart sich die Herausforderung lernunterstützender Unterrichtssituationen, die an den Bedürfnissen der Lernenden ansetzt (Alltagsnähe), auch im Sinne einer multimodalen und multiproduktiven Herangehensweise (vgl. Reich, 2010), die unterschiedliche Lernwege zulässt, diskutiert und transparent darstellt, um so eine fachliche Partizipation sicher zu stellen, die hier nicht für alle Schülerinnen und Schüler gelingt. Gleichzeitig zeigt sich der Bildungsauftrag der Schule nicht nur als Wissensaneignung, sondern als ein Umgang mit Wissen, eine Durchdringung, die unterschiedlicher Strategien, z. B. des »*kognitiven Monitorings*«, wie es die Lesart von Katharina Rohlfing hervorhebt, bedarf, um so Selbsttätigkeit als aktive-autonome Praktik der Schülerinnen und Schüler erst zu ermöglichen.

Zurückkommend auf die Ordnungsstruktur des Blicks, fokussiert der ›praxeologische‹ in dem Unterrichtsangebot und der Aufgabenstellung das Moment der Selbsttätigkeit im Spannungsfeld von ›selbst tätig sein‹ und einer normierten schulischen Anforderung, die Abweichung und damit Ausgrenzung konstruieren kann.

Auch der ›psycholinguistische‹ Blick weist auf die Selbsttätigkeit der Schülerinnen und Schüler zur Wissensaneignung in der konkreten Tätigkeit des Nachfragens, hebt hier jedoch insbesondere die dieser Selbsttätigkeit inhärenten Kompetenz der Identifikation eigener Wissenslücken hervor, »d. h. *zu wissen, was man nicht weiß*«; eine Kompetenz, von der in einer heterogenen Klassenkonstellation nicht notwendigerweise ausgegangen werden kann und dessen Vorhandensein oder Nichtvorhandensein sich erst in dialogischen Interaktionssituationen offenbart. Artikulation wird hier zu einer notwendigen und geforderten Fähigkeit der Schülerinnen und Schüler, die Anschluss sowohl im Lernen als auch mit Bezug auf soziale Interaktionsstrukturen sichert.

Die Differenz

Alle drei Lesarten verweisen als gemeinsames Verständnis von inklusiven Praktiken in pädagogischen Situationen auf das Moment des ›Doing differences‹, also Differenzen, die erst durch die Unterrichtspraxis an sich hergestellt und herausgehoben werden, soziokulturell, aber auch pädagogisch in Form von Selbsttätigkeit, Leistung, Kooperation und damit Momente des Einschlusses und Ausschlusses von Schülerinnen und Schülern re/konstruieren, nicht aber dekonstruieren. Inwieweit hier in der Konstruktion von Leistung im Unterricht soziale Differenzen reinszeniert werden, wie die Lesart von Katharina Kammeyer in Rekurs auf Rabenstein, Idel und Ricken (2015, S. 247) hervorhebt, wird durch die einmalige Situationsbeschreibung der Vignette nicht erkennbar – regt die Vignettenschreiberin aber zur kritischen Selbstreflexivität des eigenen pädagogischen Handelns an.

Und noch etwas tritt in der Vignette hervor, quasi als ›Paralleluniversum‹, gleichwohl virulent wirksam und subversiv agierend: Das Nicht-Gesagte, das jedoch die Praktiken durchdringt und auf dessen Aufscheinen der Blick prismenartig fällt und abgelenkt wird. Was zurückbleibt sind Leserinnen und Leser, geworfen in ihre je eigene Rekonstruktion der Situation, auf der Suche nach einer Durchdringung pädagogisch bedeutsamer Situationen, vielleicht aber auch nur nach Fakten oder einer Wahrheit, von der es sich vielleicht aber auch zu verabschieden gilt.

Literatur

Foucault, M. (1988). *Die Geburt der Klinik – Eine Archäologie des ärztlichen Blicks.* Frankfurt a. M.: Fischer.

Foucault, M. (1995). *Die Ordnung der Dinge* (13. Auflage). Frankfurt a. M.: Suhrkamp.

Hurrelmann, K. & Quenzel, G. (2016). *Lebensphase Jugend* (13. Auflage). Weinheim, Basel: Beltz.

Laubenstein, D. (2008). *Sonderpädagogik und Konstruktivismus. Behinderung im Spiegel des Anderen, der Fremdheit, der Macht.* Münster: Waxmann.

Laubenstein, D., Lindmeier, C., Guthöhrlein, K. & Scheer, D. (2015). *Auf dem Weg zur schulischen Inklusion. Empirische Befunde zum gemeinsamen Unterricht in rheinland-pfälzischen Schwerpunktschule.* Bad Heilbrunn: Klinkhardt.

Rabenstein, K., Idel, T.-S. & Ricken, N. (2015). Zur Verschiebung von Leistung im individualisierten Unterricht. Empirische und theoretische Befunde ethnographischer Beobachtungen. In J. Budde, N. Blasse, A. Bossn & G. Rißler (Hrsg.), *Heterogenitätsforschung – Empirische und theoretische Perspektiven* (S. 234–251). Weinheim: Belz.

Reich, K. (2010). Erfinder, Entdecker und Enttarner von Wirklichkeit. Das systemisch-konstruktivistische Verständnis von Lernen und Lehren. Pädagogik, 62 (1), 42–47.

Schleiffer, R. (2014). *Der heimliche Wunsch nach Nähe. Bindungstheorie und Heimerziehung* (5. durchgesehene Auflage). Weinheim, Basel: Beltz Juventa.

Winnicott, D. W. (1974). Die Spiegelfunktion von Mutter und Familie in der kindlichen Entwicklung. In D.W. Winnicott, *Vom Spiel zur Kreativität* (S. 128–135). Stuttgart: Klett-Cotta.

Guthöhrlein, K., Lindmeier, C. & Laubenstein, D. (2020). *Unterrichtsentwicklung und Unterrichtsgestaltung.* Stuttgart: Kohlhammer.

8 Verortungen orten. Geteilte Bedeutungen entdecken

Oliver Reis, Iris Kruse, Katharina J. Rohlfing und Franz Schröer

8.1 Die schriftliche Dokumentation der mündlichen Kollaboration als Daten

Ziel unserer vignettengestützten Forschungsarbeit ist es, auf dem Weg dialogischer Durchdringung unser jeweiliges Inklusionsverstehen zu erweitern und interdisziplinär zu öffnen. Diese Weitung der domänenspezifischen Sicht wird dabei herausgefordert durch den offenen Dialog über die in den Vignetten jeweils abgebildeten inklusiven Kerne: Der in jeder einzelnen Vignette eingefangenen und ausgestalteten Situation wurde von der Verfasserin oder dem Verfasser Bedeutsamkeit für Inklusion zugesprochen. Hierauf antworten die disziplinär anders und je unterschiedlich verorteten Mitforscherinnen und -forscher. Auf diese Antworten wiederum wird erneut reagiert und respondiert, indem die Vignettenverfasserin oder der Vignettenverfasser eine »Antwort auf die Antwort« gibt. Dieser Austauschprozess dokumentiert sich im Modus der Schriftlichkeit in den Lesarten und Lesartkommentaren der einzelnen Vignettenbündel. Diesen gebündelten Texten, die um die gemeinsame Mitte der Ausgangsvignette kreisen, sind mithin Gemeinsamkeits- und Differenzlinien des multiplen Inklusionsverständnisses der Gruppe eingeschrieben. Die Entdeckung und kategoriale Beschreibung dieser Gemeinsamkeits- und Differenzlinien ist Gegenstand weiterführender Interpretationsbemühungen. Unter Rückgriff auf das schriftlich Fixierte geht die erkenntnisgenerierende Verständigungsarbeit der Forschungsgruppe an dieser Stelle in den Modus der Mündlichkeit über. Der Weg zur Entdeckung der Gemeinsamkeits- und Differenzlinien in den sechs Vignettenbündeln führt methodisch über das offene Gespräch. Erneut wird damit dem Dialog Raum gegeben. Es ist ein Raum für den Austausch über Irritationen, Verständnisschwierigkeiten, Verwunderungen, Ärgernisse, Unmutsempfindungen und Widerspruch ebenso wie für Gemeinsamkeitsbekundungen, Bestärkungen, Zuspruch, Weiterentwicklungen und Konklusionen. Anders als in der Phase des schriftlichen Austauschs während des Verfassens der Bündel aus Vignette, Lesarten und Lesartkommentar, an der nur jeweils vier Forscherinnen und Forscher beteiligt sind, weitet sich nun der Kreis hin zur Beteiligung aller Forschungsgruppenmitglieder. Die von Selbstkundgaben in domänenspezifischer Färbung durchzogenen Vignettenbündel werden diskutiert unter Aktualisierung der oben genannten Austauschparameter; sie bewegen sich zwischen Verstehen und Nicht-Verstehen, Trennendem und Einendem, Zuspruch und Ablehnung. Zum vereinbarten Austauschprocedere gehört es, hierarchisierende Gesprächsrollenverteilungen zu vermeiden; die unter Moderationsverzicht ablaufenden Gespräche sind eine Öffnung hin zur symmetrischen Beteiligung aller Gruppenmitglieder. Es werden mithin auch jene Gruppenmitglieder in den Austausch eingebunden, die sich bezogen auf das zur Diskussion stehende Textbündel bisher lediglich rezeptiv beteiligt haben.

Die Gespräche zu den einzelnen Vignettenbündeln werden teilnehmend von einem Gesprächsgruppenmitglied protokolliert und in dieser durch die Sicht des Protokollanten geprägten Formatierung nach Gesprächsende der Gesamtgruppe in einem Etherpad für Ein- und Umschreibungen zur Verfügung gestellt. Die Nutzung des webbasierten Texteditors »Etherpad« für die Gesprächsdokumentation ist begründet in dessen kollaborativer Anlage. Anders als bei einer Audiodokumentation mit anschließender Transkription kommt dieser Form des kollaborativen Protokollierens neuerliche Dialog- und Entwicklungskraft zu. Indem einem ersten grundgelegten Protokoll von jedem weiteren Gruppenmitglied eigene Wahrnehmungen und Schwerpunktsetzungen des je individuellen Erinnerungsprotokolls eingeschrieben werden, entsteht Raum für konzentrierte Bündelungs- und Modellierungsbewegungen, die Bezugnahmen und Positionierungen verdichten. Aus dem kollaborativen Text des Etherpads, der als gleichsam angereichertes und verdichtetes Gesamtprotokoll zu sechs Vignettenbündel-Gesprächen anzusehen ist, lassen sich diese Verdichtungen rekonstruieren. Sie sind als kategoriale Themenfelder zu fassen, die wir angesichts des dialogisch-kontroversen Erkenntnisweges als »Spannungsfelder« bezeichnen möchten. Ihre Rekonstruktion aus der Datenbasis des kollaborativen Gesamtprotokolls soll in den weiteren Ausführungen dieses Kapitels zunächst anhand ausgewählter Szenen des Protokolls nachvollziehbar gemacht werden, bevor die drei rekonstruierten Spannungsfelder »Ereignis und Struktur«, »Öffnung und Schließung« und »Individualität und Sozialität« in kategorialer Wirksamkeit weitere Auswertungsschritte anleiten. Diese weiteren Auswertungsschritte unternehmen es, die in unserem interdisziplinär-explorativen Design identifizierten Spannungsfelder an- und rückzubinden an Inklusionsverständnisse innerhalb der Forschungsgruppe sowie an den Inklusionsdiskurs darüber hinaus.

8.2 Die Entdeckung kategorial wirksamer Spannungsfelder in Gespräch und Gesprächsreflexion

Die induktive Entdeckung kategorial wirksamer Spannungsfelder im kollaborativen Gesamtprotokoll zu den je unterschiedlichen Gesprächen über die Vignettenbündel soll hier exemplarisch nachvollziehbar gemacht werden anhand initialer Szenen, die zu ihrer Formulierung geführt haben. Die kurzen reformulierten Skizzen bilden mithin erste definitorische Annäherungen an die drei Spannungsfelder, die die weiteren Analysen anleiten. Unter konsequenter Einhaltung des induktiven Prinzips weiten die kategorial angeleiteten weiteren Analysen diese Erst- bzw. Anfangsdefinitionen weiter aus.

Reformulierte Szene 1 – Ereignis und Struktur

»In einem der ersten Einträge im kollaborativen Gesprächsprotokoll zum Vignettenbündel um die Vignette ‚Kommt jetzt bitte mal besoffen?' wird hervorgehoben, dass die Vignette zwei unterschiedliche Perspektiven verhandele: Während zwei Gruppenmitglieder den Fokus auf die Klasse und ihre vergemeinschaftende Leistung richten und die sich abbildende Synchronisation als eine zu starre Praxis für Maxi ansehen, in der er als unpassend und fehl am Platz erscheine, betonen zwei andere, dass das Individualisieren von Maxi den Preis habe, die trainierte soziale Struktur nicht mehr als Lernort wirken zu lassen, von dem viele profitieren. Stattdessen gehe mit dem Individualisieren einher, die Kinder einem variablen System auszusetzen, das jederzeit verändert werden kann und keine Orientierung mehr bietet.«

Eine innerhalb der Aufzeichnungen zu dieser Diskussionsszene gesetzte Notiz eines weiteren fünften Gruppenmitglieds formuliert in pointierender Setzung die Frage: »Wie viel Struktur braucht es für Bildung«? Mit dieser Frage wird das Dokumentieren von Perspektiven überstiegen. Indem die metaperspektivisch angelegte Frage »Struktur« als Bildung konstituierendes Element betont, ruft sie zugleich als komplementäres Element das »Ereignis« auf. Die dieser Reflexionssicht mithin eingeschriebene Polarisierung von Struktur und Ereignis bildet ein erstes Spannungsfeld der gruppeninternen Inklusionsverständnisse. Es verweist auf den für Fragen der Inklusion einflussreichen Kräfteaustausch zwischen Normativität in Anerkennung und Dekonstruktion.

Reformulierte Szene 2 – Öffnung und Schließung

»Eine Diskussionsszene des kollaborativen Gesprächsprotokolls führt Gesprächsanteile zum Vignettenbündel um die Vignette ‚Dann musst du mal über Strategien nachdenken' zusammen. Hier fordert ein Gruppenmitglied erweiterte Handlungsoptionen für den vor der Klasse stehenden Jungen im so genannten Morgengebet. Es laste ein großer Druck auf dem Schüler, der ihm genommen werden könne und auch müsse, indem der Rahmen akzeptierter Gebetshandlungen in Anpassung an seine situativen Möglichkeiten weiter gesteckt würde und sich flexibilisiere. Gerade dies aber möchte ein anderes Gruppenmitglied mit Verweis auf die starke Vergemeinschaftung im ritualisierten Morgengebet verhindert wissen. Spezifisch die geschlossene Form, die unter anderem festgelegte sprachliche Wendungen fordere, sei es, die das Aufgehoben-Sein aller verbürge.«

Zu dieser protokollierten Diskussionsszene setzt ein drittes Gruppenmitglied eine gleichsam kommentierende wie bündelnde Notiz, die auf eine erkennbare argumentative Parallelität der binären Sichtweisen zu entsprechend gegenläufigen Diskussionen um die Vignette »Kommt jetzt bitte mal besoffen?« verweist. Auch hier hätte es schon einmal die Betonung des hohen Wertes einer situativ-spontanen

Abweichung von etablierten Unterrichtspraktiken gegeben, dem mit einem Lob verlässlicher Wiederholung unter Verzicht auf Neues und Überraschendes begegnet worden sei. In diesem strukturierenden Kommentar, der auf parallel verlaufende Diskussionen verweist, ist zugleich der Hinweis auf eine weitere auf diesem Wege induktiv aufgedeckte Differenzlinie enthalten, die wir als das Spannungsfeld aus »Öffnung und Schließung« bezeichnen möchten.

Reformulierte Szene 3 – Individualität und Sozialität

»Ein Protokolleintrag, der sich auf das Gesamtpaket zur mathematikdidaktischen Vignette ›High Five‹ bezieht, dokumentiert eine Diskussion um die Lernförderlichkeit gemeinsamen Handelns. Zwei Gruppenmitglieder sehen im gemeinsamen lauten Zählen der Kinder Nejla und Emilia einen physisch und sozial geteilten Handlungsraum, dessen transformative Kraft die beiden Kinder über ihre je aktuellen individuellen Fähigkeiten hinaustragen könne. Während in dieser Sicht dem formativen Aussprechen der Zählschritte eine Chance auf Lernzuwachs auch für Emilia zugesprochen wird, zieht ein weiteres Gruppenmitglied genau diesen Lernzuwachs in Zweifel. Allein das Mittun in einer sozialen Situation reiche für Lernen nicht aus; schlichtem Nach- und Mitmachen käme eben gerade keine transformative Kraft zu und Emilia, die einen eindeutig erkennbaren Förderbedarf habe, laufe Gefahr, zwar mitgetan, aber für sich selbst nichts gelernt zu haben.«

Im Prozess kooperativen Protokollierens wurde zu dieser Kontroverse die gleichsam bündelnde Frage nach dem in den Positionen jeweils vorherrschenden Kooperationsbild aufgeworfen. Braucht eine im inklusiven Sinne als gelungen zu bezeichnende soziale Kooperation immer auch explizite Individualisierungsmomente? Dem hierin angelegten Verweis auf das Verhältnis von Individualisierung in gemeinsamem Tun sprechen wir Relevanz für ein drittes Spannungsfeld zu, das wir mit den Begriffen »Individualität und Sozialität« fassen.

Mit den drei Spannungsfeldern, deren induktive Ermittlung hier mittels der reformulierten Szenen skizzenhaft nachgezeichnet wurde, liegt der Forschungsgruppe ein kategorialer Rahmen für vertiefte Analysen des Datenkorpus vor. In der weiteren Auswertung wird dreierlei unternommen:

1. Wir werden uns den drei elementaren Spannungsfeldern vertieft zuwenden und dabei sowohl die eigenen Verortungen innerhalb dieser Felder ausdifferenzieren als auch Einschreibungen des wissenschaftlichen Diskurses darin nachspüren. Hier erschient es uns genealogisch stimmig, die Spannung zunächst vom Diskurs her zu beschreiben, um dann an Fundstücken aus dem Datenmaterial der Vignetten (V), Vignettenlesarten (VL), Lesartenkommentare zu Vignettenlesarten (VLK) oder dem Kollaborativen Gesprächsprotokoll (KG) deutlich zu machen, wie sich die Akteurinnen und Akteure der Diskussionen selbst in den jeweiligen Bezugsdiskursen zur Inklusion und nun in der interdisziplinären Gruppe subjektiviert in diesen Spannungen bewegen. Wir schauen nicht nur praxistheoretisch auf den Unterricht, sondern entdecken unsere Diskussionen als Praktiken zur Aushandlung des Inklusionsverständnisses (Kapitel 8.2).

2. Weil der Beschreibung und Interpretation von Lernumgebungen mit ihren zugehörigen Materialitäten eine prägende Rolle in allen Vignettenbündeln zukommt, wenden wir uns anknüpfend an die auf Analyseergebnissen beruhenden Beschreibungen der elementaren Spannungsfelder noch einmal explizit den Lernumgebungsartefakten zu. Betrachtet werden Fragen der Verschränkung unseres in den Spannungsfeldern verorteten Inklusionsverständnisses mit materialisierten Praktiken (Kapitel 8.3).
3. Dem Forschungsziel einer »Ortung von Verortungen« möchten wir schließlich pointiert Rechnung tragen, indem wir aus der Fülle unserer Diskussionen und analytischen Betrachtungen heraus Verortungsprofile des Inklusionsverständnisses formulieren, denen trotz personenspezifischer Einschreibungen Übertragbarkeit zuzuschreiben ist (Kapitel 8.4).

8.3 Elementare Spannungsfelder in subjektivierten Diskursen

In dem gemeinsamen Forschungsprojekt bestand von Anfang an eine leitende Intuition darin, dass es nicht darum geht, die eigene Inklusionsforschung zu präsentieren, sondern dass die Vorannahmen im fachlich und professionsbiographisch gebildeten Inklusionsverständnis, mit denen schulische Inklusion verstanden wird, unser eigentlicher Forschungsgegenstand sind. Die praxistheoretische Unterscheidung von »*Stabilität und Instabilität*« sowie »*Wiederholung und Varianz*« erschien dafür besonders produktiv. Tatsächlich stand am Anfang der Vignettenarbeit die methodische Idee, die Lesartenbündel direkt auf die Pole zu beziehen. Im Laufe des Forschungsvorhabens und der Arbeit an den konkreten Lesartenbündeln wurde deutlich, dass dieser Zugang zu grob ist und die Diskursstrukturen nicht beschreiben kann. Dies gelingt präziser mit den oben schon beschriebenen Spannungen (1) Ereignis und Struktur, (2) Öffnung und Schließung und (3) Individualität und Sozialität, die die aus der Praxistheorie abgeleitete Grundspannung von Instabilität und Stabilität anschlussfähig an didaktische Diskussionen konkretisierend ›übersetzen‹ (Schäfer, 2013). Die Grundspannung wird dementsprechend nicht aufgehoben, vielmehr gewinnt z. B. der Pol Stabilität/Wiederholung seine Form in den Spannungspolen Struktur, Schließen und Sozialität und entsprechend der Pol Instabilität/Varianz seine in den Polen Ereignis, Öffnen und Individualität. Wenn sich also Akteurinnen und Akteure des Forschungsprojektes mit ihren schriftlichen und mündlichen Diskursbeiträgen eintragen, dann bringen sie ihr Inklusionsverständnis mit und positionieren sich in den Spannungsfeldern von *Ereignis und Struktur, Öffnung und Schließung* und *Individualität und Sozialität* und nicht mehr direkt zur Grundspannung von *Stabilität und Instabilität, Wiederholung und Varianz.*

Dass sich genau diese drei Spannungsfelder induktiv aus dem Datenmaterial rekonstruieren lassen, ist aus unserer Sicht wiederum Folge des Eingebundenseins der Akteurinnen und Akteure in eine Praxis des interdisziplinären Austauschs über Inklusion, in der die schriftlichen und die mündlichen Beiträge der anderen bei aller inhaltlichen Fremdheit in Strukturen gelesen und rekonstruiert werden, die schon die eigenen Herkunftsdiskurse zur Inklusion prägen und die nun auch in den interdisziplinären Diskurs eingetragen werden. Im Forschungsprojekt werden Differenzstrukturen reproduziert und stehen reproduzierbar zur Verfügung, weil die Akteurinnen und Akteure über die Spannungsfelder die Praktik des eigenen fachlichen Inklusionsdiskurses wiederholend/variierend aufführen. Sie werden also von Inklusionsdiskursstrukturen zum einen subjektiviert und darin zur Wiederholung ihres je spezifischen Fachdiskurses aufgerufen, erhalten aber im interdisziplinären Austausch als besonderem Kontext Varianzen und damit Bewegungsfreiheit aus Diskurszwängen, die die Gruppe für neue Positionierungserfahrungen so bedeutsam macht. In den folgenden drei Abschnitten wird es folglich darum gehen, die Bedeutung der drei Spannungsfelder in den inklusionsdidaktischen Diskursen hinreichend zu plausibilisieren, um dann an Fundstücken aus dem Datenkorpus zu zeigen, wie diese Diskursstrukturen in den schriftlichen und mündlichen Beiträgen prägend wirksam werden.

Ereignis und Struktur

Ereignis und Struktur in Allgemeiner Didaktik und Fachdidaktik

In strukturalistischen Ansätzen der Allgemeinen Didaktik und der Fachdidaktik ist als eine zentrale Spannung jene zwischen Ereignis und Struktur aufscheinend (Zirfas, 2014; Martens, 1999). Mit einem »Ereignis« ist eine je singuläre konkrete Situation im Unterricht gemeint, die sich in hoher Kontingenz nicht evolutionär, sondern eher in emergenten Sprüngen aus dem bisherigen Verlauf oder als Reaktion auf diesen ergibt. Unterricht wird hier als eine Folge von Situationen begriffen, die sich immer erst neu ergeben (Lenzen, 1997; Grümme, 2019; Reis, 2018). Eine solche Betrachtung rückt die didaktisch intentional hergestellten Situationen und ihr fundamentales Merkmal, die Kohärenz, in den Hintergrund. Im Aufeinander-bezogen-Sein von intentional hergestellten Situationen formiert sich entsprechend gegenüberliegend zum singulären und kontingenten Ereignis die kohärente und identifizierbare Struktur. Mit dem Begriff der »Struktur« wird betont, dass sich Unterricht als ein Interaktionsstrom beschreiben lässt, in dem die Elemente der einen Situation die Grundbedingungen für die nächste Situation bereitstellen. Die Struktur der Elemente bedingt den Fortgang der Interaktion, so dass die einzelne Situation hinter die in der Interaktion angelegte Struktur zurücktritt. So entsteht ein rational beschreibbarer Unterrichtsfluss, in dem die je einzelnen Situationen in eine Struktur integriert sind und nicht mehr hervortreten. Didaktik setzt grundsätzlich eher bei der strukturellen Vorstellung von Unterricht an, sonst wären die Wenn-Dann-Konzepte der Didaktik wenig sinnvoll und ihre Perspektive auf Unterricht wäre die einer Aneinanderreihung von mehr oder weniger zufälligen oder beliebigen Situationen. Gleichzeitig ist Didaktik genau darauf bezogen, dass Strukturen unter konkreten Bedingungen in Fokussierung auf zentrale Ereignisse so stark variieren, dass eine erneute strukturbezogene Intervention nötig ist – sonst wäre ein wissenschaftlicher Prozess mit systematischem Fortschrittskonzept überflüssig (Reis, 2014; Gronover, 2013). Mit Luhmann und Schorr könnte man sagen, dass didaktische Reflexionen die Funktion haben, Instabilitäten in neue Stabilitäten zu transformieren (Luhmann & Schorr, 1988). Dabei können im Unterricht sowohl Strukturen als auch Ereignisse Instabilität erzeugen, die dann in der didaktischen Transformation gekreuzt werden: Unterrichtsstörungen sind ein ereignisreiches Phänomen, das in Strukturen wie dem Classroom-Management bearbeitet wird. Eine vorgesehene Sozialform funktioniert aus zeitlichen Gründen nicht, es wird eine begründbare Lösung für diese Einzelsituation gesucht. Je nach Betrachtungswinkel wird didaktische Plausibilität entsprechend zum einen in der Transformation der instabilen Ereignisse in neue Strukturen sichtbar und zum anderen werden instabile Strukturen durch den Blick auf einzelne Situationen beendet (Luhmann & Schorr, 1979).

Ereignis und Struktur in Inklusiver Didaktik

Inklusive Didaktik ist formal gesehen zunächst einmal einfach nur Didaktik (Möller, 2012). Der Form nach wird es auch ihr darum gehen, die unterrichtlichen Kontingenzen, die durch Vielfalt entstehen, meist im Begriff der Heterogenität als erschwerende Herausforderung verstanden, mit neuen Strukturen zu bearbeiten (Reis, 2020; Budde, 2015). Dem Inhalt nach lassen sich aber in den fachdidaktischen Diskursen zwei Bearbeitungsschemata im Verhältnis unterscheiden: a) als routinisierte Praktiken, die den Unterrichtsfluss durch didaktische Strukturen (Mathematikdidaktik: interaktionaler Gleichfluss) in Gang zu halten suchen und dabei Stabilitäten etablieren, die zwar entlasten, den Unterrichtsfluss aber durch seine stark vereindeutigende und zeitlich bindende Adressierung als Ort permanenter Marginalisierung konstruieren (Krummheuer & Brandt, 2001). Inklusion im Unterricht betont deshalb die Notwendigkeit, Unterrichtsstrukturen daraufhin zu überprüfen, ob sie in konkreten Situationen Individuen gerecht werden. Inklusion in dieser Bearbeitung sorgt für eine Didaktik, die sich permanent daraufhin reflektiert, wie die situative Wirkung ist, ob ein bestimmter Moment im Unterricht den pädagogischen Intentionen und den Bedürfnissen der Schülerinnen und Schüler gerecht wird. In diesem Fokus auf das Ereignis werden die darin stattfindenden Interaktionen als frei gestaltbar konzeptioniert (Grümme, 2019, S. 139). b) Genau diese Auflösung des Unterrichts als kontinuierliches Interaktionsgefüge erzeugt zugleich Variationen, die z. B. die Regeln oder teleo-affektiven Strukturen einer Praktik offensichtlich verändern. Diese Veränderung hat Konsequenzen nicht nur für das Individuum, sondern für das ganze Gefüge: Sobald Einzelsituationen verändert werden, wird das gesamte Gefüge mit seinen übergeordneten Zielen und Kompetenzerwartungen an alle Akteurinnen und Akteure verändert. Die Veränderung geht mit einer Komplexität einher, die von allen Akteurinnen und Akteuren rasch bewältigt werden muss: Denn wenn der Unterricht immer wieder in der Ereignisperspektive neu ausgerichtet wird, verliert er nach Grümme seine didaktische Rationalität und somit eine längere verlässliche Basis für das gesamte

Interaktionsgefüge. Den vom Inklusionsanliegen her geforderten schnellen Anpassungen und Veränderungen steht dann der Wert stabiler sozialer Formen gegenüber. Der Verzicht auf routinisierte Handlungen zugunsten ständig flexibler, sich verändernder und somit komplexer Unterrichtssituationen kann selbst eine marginalisierende Wirkung haben, wenn dadurch Verlässlichkeit und Struktur in Interaktionsmustern, Beziehungen, Abläufen und Erwartungen verloren gehen (Klippert, 2011; Wember, 2012, S. 88–92). Dieses zweite Bearbeitungsschemata wird seltener gehört und dann vielfach als Kritik an der Inklusion selbst verstanden (Reis, 2018), aber auch dieses Schema sieht sich aus guten Gründen dem Inklusionsanliegen verpflichtet.

Ereignis und Struktur in den Projektvignetten

Dieses erste Spannungsfeld wird direkt in der Auseinandersetzung der Lesarten um die Vignette »Kommt jetzt bitte mal besoffen« eröffnet. So stellt der erste Satz von der Lesart Laubenstein zu der Vignette fest: »Beim Lesen der Vignette fällt die Strukturiertheit und Ordnung im Klassenzimmer auf.« Die Lesart nimmt damit auf, was auch die Vignettenschreiberin Kruse in ihrem Vorverständnis des Lesartenkommentars als fehlenden inklusiven Blick kennzeichnet: »Die Lehrerin will ihr Unterrichts*programm* – den Lernwörtertest – realisiert sehen und hält mit zäher Energie an ihrem Konzept fest. Dass dieser *Starrheit* Lern*gelegenheiten* zum Opfer fallen, wird entweder übersehen oder aber billigend in Kauf genommen.« Später noch einmal: »Der Nachdruck, mit dem Maxi um Aufmerksamkeit für sich und das Wort ›besoffen‹ wirbt, hätte als Chance für *situativ-spontanes* inklusives Unterrichtshandeln begriffen werden können.« Strukturiertheit wird in der Lesart mit Disziplinierung gleichgesetzt und Starrheit ergibt sich aus dem Festhalten am Programm, dem die Teilhabegelegenheit für Maxi aus dem Blick gerät. Inklusion müsste solche Situationen ernstnehmen und Strukturen verändern. In der Auseinandersetzung um diese Vignette wird damit Inklusion dem Pol des Ereignisses zugeordnet.

Die Vignettenlesart von Schröer/Tenberge fokussiert dagegen die Struktur als Voraussetzung für Teilhabe: »Classroom Management – Rituale und Routinen als Entlastung«. Die exakte Ausführung von routinierten Handlungen, die die Schülerinnen und Schüler davor bewahren, immer wieder neu überlegen zu müssen, ist für beide ein Zugang zur Inklusion. In Vignettenlesart von Reis fällt ebenfalls zunächst die Robustheit des Verfahrens auf, die hier sogar als »ästhetische Praktik« wahrgenommen wird, wenn die Schülerinnen und Schüler hoch synchronisiert agieren und damit leistungsfähig bleiben. Sehr deutlich verschwindet bei diesen Lesarten die besondere Situation für Maxi hinter den automatisierten Vollzügen, die durchaus ihre eigene Legitimität für inklusiven Unterricht erreichen. Genau das ist für die Vignettenkommentar von Kruse »brutal« sowohl von der Lehrerin als auch von der Vignettenlesart von Reis. Das »*Wunder der gemeinsamen Leistungsfähigkeit*« gibt es in einer gleichschaltenden *Situation* wie der abgebildeten Prüfungssituation mit Lernwörtertest nicht!« Der Blick von der Situation her und dem konkreten ungerechten Ereignis ist so stark, dass sich der ästhetische Blick auf die Maschine im

Fluss verbieten muss. Die Vignettenlesart von Laubenstein dagegen löst »Verstehen« aus, weil dort das konkrete Ereignis zum Anlass genommen wird, Strukturen zu demaskieren. Schon der Blick auf dieses Vignettenbündel macht deutlich, wie kompliziert es ist, Struktur und Ereignis den beiden Seiten Exklusion und Inklusion zuzuordnen. Auch die Strukturen können als Ort von Inklusion gesehen werden, dann muss aber die Rekonstruktion des exklusiven Ereignisses überspielt werden. Umgekehrt muss im Fokus auf das Ereignis die Bedeutung der stabilen Strukturen heruntergespielt werden. Die Akteurinnen und Akteure reproduzieren mit dieser Ambivalenz so die oben beschriebenen Diskursformen inklusiver Didaktik.

Auch in den anderen Vignettenbündeln taucht die Differenz von Struktur und Ereignis auf, um Unterricht inklusiv bzw. exklusiv als Merkmal zuordnen zu können. Die Vignette »High Five«, die gerade in der Interaktion der beiden Kinder auf der Hinterbühne des strukturell geplanten Unterrichts eine inklusionsrelevante Kooperationssituation erfasst, denkt das inklusive Anliegen ebenfalls in der besonderen verdichteten Situation realisiert und nicht einfach strukturell in der Abarbeitung eines Verfahrens. In der Vignette »Ich habe ja auch noch Julius« und deren Lesarten rücken dagegen heterogenitätssensible Unterrichtsstrukturen in den Vordergrund. Die Lesarten betonen die Strukturmerkmale der multiprofessionellen Lernumgebung (Vignettenlesart Reis), der darin wirksamen Rollenadressierung (Vignettenlesart Laubenstein) und der Wirkung der implementierten Lernumgebung (Vignettenlesart Kruse). Sie beobachten auf eine jeweils eigene Weise ein formales Erledigungslernen. Inklusion wendet sich hier nicht gegen diese vermeintlichen Strukturen des differenzierten Arbeitens, sondern richtet den unterbrechenden Blick kritisch auf andere Strukturen wie die formale Bearbeitung des Arbeitsblattes, das um des Ausfüllens Willen ohne Lernerträge der Kinder bearbeitet wird. Die rekonstruierten Ergebnisse verschärfen das Dilemma, dass Inklusion auf bestimmte intelligente Strukturen setzt, die routinisiert eingesetzt werden, wobei gleichzeitig gerade das situative Aufbrechen von Strukturen, das situative Innehalten und die Eröffnung der Kontingenz Merkmal von Inklusion sein können. Die Akteurinnen und Akteure setzen sich dem Dilemma von ihrer je individuellen und auch disziplinären Verortung her aus und positionieren sich in den Lesartenbündeln entlang des Spannungsfeldes. Sind die Abstände groß genug, entstehen auch kritisch gegeneinander gerichtete Positionierungen.

Öffnen und Schließen

Öffnen und Schließen in Allgemeiner und Fachdidaktik

Allgemeindidaktisch ist die Differenz von Öffnen und Schließen auf verschiedenen Ebenen der Unterrichtsbeobachtung relevant (Reis, 2016, 44–55). Zunächst ist die Öffnung von Unterricht ein expliziter positiver Leitwert, um die Selbstorganisation und -regulation und damit letztlich die Selbstbestimmung von Schülerinnen und Schülern zu stärken (Deci & Ryan, 1993). Öffnungen können in verschiedenen Graden gesteigert werden, indem die Arbeitsprozesse in der Zeit, der Methode bis zu den Zielen desynchronisiert werden. Die dadurch mögliche Flexibilisierung der

Lernprozesse gilt Vertreterinnen und Vertretern des offenen Unterrichts gerade als ideale Möglichkeit eines individualisierten und darin angepassten Unterrichts (Peschel, 2002). Ein geschlossener Unterricht der maximalen sozialen Synchronisation in den Zielen, Aufgaben, Zeiträumen und Methoden bzw. Medien stellt dagegen die Normalvorstellung eines herkömmlichen Unterrichts im »interaktionalen Gleichfluss« ohne eigenen positiv besetzten Begriff dar. Unter der Annahme von Klassenhomogenität nach Alter und kognitiven Lernmöglichkeiten geht dieser Unterricht von einer hohen Anschlussfähigkeit der Schülerinnen und Schüler untereinander aus, was die Voraussetzung dafür ist, um klassenöffentlichen Unterricht in Formen wie dem Lehrerzentrierten Unterrichtsgespräch als realistisch einzustufen (Aschersleben, 1999).

Die Differenz von Öffnen und Schließen spielt aber auch noch auf einer zweiten Ebene eine Rolle, die der Aufgabenrahmung. Geschlossene Aufgaben sind z. B. in Konzepten des »instructional designs« solche, die den Bearbeitungskorridor sowie die für die Bearbeitung notwendigen Materialien und Vorgehensweisen sehr genau definieren, um das vorgegebene Ziel zu erreichen. Auch der programmierte Unterricht hat hier seinen Ursprung, wenn er Interpretationsräume und subjektiven Ausdruck aus der kybernetisch strukturierten Lernumgebung ausschließt. Offene Aufgaben sind dagegen solche, die durch mehrdeutige semantische Marker oder durch die komplexe Aufgabenstruktur zu Interpretationen und eigene Urteile auffordern (Bühler, 2013).

Öffnen und Schließen in Inklusiver Didaktik

Die Inklusionspädagogik bezieht auf der Ebene der Arbeitsorganisation klare Position für den offenen Unterricht als Grundform inklusiven Lernens (Heimlich, 2011, S. 69–80; Seitz, 2009): »Als pragmatischer Konsens bildet sich das Unterrichtskonzept des offenen Unterrichts heraus, das sich besonders gut eignet, die vielfältigen Aufgaben einer individuellen Förderung in der heterogenen Lerngruppe zu bewältigen« (Heimlich, 2011, 72). Wochenplanarbeit, Stationenlernen oder zumindest differenzierte Arbeitsblätter stehen für einen Unterricht, der den individuellen Bedürfnissen gerecht werden will und Schülerinnen und Schülern, die dem interaktionalen Gleichfluss ständig hinterherlaufen, die Möglichkeit bieten will, im eigenen Tempo und nach eigenen Schwierigkeitsgraden Erfolgserlebnisse in der Selbstwirksamkeit haben zu können. In der stärker förderpädagogischen Richtung wird der geöffnete individualisierte Unterricht eher zu einer Problemsteigerung im Normalunterricht marginalisierter Kinder, weil diese Kinder von engen Aufgaben, schrittweiser Vermittlung, viel strukturierter gemeinsamer Lernzeit in heterogenen Gruppen oder einem klaren Controlling begrenzt werden (Wember, 2012, S. 90–92). Was die Aufgabenformate angeht, wird auch der offene Unterricht gerade durch die hohen Anforderungen an die Selbstorganisation geschlossene Aufgabenformate in den Selbstlernphasen vorsehen, aber in kooperativen Phasen stehen offene, interpretative Aufgaben im Vordergrund, damit alle Kinder überhaupt aktiv sein können (Heimlich, 2011, S. 69–80). Für Vertreterinnen und Vertreter der eher geschlossenen Arbeitsorganisation sind geschlossene Aufgaben mit einem klaren Erwartungsrahmen wichtig, aber gerade in kooperativen Phasen ermöglichen sie erst eine zielgerichtete Synchronisation (Wember, 2012). Die Bedeutung des Öffnens und Schließens für den Umgang mit Differenzen im inklusiven Unterricht ist dementsprechend diskursiv umstritten, weil sich hier zwei unterschiedliche Verständnisse von Inklusion zeigen. Beide betonen in der Sprache Mai-Ahn Bogers (2015) die Strategie der Normalisierung. Während die eine Richtung über die Öffnung Differenzen in den Leistungsfähigkeiten in der Klassenöffentlichkeit abbaut, besteht für die andere Richtung Normalisierung darin, an den normalen leistungsbezogenen Praktiken weiter teilhaben zu können.

Öffnen und Schließen in den Projektvignetten

In der Vignette »Zielgleich und zieldifferent« wird die Arbeitsorganisation des Unterrichts (*erste Ebene*) als geschlossen dargestellt: eine Aufgabe, ein Ziel, ein Weg – für alle gleich. Obwohl einzelne Kinder offensichtlich mit diesem Lernweg große Schwierigkeiten haben, wird der Arbeitsprozess nicht geöffnet, sondern es wird eher auf die Heterogenität im sozialen Feld gesetzt, die die Kinder dialogisch zum Lernen anleiten soll. Die Vignette erzählt davon, wie verloren z. B. Seda in diesem dialogischen Unterricht ist, der die große Gruppe offenbar anspornt und erfolgreich lernen lässt. Gerade weil in der Vignette keine zieldifferente Arbeitsweise erkennbar ist, verschärft das Wissen um den Förderbedarf von Seda die Spannung, die auch die Vignettenschreibende Laubenstein in ihrem Lesartenkommentar aufnimmt:

»Es ist eben jener Spannungsbogen des bestehenden schulischen Systems, dieser Spagat zwischen individualisierten Ansprüchen und Bedürfnissen einer heterogenen Schülerinnen- und Schülerschaft, die Herausforderung von Zielgleichheit und Zieldifferenz, die sich in jeder beliebigen Schule im Sekundarbereich I, in jeder beliebigen Unterrichtsstunde einer 6. Klasse offenbart, die diese Szene nach Ansicht der Vignettenschreiberin enthüllt und im Sinne des Verständnisses von Inklusion erneut die Forderung aufwirft, rechtliche Rahmenbestimmungen oder Verordnungen zu flexibilisieren und pädagogisch zu rahmen [...]. Zieldifferenzierung versteht sich dann als pädagogische Aufgabe für alle Schülerinnen und Schüler.«

Die Vignettenlesart von Kammeyer nimmt über die Vignette in dem Unterricht trotz der unterrichtsoberflächlichen Zielhomogenität und der starken Verfahrensgeschlossenheit eine starke Bedürfnisorientierung im Hintergrund der Unterrichtsöffentlichkeit wahr:

»Die Vignette hebt in dieser Arbeitsphase Grundbedürfnisse, die sich in Handlungen auswirken, hervor: Ahmet bedarf Bewegung, frischer Luft, Spiel und einer Arbeitspause. Kerem möchte sein Bedürfnis nach Trinken stillen. Beide wenden sich eine Lehrkraft und erbitten die Erlaubnis, die Klasse verlassen zu dürfen. Die Bitte wirkt: Sie dürfen sich aus der Einzelarbeitsphase herausziehen, verlassen den Raum und kommen kurz darauf zurück. Amun und Lili schließen sich an. Als Ahmet zurückkommt, steigt er nicht wieder in den Arbeitsprozess ein, sondern legt seinen Kopf auf den Tisch, dann in seine Hand und starrt an die Wand. Zeitgleich diskutieren Armin, Noah und Julius ihre unterschiedlichen Ergebnisse und den richtigen

Rechenweg. Zieldifferenz wirkt sich hier nicht als Problem aus, sondern als Anlass für Argumentation.«

Innerhalb der homogenen Aufgaben und den öffentlich gleichen Zielen hat sich aus ihrer Sicht eine Ordnung etabliert, in der sie eine starke Selbsttätigkeit entdeckt:

»Fokussieren wir mit der Beobachtungsperspektive stärker das Thema der Differenzierung, fällt die Praktik der Selbsttätigkeit auf. Sie wirkt als wichtige Differenzierungspraktik insbesondere in offenen und individualisierten Unterrichtsarrangements und eröffnet die Spannung, dass ein solcher Unterricht einerseits die Fähigkeit zur Selbsttätigkeit anregen will, andererseits aber die Notwendigkeit besteht ›die noch nicht selbstständigen mit Vorgaben und Beispielen zu unterstützen‹. Dies betrifft nicht nur grundsätzlich offenen Unterricht, sondern bereits relativ kurze Phasen wie hier die als Einzelarbeit vorgesehene in unserem Beispiel«.

Die Vignettenlesart von Kammeyer sieht in dem Unterricht kritisch, dass der Unterstützungsbedarf zu kurz kommt:

»Es muss also offenblieben, auf welchem Niveau Seda Erklärungen und ggf. eine differenzierte Aufgabenstellung benötigt. Möglicherweise fehlen ihr Selbstpraktiken für selbstständiges Arbeiten. Dann erzeugt ›Selbstständigkeit als normierte schulische Anforderung‹ Ausgrenzungen (Martens, 1999, S. 215), die erst durch Hilfen aufgelöst werden.«

Die Hilfen in Form von Erklärungen und differenzierten Aufgabenstellungen schließen die offene Situation für Seda und würden die klassenöffentliche Normalisierung beenden. Ist das ›Laufenlassen‹ nun also eine Form von Inklusion oder ist es unterlassene Hilfeleistung und mithin eine Praktik, die die Zukunft der Inklusion beschwert?

Die Ambivalenz der Öffnung der Aufgabenstellung auf der *zweiten Ebene* zeigt sich in der Vignette »... ein Kumpan könnte dort sein« interessanterweise weniger am Kind als an dem Elternteil, das zu Hause die Offenheit der Aufgabe als Assistenz (Vignettenlesart Reis) durch Zielfokussierung, Zeiteinteilung und methodische Steuerung kompensiert. In analoger Weise stehen auch Schulbegleiterinnen und Schulbegleiter und Assistenzkräfte in anderen Vignetten vor der Aufgabe,

- offene oder nur wenig strukturierte Lernaufgaben nachzustrukturieren und dabei in der Unterstützung, die in der offenen Aufgabe angedachte Autonomie der Schülerinnen und Schüler zurückbauen (Vignette »Ich habe ja noch Julius«) oder
- ohne Gerüst für eigenständige Lernschritte vor allem die Motivation hochzuhalten (Vignette »Zielgleich und zieldifferent«).

Dass mit der Differenz von Öffnen und Schließen normative Vorstellungen davon verbunden sind, wie das Individuum in die homogene soziale Ordnung eingearbeitet ist, wird in dem kollaborativem Gesprächsprotokoll besonders kontrovers an der Vignette »Dann musst du mal über Strategien nachdenken« diskutiert. Rituale wie ein Gebet entlasten und geben Orientierung. Formen wie ein Fürbittgebet wirken auch so, dass sie dabei helfen, einen sprachlichen Ausdruck zu finden, und zugleich tragen sie dazu bei, Denken, Empfindungen und Erfahrungen zu konfigurieren. Formen sozialisieren in bestimmten teleo-affektiven Strukturen. Die Stabilität solcher Rituale ist wichtig, genau darin sind sie ja Rituale (Reis & Weber,

2022, S. 175–188). Wie aber verhält es sich mit dem Einverständnis in die Rituale? Wie ist das mit dem Können von religiösen Ritualen, wenn das Einfügen wichtig ist, um den Sinn des Rituals und die soziale Synchronisierung zu erleben? Am Gebet ist das gut beobachtbar. Es ist nicht einfach, ein Gebet oder Gebetsformen individuell zu variieren und trotzdem die Form zu wahren. In dem Forschungsprojekt zu den Katholischen Schulen gelingt es in den Klassen besser, die homogen in der Sozialisierung sind. Je offensichtlicher die religiös-weltanschauliche Heterogenität, umso stärker der Versuch der Lehrkräfte, die Gruppe in der Grundordnung (Händefalten, Kreuzzeichen, Gebet, Kreuzzeichen) synchron abzuhalten. Gerade dieser starke disziplinierende Druck auf eine öffentliche passende Gebetsperformanz aller zeigt den Druck auf das Gebet mit Kreuzzeichen als synchrones und somit körperliches Medium der (religiösen) Vergemeinschaftung an (Vignettenlesart Rohlfing). Und es ist ganz offensichtlich, dass das formale Abarbeiten der Form, ohne die Möglichkeit, den Morgenimpuls anders als im Gebet (Vignettenlesart Schröer) zu vollziehen, das Ritual auch selbst beschädigt. Die starke Geschlossenheit in der verkörperten Form wird zum Gerüst für den desorientierten Schüler und zugleich destabilisiert genau diese formal erzeugte Durchführung die zukünftige Durchführung von religiösen Impulsen. Wenn sich Katholische Schulen für eine religionsplurale Schülerinnen- und Schüler- und Lehrerinnen- und Lehrerschaft öffnen wollen, werden sie konzeptionell klären müssen, wie sie die funktionalen Effekte der geschlossenen synchronen religiös vereindeutigten Akte erhalten und diese für die veränderte Schülerinnen- und Schülerschaft und ihre Weltanschauung öffnen können (Lesartenkommentar Reis).

Anders als bei der Differenz »*Struktur und Ereignis*« ist bei der Differenz »*Öffnen und Schließen*« die Ambivalenz des Inklusionsdiskurses in den Projektbeiträgen und zum Teil bei den einzelnen Akteurinnen und Akteuren selbst greifbar. Inklusion und Nichtinklusion werden nicht eindeutig den Polen von Öffnen und Schließen zugeordnet, auch wenn in den Stichworten wie Selbsttätigkeit oder Zieldifferenz die Desynchronisation des offenen Unterrichts als primärer Bezugspunkt für Inklusion eingetragen wird.

Individualität und Sozialität

Individualität und Sozialität in Allgemeiner Didaktik und Fachdidaktik

In der pädagogisch-didaktischen Auseinandersetzung um das Lernen ist das Verhältnis des individuellen Wissenserwerbs zum sozialen Prozess ein kontroverses Thema. So wird in den Bildungswissenschaften im Angebot-Nutzungsmodell die soziale Situation eher als Umgebungsressource für die individuelle Kompetenzentwicklung gesehen. Lernprozesse werden innerhalb des Modells eher dyadisch (Lehrkraft-Schülerin oder Schüler) bzw. triadisch modelliert (Lehrkraft-Lernumgebung-Schülerin oder Schüler), um dann Lerneffekte beim Individuum erheben zu können (Helmke & Weinert, 1997). Die seit PISA etablierte Kopplung von Kompetenz und Diagnostik macht nur Sinn, wenn Lernen stark in der kognitivistischen Tradition letztlich als individueller aktiver Aneignungsprozess verstanden wird

(Reis, 2014). Didaktik strukturiert zwar grundsätzlich die Aktivitäten in einer Gruppe, aber in diesem Denken so, dass der feststellbare individuelle Lernprozess als Outcome der Intervention möglichst maximal ist (Ramseger, 2014, S. 298–305). Andere Vertreterinnen und Vertreter betonen hingegen, dass die Lerngruppe das Wissensmanagement als soziale Ressource steuert. Aushandlungsprozesse sind für Bedeutung konstitutiv. Damit ist nicht nur gemeint, dass das Individuum für die individuelle Bedeutung auf die Aushandlung mit anderen angewiesen ist – dann wäre die Gruppe nur wieder eine Ressource für das individuelle Wissensmanagement –, viel radikaler wird Wissen sozial verteilt, eingelagert und aufgerufen (Proske, 2022, S. 13–24; Viertel, Reis & Rohlfing, 2022). Kompetenzen, die in die Durchführung sozialer Praktiken eingebracht werden, lassen sich hier individuell nicht sinnvoll messen, bzw. individuelle Messungen sind grundsätzlich nicht valide, weil sie Kompetenz falsch modellieren, die auch nur für und in sozialen Situationen gebraucht werden und die sozialen Mechanismen wesentlich die Reproduzierbarkeit bestimmen.

Individualität und Sozialität in Inklusiver Didaktik

Für inklusive Lernprozesse wiederholt sich die Kontroverse. Für die einen ist die Individualisierung des Lernens das strategische Ziel von Inklusion, das durch Differenzierung erreicht wird. In der Individualisierung wird über das Leitbild der Diversität defizitorientierte Besonderung vermieden. Das Individuum hat das Recht auf angepasste Lernumgebungen. Da alle dieses Recht haben, sind alle zugleich besonders und benötigen spezielle Förderung (Hinz, 2013). Für diesen Pol der Spannung organisiert inklusive Didaktik die Koordination der individuellen Lernprozesse. Insofern ist nachvollziehbar, dass inklusive Didaktik einfach nur gute Didaktik in dem Sinne ist, dass die sowieso schon in der Didaktik angelegte Koordinationsaufgabe nur noch konsequenter darauf ausgerichtet wird, den individuellen Bedürfnissen zu genügen (Möller, Bücker & Pithan, 2014, 196). Georg Feusers bekannte drei didaktisch-strukturelle Analysen einer inklusiven Allgemeinen Didaktik lassen sich so lesen, dass die Handlungsstrukturanalyse für die nächste Zone der individuellen Entwicklung zu individuellen Aufgaben in der Relation von Tätigkeitspotenzial und Sachstruktur führt (Feuser, 1989). Für den anderen Pol entsteht Zugänglichkeit zum Thema für das Individuum erst in heterogenen sozialen Lagen. Interessanterweise lässt sich für diesen Pol erneut auf Georg Feuser zurückgreifen, der in der Linie von Wygotski die Heterogenität des sozialen Feldes und die entsprechende Heterogenität der Handlungsfähigkeiten für den Schlüssel hält, dass Individuen überhaupt einen Impuls erhalten, die eigenen Handlungsfähigkeiten weiterzuentwickeln (Kohlmeyer, 2018). Feuser denkt hierbei aber nicht an Helferin- oder Helfersysteme, in denen intergenerationale Leistungsunterschiede zur Ausbildung verfestigter Asymmetrien verdichtet werden, sondern an kooperative Arbeit am gemeinsamen Gegenstand, der zum gemeinsamen Rahmen der individuellen Teilhabe und -gabe wird (Feuser, 2014). In diesen gegenstandsbezogenen Arbeitsprozessen ist die Heterogenität der Leistungsfähigkeiten für alle anregend und herausfordernd für eine Weiterentwicklung vorhandener Fähigkeiten. Für Feuser kommt inklusive Didaktik im sogenannten Baummodell im Gegensatz zu seinen Schriften der Allgemeinden Didaktik an ihre Grenze, wenn sie die konkreten Lernprozesse und die Lernveränderungen und die zu erwartenden Niveaus exakt vormodellieren würde (Feuser, 2014). In den Gruppenprozessen lässt sich nur emergent individuelles Lernen in seiner Selbstorganisation rekonstruieren. Und dann würde man dieses individuelle Lernen passender als Individuation beschreiben, die von dem sozialen Hintergrund nicht getrennt werden kann. Die Paradoxie, die Feuser in den Paaren von *»Individualisierung und Kooperation«* bzw. von *»Differenzierung und Gemeinsamer Gegenstand«* beschreibt, wird in der inklusiven Didaktik oft semantisch in Sowohl-als-auch-Formulierungen scheinbar aufgelöst (Schweiker, 2017), aber in konkreten Unterrichtsprozessen und deren Reflexion taucht die Paradoxie trotzdem wieder auf und muss bearbeitet werden. Genau dies geschieht in den Projektvignetten.

Individualität und Sozialität in den Projektvignetten

Die Vorstellung von Inklusion als Teilhabe an sozial organisierten Lernprozessen wird in der Vignettenlesart von Rohlfing zu der Vignette »High Five« aufgerufen. »Es entsteht dabei der Eindruck, dass Kinder erst durch die interaktive Rolle ihre kognitiven Anforderungen kennen und erfüllen lernen (Heller & Rohlfing, 2017). Die interaktive Rolle stellt dabei einen Handlungsrahmen her, in dem Kinder zunächst bestimmte Schritte, dann die Mittel und Wege, diese zu erfüllen begreifen (Heller & Rohlfing, 2017)«. Rohlfing weist darauf hin, dass das gemeinsame Zählen über ein bloßes Nachahmen der leistungsstärkeren Schülerin durch leistungsschwächere hinausgeht: In der verkörperten Handlung des gemeinschaftlichen Zählens nehmen beide Mädchen die gleichen dialogischen Rollen an. Im Vordergrund steht somit die gemeinsame Erfüllung der Aufgabe, hintergründig bleibt die kognitive Leistung und von wem diese getragen wird. Man spricht von »distributed cognition« (Hutchins, 2000, S. 2068–2072) einer verteilten Kognition, die hier eine Leistung in der Gemeinschaft durch die Interaktion ermöglicht. Das bedeutet nicht, dass die Individualität keine Rolle spielt. Die soziale Rahmung in den Vordergrund zu stellen, erfordert durchaus individualisierende Maßnahmen, um zu verstehen, welche Lernvoraussetzungen die Teilhabe im sozialen Rahmen ermöglichen oder auch verhindern, weil Turns übernommen werden können oder auch nicht. Hier ist es dann gerade die Aufgabe, mit kompensatorischen oder remedialen Maßnahmen Zugänglichkeit zu verbessern (Wember, 2001). Individualität erscheint in diesem Denken nicht als positiver Leitwert der Selbstbestimmung, sondern als soziale Norm, die die soziale Desynchronisation von Menschen als individuelles Ziel vorgibt (Ricken, 2018). Inklusion müsste vor diesem Hintergrund eher auf die Herstellung von Synchronizität abzielen als die Verstärkung des Trends zu Singularitäten (Reckwitz, 2003).

In der Vignettenlesart von Kruse zu der gleichen Vignette wird dagegen die gemeinsame Handlungsrahmung durch den Fokus auf Emilia aufgebrochen:

»An diesen Teil der Szenenmaterialität scheint mir vieles gebunden zu sein, dass in Richtung einer Wissens- und Könnenshoheit, einer Autorisierungsinstanz weist.

Ein Gleichgewicht im Hinblick auf Wissen und Können nämlich ist in der Zweiergruppe aus Emilia und Nejla keinesfalls so gegeben, wie es der Ausdruck Partnerarbeit anzunehmen nahelegt.«

Und ist die Interaktion in individuelle Handlungsstränge zerlegt, dann verändert sich auch der Blick auf die pädagogische Situation im Gefüge:

»Welche Rolle kommt der Gemeinsamkeit mit Nejla hierbei zu? Was bedeuten Nejlas Dabeisein, Nejlas Handeln für Emilias Voranschreiten auf einem für sie widerständigen und irritationsreichen Erkenntnisweg, der zum Zeitpunkt des murmelig ausgesagten Nicht-Kapierens durchaus ein zukünftiges Kapieren verheißt.«

Nejla *handelt* für sich in einer intentionalen Lernspur und sie geht mit der *dabeiseienden* Emilia geduldig um. Sie nimmt selbst eine pädagogische Rolle ein, die hilft, dass sich die Krise für Emilia nicht weiter verschärft. In der Vignette werden aus dieser Sicht zwei Kinder mit ihren individuellen Lernspuren begleitet, die sich in einem besonderen Moment der Inklusion begegnen, wenn sich in der Kooperation der verschiedenen Mädchen für Emilia eine Anreicherung der kognitiven Möglichkeiten ergibt.

Mit der Spannung von Individualität und Sozialität sind auch Fragen der Besonderung und der Homogenisierung in der Gruppe verbunden. Wer ein Individuum erfassen will, kann dies nur in Differenzen, die es von anderen unterscheidet (Brandstetter & Reis, 2020, S. 375–385). Das hat zur Folge, dass Inklusion im Sinne einer individuellen Förderung aller die Identifikation einer Person in ihrer Förderbedürftigkeit voraussetzt. Diese Identifikation bleibt ambivalent, weil damit immer wieder auch Normalvorstellungen transportiert werden, die gerade durch die Individualisierung gegenüber den sozialen Erwartungen aufgebrochen werden sollen (Schweiker, 2017). Dieses Etikettierungsdilemma der Inklusion wird auch in der Vignette »... ein Kumpan könnte dort sein« über verschiedene Positionen diskutiert. Die Vignette selbst identifiziert Christopher als Kind mit Konzentrationsschwierigkeiten, das die Hasen-App benötigt, um sein Maß an Beanspruchbarkeit selbst kontrollieren zu können. Christophers Aufgabenbearbeitung wird in ihrer Qualität mit der Konzentration relationiert: »*Ich sehe ihm an, wie er konzentriert weiter dichtet. Er denkt nach, schaut zur Seite, tippt, korrigiert.*« Und später: »*Das Gedicht hat ihn gepackt. Er schreibt konzentriert weiter und weiter. Es ist 10:10. Das Häschen wird gecheckt. Bald ist der Timer auf 50 Minuten, was bedeutet, dass Christopher schon 50 Minuten an den Aufgaben arbeitet. Dafür gibt es Belohnung in Form von Münzen. Für die 5 ergatterten Münzen plant Christopher später, einen neuen Hut für das Häschen einzukaufen.*« Die Besonderung in der Konzentrationsschwäche und der Notwendigkeit zur Benutzung des Häschens intensivieren die Leistung von Christopher. Aber darin markiert und stabilisiert das Ich die Differenz zur Normalität. Im Kollaborativen Gesprächsprotokoll wird dies auch als Anfrage an die Vignettenschreiberin thematisiert, wenn der Wunsch des Ichs in der Vignette gesehen wird, dass das Kind endlich die Normen schulischer Belastbarkeit, aber auch sprachliche Normen einhält. Die Identifikation soll zwar mittelfristig Normalisierung ermöglichen, aber gerade weil Christopher bis zuletzt auch als normalerweise konzentrationsschwach identifiziert wird und diese Schwäche Teil seiner *sozialen* Identität wird, ist ein undoing des Differenzmerkmals eher unwahrscheinlich. Es wäre von vorneherein eine Alternative für ein Mitglied der Forschungsgruppe, dass das Ich die eigene

Normbezogenheit relativiert und so Christopher in seiner leistungsheterogenen Lerngruppe als normales Mitglied denkt, das sich in der Heterogenität normal entfalten wird. Das würde seine Besonderung abmildern und die Interaktion entlasten. Würde dies auch die Inklusivität verbessern? Aus Sicht des Ichs gerade nicht, weil die sozialen Normen ja weiterhin in Geltung bleiben und ohne normbezogene fördernde Interaktion Exklusion droht.

8.4 Räume, Arbeitsorganisation und Artefakte als Träger des Inklusionsverständnisses

Die Positionierungen zu Inklusion in den Spannungen erfolgen wie immer bei Positionierungen in Raum und Zeit (Reis, 2022, S. 48–59; Fabricius, 2022, S. 71–85). Die Vignette erschließt diesen Raum und die Zeit als inklusives oder exklusives Geschehen. Die Lesarten entstehen nicht als parallele Unterrichtsbeobachtung, sondern eben als Beobachtung dieser Positionierung. Wenn sie ein eigenes Inklusionsverständnis verstärkend oder oppositionell gegenüber der Vignette erzählen wollen, dann beziehen sie sich auf die Raum-Zeit-Struktur und werden für ihre Positionierung ähnlich oder anders interpretieren. Wenn sich nun die Autorinnen und Autoren der Lesarten zu der Vignettenschreiberin oder dem Vignettenschreiber in den Raum stellen, dann greifen sie für ihre Positionierung auf das zurück, was im Raum ist. Dazu gehören auch die Menschen, aber die Praxistheorie lenkt den Blick auf die Praxisbündel, in die materielle Artefakte oder auch geistige Artefakte eingeschrieben sind. Menschen werden mit ihren Körpern und deren Verhalten selbst in diese Praktiken eingefügt. Inklusionsverständnisse materialisieren sich auf diese Weise. Dieser These soll im Folgenden an zwei Vignetten beispielhaft nachgegangen werden.

Vignette »Kommt jetzt bitte mal besoffen!«:

»Zu Unterrichtsbeginn am heutigen Donnerstagmorgen steht in der 2a der so genannte ›Lernwörtertest‹ an. Zehn gelernte Wörter sollen den Kindern diktiert werden. Dafür sitzen alle Kinder der Klasse an ihren Tischen und bekommen von der Lehrerin ein kleines Schreibblatt ausgehändigt, auf dem Linien für genau zehn Wörter vorhanden sind. Bevor es mit dem Wörterschreiben losgehen kann, werden zunächst noch Sichtschutzmauern aufgebaut. Routiniert stellen die Kinder Schulranzen in die Mitte der Tische und stellen vor sich ihre Federmäppchen auf. Wahre Schreibfestungen entstehen, innerhalb derer sich die solchermaßen vereinzelten Kinder über ihre Blätter beugen. Sogar Maxi, der an einem von den anderen abgerückten Einzeltisch vorn vor der Wandtafel sitzt, hat sein Federmäppchen aufgestellt und kauert sich dahinter.«

Die Szene wird strukturiert durch die unterrichtliche Praktik des Lernwörtertests. *Für* diesen Test sitzen die Kinder an den Tischen, damit sie geordnet ein Blatt ausfüllen können, das Blatt selbst wird in hohem Maße als vorstrukturiert beschrieben. Die Tische sind materiell bedeutsam für das Fernhalten des fremden Blicks. Diese hohe Strukturierung des Raumes erfasst dann auch Maxi, der bereits abgesondert sitzt und der die Abschottungsmaßnahmen der anderen trotzdem ebenfalls vollzieht. Die Vignettenschreiberin schafft ein Raumbild von hoher Strukturierung und synchronisierter Vereinzelung. Dieses Raumbild wird von der Lehrerin mit viel Energie im Verlauf auch gegen die Interventionen von Maxi aufrechterhalten, die dieser wie von außen durch seine Position vornehmen muss. So steht die Lehrkraft zwischen Maxi und den anderen Kindern und sorgt für eine Separation, die durch die Zwischenrufe noch verstärkt wird. Die Vignette selbst rückt nun den solcherart separierten Maxi in den Mittelpunkt und schafft in der Struktur ein singuläres Ereignis. Dieses Ereignis verschärft die Homogenisierung der anderen Kinder als Masse ohne Individualität im Schatten der Szene. Die Lesarten können nicht hinter die Vignette zurück, sie können aber den Fokus innerhalb der Szene verändern. Die Vignettenlesart von Reis nimmt die Raum-Zeit-Konfiguration auf, rekonstruiert aber die Aufführung des Lernwörtertests als aktive Synchronisationsleistung, in der die Vereinzelung der Aufmerksamkeitssteigerung dient, um die Leistung zu vollbringen.

»Dem Lernwörtertest ist wichtig, dass alle Kinder gleichzeitig arbeiten, sie sehen sich beim Arbeiten, aber es ist eine individuelle Leistung. Man soll die Leistungsbereitschaft sehen, das Lernen der Lernwörter zu zeigen. Um das Schreiben geht es, den Akt der Gedächtnisproduktion selbst. Die Bewertung ist Teil der Praktik, die Rückgabe der Zettel auch, aber es sind nur kleine Teilnoten, sie sind auch schnell wieder vergessen. Durch den Wechsel der Wörter bedeutet jeder Zeitraum eine neue Chance, jeder kann theoretisch davon überzeugt sein, dieses Mal alle Wörter richtig zu schreiben. Im Schreibakt selbst wird die Leistungsdifferenz nicht sichtbar, es wird nur die Leistungsbereitschaft sichtbar. Das ist die Aufgabe aller Akteurinnen und Akteure: einen Akt herzustellen, der der Lehrkraft zeigt: ›Wir haben gelernt!‹ Strenge Regeln sind wichtig, sie zeigen die Ernsthaftigkeit aller: Lernen ist wichtig, wir wollen richtig schreiben können! Die Lehrkraft erhält Resonanz: ›Ich habe euch etwas beigebracht, ihr seid erfolgreich!‹«

Dass die Vignette nur von Maxi in der Abweichung erzählt, bedeutet im Rahmen der Fokusverschiebung, dass die anderen Kinder in der Praxis versuchen, eine möglichst genaue Erinnerungsleistung zu den Wörtern zu vollziehen. Genau das wird von Rohlfing in der über das Kollaborative Gesprächsprotokoll reformulierten Szene 1 als Chance gerade für die Kinder gesehen, die sich mit der Aufmerksamkeitsfokussierung schwertun. Mit Goffman könnte man sagen, dass die unterschiedlichen Positionierungen auf der Differenzlinie die Raum-Zeit-Struktur modulieren (Goffman, 1980). Die Positionierung schafft einen frame, einen Rahmen, der keine Elemente in der Szene austauscht, sondern anders einfärbt. Es ist dabei nicht so, dass der Rahmen schon vorher feststeht, sondern die Raum-Zeit-Struktur bildet auch aufgerufenen Rahmen, denn sie ist selbst eingebunden in Diskurse. Die Vignette aktiviert in der Tischordnung, dem vorstrukturierten Schreibblatt, dem Einzeltisch für Maxi, den Praktiken zur Bearbeitung der Unterrichtsstörung eine stark lehrerinnenzentrierte und letztlich auch autoritäre Unterrichtsvorstellung. In diese Struktur ist durch eine Unterbrechung aus Gründen der Inklusion im Sinne einer Öffnung einzugreifen. In dem Lesartenkommentar macht Kruse dies auch explizit:

»Die Lehrerin in der Vignette begegnet dem Schüler Maxi starr und unempathisch. Seinen unbotmäßig in die Klasse gerufenen Äußerungen gegenüber zeigt sie keinerlei Interesse und drängt mithin Maxis Welterfahrung – denn als Ausdruck einer solchen ist die Nennung des Wortes ›besoffen‹ im Kontext der Winter-Wörter zu verstehen – aus ihrer Unterrichtswelt heraus. Sie hat kein gutes Wort für Maxi, keine annehmende Geste. Stattdessen lediglich Abwehr und Aggression. Die Lehrerin will ihr Unterrichtsprogramm – den Lernwörtertest – realisiert sehen und hält mit zäher Energie an ihrem Konzept fest.«

In der antithetischen Vignettenlesart von Reis drückt sich eine andere Positionierung in den Spannungen – hier wird die Struktur als Bedingung für Synchronisation und diese als Ressource für die sozial und darin individuell erfolgreiche Durchführung des Tests gesehen:

»Die nächste Praktik ist die der ›Wagenburg‹ oder des ›Schützengrabens‹: ›Wir sind im Krieg.‹ Um den angreifenden Worten und den feindlichen Blicken der Mitschülerinnen und Mitschüler, die eine Lösung rauben könnten, nicht schutzlos ausgeliefert zu sein, werden Schutzakteure errichtet. Dieses Moment des Krieges aller gegen aller ist nur auf den Blick kontraproduktiv. Das Kauern hinter den Mauern unterstützt die Abschottung für die Erhöhung der Konzentration. Sie ist ein Handeln gegen die Dinge, gegen die eigentliche Funktion der Mäppchen (Röhl, 2019, S. 30 ff.), aber sie verschmilzt funktional mit der Praktik des Lernwörtertest. Die Vereinzelung als Sozialform (Ricken, 2018, S. 195 ff.) unterstützt die individualdiagnostische Ausrichtung. Der Kriegszustand unterstützt den Ernst und der wiederum die Konzentration. Die Synchronisation aller in der Praktik unterstützt die Homogenität, sich an der anderen Praktik zu beteiligen. Genau hier ist aber auch die Sollbruchstelle des Praktikbündels, das überfordern kann, so dass Konzentration in Stress umschlägt.«

Auch wenn die Ambivalenz dieser Praktik durchaus im Blick ist, wird trotzdem hier z. B. die Wagenburg-Praktik mit den Mäppchen der Vignette funktional umgedeutet. Da in der Vignette und den Vignettenlesarten das Verhältnis von Raum, Zeit und Artefakten von den hier oppositionell zugeordneten Positionen innerhalb der Spannungsfelder bestimmt werden, ist es müßig zu versuchen, die Differenz daraufhin aufzulösen, wer Recht hat. Die Diskussionen im Kollaborativen Gesprächsprotokoll und die Reflexion der Debatte im Lesartenkommentar von Kruse zeigen andersherum, dass die Positionen ihren Geltungsanspruch über die jeweilige Raum-Zeit-Artefakte Konfiguration plausibilisieren.

Vignette »Ich habe ja auch noch Julius«

Die Szene dieser Vignette ist ebenfalls von einem geistigen Artefakt hier der Expertinnen- und Experten-Kleingruppenarbeit als Lernumgebung geprägt. Dieses Artefakt wird in einer Raum-Zeit-Struktur repräsentiert:

»Die Klasse von Frau von der Heide soll in Expertinnen- und Expertengruppen von zwei bis drei Schülerinnen und Schülern arbeiten. Jede Gruppe soll eine Präsentation zu einem Organ des menschlichen Körpers erstellen. Die Wandtafel verrät neben der Gruppenzusammensetzung, dass die Expertinnen- und Expertengruppen Informationen zum Aussehen, zur Aufgabe/Funktion, zur Lage sowie zu Besonderheiten zu ihrem Körperteil zusammentragen sollen. Es gibt das Herz, die Lunge, den Magen, den Darm und die Nieren. Die Aufgabe wird schnell wiederholt und das Padlet mit Informationen in Text- und Videoform über den Beamer gezeigt. Es werden Tablets und Arbeitsblätter im Steckbriefformat ausgeteilt. Die Gruppen verteilen sich im Klassenraum und auf dem Flur. Texte werden gelesen, Videos werden angeschaut.«

Die Wandtafel strukturiert die vorgeplante Gruppenbildung, das Padlet speichert die Informationen für die Gruppen. Tablets dienen zur Synchronisation mit den Informationen. Arbeitsblätter zeigen an, dass Produkte in den Gruppen zu den Organen entstehen. Die Vignette folgt den Kindern, wie sie den Aufforderungen der materiellen Artefakte für die Lernumgebung ohne weitere Impulse folgen. Durch die lose Kopplung der Elemente, die Mischung aus digitalen und analogen Lernmitteln oder auch der Expertinnen- und Expertenadressierung entsteht die Vorstellung eines Unterrichts mit hoher Offenheit und Selbstregulation. Der Arbeitsauftrag, sich ein Organ so zu erarbeiten, dass es präsentativ vorgestellt werden kann, wirkt wie eine Rahmung für die verschiedensten Aktivitäten, deren inhaltliche Qualität nicht definiert wird. Die Gruppen können auf ihrem Niveau arbeiten, so die Erzählung zum Einstieg. In den Zoom-Bewegungen auf die konkreten Akteurinnen und Akteure hin wird die funktionale Oberfläche der Lernumgebung zugleich mit Goffman (1980) in der Vignette anders moduliert. Einzelne Kinder arbeiten in der Kleingruppe zwar formal an dem Thema, aber sie sind nicht orientiert und statt als Expertinnen und Experten in der vorgedachten Form ihr Nichtverstehen und Nichtkönnen mit ihren Ressourcen zu bearbeiten, delegieren sie die Selbstregulation an Julius, den Begleiter von Yousef zurück.

Diese Vignette beschreibt einen Unterricht, der der Form nach modernen didaktischen Ansprüchen auch an Heterogenitätssensibilität genügt. In Kollaborativen Gesprächsprotokoll sorgt dies für Diskussionen, weil nun der durchaus moderne Unterricht inklusionsrelevante blinde Flecken aufwirft. Mit Budde kann man die Diskussion zusammenfassen, dass ein Unterricht, der dem Regime einer Arbeitsblattdidaktik folgt, für Fragen der Homogenisierung und Marginalisierung in diesem Regime wenig differenzsensibel ist (Budde, 2018, S. 40–63). Eher geht es um das formale Abarbeiten der Aufgaben und den damit verbundenen formalen Nachweis von Leistung:

»Die Vignette dokumentiert damit deutlich die Durchsetzungskraft von Formen des ›Erledigungslernens‹ (Rumpf, 2010) gegenüber authentischen und erfahrungshaltigen Erkundungen wie sie auch zu den hier thematischen menschlichen inneren Organen möglich sind. Von erfahrungshaltigem Lernen berichtet die Vignette nichts und es ist dessen Fehlen, das aus dem geradezu stakkatoartigen Bericht von oberflächlichen Sortierarbeiten der Erwachsenen und Ausweichtätigkeiten der Kinder grell hervorsticht« (Vignettenlesart Kruse).

Das formale Festhalten an der Arbeitsstruktur mit der bestimmten Medialität wirkt sich aus:

»Die Resonanzlosigkeit dieses Tuns offenbart erschreckende Beziehungsarmut, die vielleicht sogar als Zone der Entfremdung die Beziehung von Lernenden und Lehrenden prägt [...] So viel Vereinzelung! So viel Übersehen-Werden! So viel Sinnleere! So viel Enttäuschung! All dies liegt im tieftraurigen Finale der Vignette, das eingeleitet wird mit der Erwähnung eines anmutigen Rituals des Classroom-Managements: Es wird Musik gespielt (welche eigentlich?) und die Unterrichtsphase der so genannten ›Expertinnen- und Expertenarbeit‹ endet« (Vignettenlesart Kruse).

In der Diagnose ist sich die Gruppe einig, aber worin besteht nun die Lösung? Hier bilden sich erneut opponierende Positionen, die zum einen unterschiedliche Weiterentwicklungen in die Arbeitsorganisation eintragen: Geht es darum, die Führung in den Arbeitsstrukturen zu intensiven und die Öffnung zurückbauen? Geht es um mehr Kleinschrittigkeit *»in den scaffolding-Methoden«* (Kollaboratives Gesprächsprotokoll)? Als ein besonderes Problem wird identifiziert, dass in dem Unterricht die offene Form mit einer Vorstellung von geschlossenen Informationskreisläufen verbunden ist, in denen Wissen technisch aus den Nachschlagemedien auf das Arbeitsblatt fließen kann. Genau das macht aber Lese- und Schreibfähigkeiten nötig, die in der Klasse den Zugang zum Thema erschweren. Oder ist vielmehr eine Intensivierung der offenen Phase zu fordern, eine Abkehr von dem letztlich geschlossenen Lernen nach dem *»Diktat des Arbeitsblattes«* (Kollaboratives Gesprächsprotokoll). Hier bliebe die Voraussetzung erhalten, dass Inklusion von Öffnung profitiert, aber Öffnung ist – so die Ursachenforschung – auf Bedingungen bei den Lehrkräften und den Schülerinnen und Schülern angewiesen, die in der Klasse der Vignette bei der *»gegenwärtigen Lehrerinnen- und Lehrerbildung«* (Kollaboratives Gesprächsprotokoll) nicht gegeben sind.

Konkrete Räume, Arbeitsorganisationsformen, geistige und materielle Artefakte sind die Form, in denen sich die unterschiedlichen Inklusionsverständnisse in ihren Analysen und Bewertungen über die Spannungen ausdrücken. Bei dieser Vignette fällt auf, dass die Polarisierung der Positionen eher schwächer als bei anderen Vignetten ausfällt und häufiger die Vignette selbst für ihre Leerstellen angefragt wird, so als würde die Vignette für ihre eigene inklusionsbezogene Uneindeutigkeit gerügt. Neben den Polen in den Spannungsfeldern kann also auch die Nichtposition gegenüber dem normativen Wert von Inklusion differenzstark sein.

8.5 Verortungsprofile zu Inklusion

Positionierungen von Mitgliedern der Forschungsgruppe in der Auseinandersetzung um schulische Inklusion – sei es als Vignette, Lesart oder in den mündlichen Diskussionen zu den Lesarten bzw. dem Abschlusstext eines Bündels – lassen sich zunächst in den einzelnen Spannungen orten. Bisheriges Ergebnis ist auch, dass diese Positionierungen an konkretem Material wie Artefakten und den Lernräumen mit ihren Methoden ausgetragen werden. Folgt man aber den spezifischen Einschreibungslinien eines Forschungsgruppenmitglieds durch das Datenmaterial, dann fällt auf, dass eine Position andere Positionierungen in den einzelnen Spannungsfeldern verbindet – so wie ein Verstärker Höhen/Tiefen, Bass und Lautstärke zum Klang synthetisiert. Der individuelle ›Klang‹ der Mitglieder ist dabei von zwei *Verortungsprofilen* geprägt:

1. Ereignis-Öffnung-Individualität und
2. Struktur-Schließung-Sozialität.

Manche Personen argumentieren stark in einem der Profile und das auch zeitlich durchgehend, andere wechseln die Orientierung je nach Vignette und Diskussionsverteilung. Im Verhältnis zu den Verortungsprofilen bildet sich das individuelle Inklusionsverständnis, das eben deshalb immer eine soziale Position im Verhältnis zu anderen Positionen ist (Boger, 2017). Es ist die soziale Lage und die Modulierung der anderen Positionierung, die eine Differenz aufruft oder die sich verstärkend anderen Positionierungen zur Seite stellt. In der Forschungsgruppe hat sich mit der Zeit eine beschreibbare erstaunlich stabile soziale Verteilung der Positionierungen bei den Mitgliedern eingestellt, in der die Gegenseite die Anfragen an die Konsistenz der eigenen Positionierung manifest macht.

Verortungsprofil: Ereignis-Öffnung-Individualität

Direkt in der Diskussion der ersten Vignette »Kommt jetzt mal besoffen?« bilden sich beide Profile als Orientierungsrahmen aus. Die Vignette selbst betont die erste Linie, indem sie das Individuum Maxi aus der Masse mit Namen hervorhebt und es in seiner Isolierung zum Adressaten der Partizipationseröffnung macht, um der es Inklusion geht. Diese Fokussierung ist auch der Form der Innsbrucker Vignettenforschung geschuldet, die Kindern in schulischen Lernprozessen ein Gesicht gibt, sie erfahrbar macht und vorschlägt, genau solche Situationen herauszuarbeiten, die die Beobachtenden ansprechen und sie in Verbindung zu den Beobachteten setzt. Es geht bewusst nicht um die Dokumentation von Lernprozessen, sondern um die Darstellung von Betroffenheit. Insofern könnte man sagen, dass das in der Vignette gebildete Profil durch die Form entsteht. Allerdings eröffnet genau diese Form eine Differenz, die nicht nur die Lesarten und deren Diskussion, sondern auch den weiteren Verlauf erheblich geprägt hat. Selbst spätere eher polyzentrische Vignetten lassen sich sehr genau danach unterscheiden, ob in diesen Prozessen Individualität so stark eingefangen wird, dass man ihr dabei folgt, wie geplante Strukturen in einem konkreten Ereignis unterbrochen werden (oder normativ: unterbrochen werden müssten), damit die konkreten Ereignisse sichtbar werden. Auch die Vignette »High Five« lässt so Emilia hervortreten, hier aber nicht als Symbol für fehlende Inklusion, sondern als Protagonistin eines gelungenen Inklusionsprozesses, der sich als besonderes Moment eher beiläufig ereignet hat. Hierbei wird schon deutlich, dass sich dieses Profil leichter damit tut, wenn es subversiv gegenüber traditionellen Unterrichtsprozessen eingesetzt wird. Das ist insofern relevant, weil sich Positionierungen dieses Profils mit Situationen eher schwertun, die oberflächlich in der Raumordnung (gut nach Bedürfnissen getrennte Bereiche), dem Material (individualisiertes Material) und den Methoden (differenzierende Kleingruppenarbeit) dem inklusiven Anliegen nicht direkt widersprechen – wenn also eigentlich Individualität und differenzierte Lernwege in der Lernumgebung strukturell geplant sind wie z. B. in den Vignetten »Ich habe ja noch Julius« oder »Zielgleich und zieldifferent«. Auch dann ist es möglich, die gleiche Linie als Intensivierung einzusetzen. Die Frage ist aber dann, ob diese Linie selbst Unterricht überhaupt gestalten kann, bzw. ob mit den alternativen Lösungen, z. B. zu der Vignette »Kommt jetzt bitte mal besoffen?« nicht nur wieder die neuen Probleme geschaffen werden, die sich dann wieder in der Linie kritisieren ließen. Inklusion ist hier vor allem – in der Differenzierung von Boger (2017) – als Empowerment zu verstehen, die Kindern wie Maxi oder Emilia gerechter werden will.

Verortungsprofil: Struktur-Schließung-Sozialität

Positionierungen im anderen Verortungsprofil fokussieren vor allem die Struktur und bewerten sie daraufhin, ob sie Lernen als Teilhabe an einer sozialen Wissensordnung ermöglichen. Denn diese Teilhabe macht Inklusion aus. Individualität entsteht eher als *Individuation*, als Spezifizierung einer homogenen sozialen Lage und ist nicht die Voraussetzung eines Lernprozesses. Normen, auch schulische Leistungsziele, werden als Bedingungen unserer Gesellschaft durchaus akzeptiert. Offene Lernprozesse werden vor allem vor dem Hintergrund bewertet, ob sie ausreichend Struktur besitzen, so dass gerade Schülerinnen und Schüler mit weniger Selbstregulation den Prozessen folgen können. In diesem Profil kritisiert man dominante offene Lernumgebungen wie bei der Vignette »... ein Kumpan könnte dort sein« oder verteidigt geschlossene in ihrer Leistungsfähigkeit, wie die kritischen Lesarten zur Vignette »Kommt jetzt bitte mal besoffen?«. Durch die Akzeptanz von Normen und der großen Bedeutung von sozialen Rahmungen wird hier Inklusion als Recht der Kinder auf – in dem Begriff von Boger – *Normalisierung* verstanden. Zur Normalisierung kann es dann aber gehören, dass Kinder besondere Förderbedarfe haben und dafür auch herausgehoben werden müssen. Sie werden darin markiert, aber eben um in der Zukunft selbstbestimmt an der Gesellschaft, wie sie ist, teilhaben zu können. Dafür ist eine Positionierung in dieser Verortungslinie aber bereit, Kinder mit Normen zu konfrontieren und die Grenze des Könnens auszuloten. Nicht-Könnenserfahrungen sind dementsprechend auch nicht prinzipiell zu vermeiden, müssen aber begleitet werden.

Ein zentrales Ergebnis dieser georteten Verortungsprofile: Die Diskussionen sind in der Forschungsgruppe immer dann intensiv, wenn Personen beide Profile besetzen. Und dann verhalten sich Akteurinnen und Akteure über die Bündel hinweg verlässlich wiedererkennbar. Direkte Seitenwechsel sind nicht zu beobachten. Aber wenn eine Vignette selbst ambivalent ist, wie z. B. die Vignetten »Ich habe ja noch Julius« oder »...ein Kumpan könnte dort sein«, kann es sein, dass beide Seiten die entsprechenden Anteile der Szene kritisch modulieren, aber nicht in der Differenz der beiden Profile zueinander finden. Dann bleiben Diskussionen eher ratlos und die Gruppe setzt sich intensiver mit der Person der Vignettenschreiberin oder des Vignettenschreibers auseinander. Inklusion lebt von differenzstarken Positionen an diesen Profilen – so unsere These. Vor dem Hintergrund der georteten Verortungsprofile ist es produktiv, das eigene Inklusionsverständnis durch bewusste Ortswechsel im Profil anzureichern. Was gewinnt z. B. die Vignettenschreibende, wenn sie Christopher im Verlauf der Vignette zunehmend aus den übernommenen Normvorstellungen entlässt und mehr Raum für die eigene Gestaltung zulässt, so dass auch die Metrisierung abgedämpft wird (Vorschlag im Kollaborativem Gesprächsprotokoll)? Gleichzeitig könnten in der ersten Linie Beobachtende etwas von dem Stolz und der Freude darüber lernen, dass die Konzentration messbar vorhanden war und dass das Gedicht eben auch gerade in den Interventionen der Begleiterin Struktur gewinnt. *Schulische Inklusion wird nicht besser, wenn sich ein Profil durchsetzt, sondern dann, wenn in der Gegenwart anderer Positionierungen die eigene Position spürbar und im offenen Austausch befragbar wird. Das erhöht die Chance, verdrängte Teilhabemöglichkeiten überhaupt erst wahrzunehmen.*

Literatur

Aschersleben, K. (1999). *Frontalunterricht – klassisch und modern. Eine Einführung* (Studientexte für das Lehramt, 1). Neuwied u. a.: Luchterhand.

Boger, M.-A. (2017). Theorien der Inklusion – eine Übersicht. *Zeitschrift für Inklusion*, 11 (1).

Boger, M.-A. (2015). Theorie der trilemmatischen Inklusion. In I. Schnell (Hrsg.), *Herausforderung Inklusion – Theoriebildung und Praxis* (S. 51–62). Bad Heilbrunn: Klinkhardt.

Brandstetter, B. & Reis, O. (2020). Machtvolle Differenzierungen: Wie Inklusionsdiskurse (religions-)pädagogische Praxis prägen. In T. Knauth, R. Möller & A. Pithan (Hrsg.), *Inklusive Religionspädagogik der Vielfalt. Konzeptionelle Grundlagen und didaktische Konkretionen* (S. 375–385). Münster u. a.: Waxmann.

Budde, J. (2015). Heterogenitätsorientierung. Zum problematischen Verhältnis von Heterogenität, Differenz und sozialer Ungleichheit im Unterricht. In J. Budde, N. Blasse, A. Bossen & G. Rißler (Hrsg.), *Heterogenitätsforschung. Empirische und theoretische Perspektiven* (S. 19–37). Weinheim: Beltz.

Budde, J. (2018). Heterogenität und soziale Ungleichheit in schulischen Leistungsordnungen. In S. Lin-Klitzing, D. Di Fuccia & T. Gaube (Hrsg.), *Heterogenität und Bildung – eine normative pädagogische Debatte?* (S. 40–63). Bad Heilbrunn: Klinkhardt.

Bühler, K. (2013). *Offene Aufgabenformen für den Mathematikunterricht: Praktische Materialien zu den neuen Anforderungen der Bildungsstandards für die Klassen 5–10.* Augsburg: Auer.

Deci, E. L. & Ryan, R. M. (1993). *Die Selbstbestimmungstheorie der Motivation und ihre Bedeutung für die Pädagogik. Zeitschrift für Pädagogik*, 39 (2), 223–238.

Fabricius, S. (2022). Relationale Positionalität als Zielperspektive (des Theologisierens) im Religionsunterricht? In M. Zimmermann, F. Kraft, O. Reis, H. Roose & S. Schroeder (Hrsg.), *»Hauptsache, du hast eine Meinung und einen eigenen Glauben«. Positionalität (nicht nur) in der Kinder- und Jugendtheologie* (Jahrbuch für Kinder- und Jugendtheologie, Band 5) (S. 71–85). Stuttgart: Calwer.

Feuser, G. (1989). Allgemeine integrative Pädagogik und entwicklungslogische Didaktik. *Behindertenpädagogik*, 28 (1), 4–48.

Feuser, G. (2014). Warum Inklusion mehr ist als ein (sonder-)pädagogischer Spezialdiskurs – Ein Versuch wider die educational correctness. In M. Schambeck & S. Pemsel-Maier (Hrsg.), *Inklusion!? Religionspädagogische Einwürfe* (S. 97–122). Freiburg u. a.: Herder.

Goffman, E. (1980). *Rahmen-Analyse.* Frankfurt a. M.: Suhrkamp.

Gronover, M. (2013). Prekäre Religionspädagogik? Theologische Bildung und Religionspädagogik. In C. Bauer, M. Kirschner & I. Weber (Hrsg.), *An Differenzen lernen. Tübinger Grundkurse als theologischer Ort* (Tübinger Perspektiven zur Pastoraltheologie und Religionspädagogik, Band 50) (S. 72–83). Münster: Lit.

Grümme, B. (2019). *Religionspädagogische Denkformen. Eine kritische Revision im Kontext von Heterogenität.* Freiburg u. a.: Herder.

Heimlich, U. (2011). Gemeinsamer Unterricht im Rahmen inklusiver Didaktik. In U. Heimlich & F.-B. Wember (Hrsg.), *Didaktik des Unterrichts im Förderschwerpunkt Lernen. Ein Handbuch für Studium und Praxis* (S. 69–80). Stuttgart: Kohlhammer.

Helmke, A. & Weinert, F. (1997). Bedingungsfaktoren schulischer Leistungen. In F. Weinert (Hrsg.), *Psychologie des Unterrichts und der Schule* (S. 71–176). Göttingen: Hogrefe.

Hinz, A. (2013). Inklusion – von der Unkenntnis zur Unkenntlichkeit!? – Kritische Anmerkungen zu einem Jahrzehnt Diskurs über schulische Inklusion in Deutschland. *Zeitschrift für Inklusion*, 8 (1), 1–17.

Hutchins, E. (2000). Distributed cognition. In N. J. Smelser & P. B. Baltes (Hrsg.), *International Encyclopedia of the Social and Behavioral Sciences* (S. 2068–2072). Oxford: Elsevier.

Klippert, H. (2011). Heterogene Lerngruppen unterrichten – Anregungen für den Schulalltag. In Verband Bildung und Erziehung. Landesverband Rheinland-Pfalz (Hrsg.), *Heterogenität und Differenzierung – Neues Handbuch für die Sekundarstufe I* (S. 89–99). Mainz: Verband Bildung und Erziehung.

Kohlmeyer T. (2018). Dekonstruktion eines Mythos. Vygotzkijs Zone der nächsten Entwicklung und Feusers kindzentrierte basale Pädagogik. In G. Büttner, H. Mendl, H. Roose & O. Reis (Hrsg.), *Heterogenität im Klassenzimmer* (Religion lernen. Jahrbuch für konstruktivistische Religionsdidaktik, Band 9) (S. 59–74). Babenhausen: Lusa.

Krummheuer, G. & Brandt, B. (2001). *Paraphrase und Traduktion. Partizipationstheoretische Elemente einer Interaktionstheorie des Mathematiklernens in der Grundschule.* Weinheim: Beltz.

Lenzen, D. (1997). Lösen die Begriffe Selbstorganisation, Autopoiesis und Emergenz den Bildungsbegriff ab? *Zeitschrift für Pädagogik*, 43 (6), 949–968.

Luhmann, N. & Schorr, K. E. (1979). Das Technologiedefizit der Erziehung und die Pädagogik. *Zeitschrift für Pädagogik*, 25 (3), 345–367.

Luhmann, N. & Schorr, K. E. (1988). *Reflexionsprobleme im Erziehungssystem.* Frankfurt a. M.: Suhrkamp.

Martens, W. (1999). Die kulturelle und soziale Ordnung des Handelns: Eine Analyse der Beiträge Parsons' und Luhmanns. In R. Greshoff & G. Kneer (Hrsg.), *Struktur und Ereignis in theorievergleichender Perspektive. Ein diskursives Buchprojekt* (S. 71–117). Wiesbaden: Suhrkamp.

Möller, R. (2012). *Guter (Religions-)Unterricht zwischen Kompetenzorientierung und inklusiver Didaktik.* Online verfügbar unter: https://comenius.de/publikation/moeller_guter_religionsunterricht_zwischen_kompetenzorientierung_und_inklusive_didaktik_2012/, Zugriff am 21.02.2023.

Möller, R., Bücker, N. & Pithan, A (2014). Inklusion und religiöse Bildung – Deutungsmuster von Lehrkräften. Zwischenergebnisse aus dem Projekt »Religion in inklusiven Schulen« (RiS). In M. Schreiner & F. Schweitzer (Hrsg.), *Religiöse Bildung erforschen. Empirische Befunde und Perspektiven* (S. 189–199). Münster u. a.: Waxmann.

Peschel, F. (2002). *Offener Unterricht – Idee, Realität, Perspektive und ein praxiserprobtes Konzept zur Diskussion, Band 1: Allgemeindidaktische Überlegungen & Band 2: Fachdidaktische Überlegungen.* Baltmannsweiler: Schneider-Hohengehren.

Proske, M. (2022). Zur Frage der Wirkung und Nachhaltigkeit von Unterricht. Unterrichtstheoretische Überlegungen auch aus Anlass von Herausforderungen für die Schule in der Kultur der Digitalität. In N. Brieden, O. Reis, H. Mendl & H. Roose (Hrsg.), *Nachhaltige Wirkung von Religionsunterricht* (Religion lernen. Jahrbuch für konstruktivistische Religionsdidaktik, Band 13) (S. 13–24). Babenhausen: Lusa.

Ramseger, J. (2014). Das Korallenriff oder: Die Grenzen der Inklusion. In S. Peters & U. Widmer-Rockstroh (Hrsg.), *Gemeinsam unterwegs zur inklusiven Schule* (S. 298–305). Frankfurt a. M.: Grundschulverband.

Reckwitz, A. (2003). Grundelemente einer Theorie sozialer Praktiken. Eine sozialtheoretische Perspektive. *Zeitschrift für Soziologie*, 32 (4), 282–301.

Reis, O. (2018). Alles eine Frage des Mindsets?! Eine Ordnung des Inklusionsdiskurses und die Folgen für die inklusive Didaktik In G. Büttner, H. Mendl, H. Roose, Hanna & O. Reis (Hrsg.), *Heterogenität im Klassenzimmer* (Religion lernen. Jahrbuch für konstruktivistische Religionsdidaktik, Band 9) (S. 9–46). Babenhausen: Lusa…

Reis, O. & Weber, C. (2022). »In Erinnerung geblieben sind mir die ritualartigen Dinge«. Rituale und ihre eigensinnige Mitarbeit am nachhaltigen Lernen. In N. Brieden, O. Reis, H. Mendl & H. Roose (Hrsg.), *Nachhaltige Wirkung von Religionsunterricht* (Religion lernen. Jahrbuch für konstruktivistische Religionsdidaktik, Band 13) (S. 175–188). Babenhausen: Lusa.

Reis, O. (2016). »Öffnen kann ja jeder!« – von der hohen Kunst des Schließens beim Theologisieren mit Kindern. In H. Roose & E. E. Schwarz (Hrsg.), *»Da muss ich dann auch alles machen, was er sagt«. Kindertheologie und Unterricht* (Jahrbuch für Kindertheologie, Band 15) (S. 44–55). Stuttgart: Calwer.

Reis, O. (2014). *Systematische Theologie für eine kompetenzorientierte Religionslehrer/innenbildung. Ein Lehrmodell und seine kompetenzdiagnostische Auswertung im Rahmen der Studienreform* (Theologie und Hochschuldidaktik, Band 4). Münster: Lit.

Reis, O. (2020). Unisichtbar, lähmend oder steuernd. Heterogenität als didaktischer Akteur im Unterricht. In B. Grümme, T. Schlag & N. Ricken (Hrsg.), *Heterogenität. Eine Herausforderung für Religionspädagogik und Erziehungswissenschaft* (S. 137–150). Stuttgart: Kohlhammer.

Reis, O. (2022). Weltanschauliche, religiöse oder theologische Positionalität – Positionalität als Lösung und Problem der KJT im Zueinander von Tradition und subjektiven Überzeugungen. In M. Zimmermann, F. Kraft, O. Reis, H. Roose & S. Schroeder (Hrsg.), *»Hauptsache, du hast eine Meinung und einen eigenen Glauben«. Positionalität (nicht nur) in der Kinder- und Jugendtheologie* (Jahrbuch für Kinder- und Jugendtheologie, Band 5) (S. 48–59). Stuttgart: Calwer.

Ricken, N. (2018). Die Sozialität des Pädagogischen und das Problem der Individualisierung – Grundlagentheoretische Überlegungen. In K. Rabenstein, K. Kunze, M. Martens, T.-S. Idel, M. Proske & S. Strauß (Hrsg.), *Individualisierung von Unterricht. Transformationen – Wirkungen – Reflexionen* (195–213). Bad Heilbrunn: Klinkhardt.

Schäfer, H. (2013). *Die Instabilität der Praxis. Reproduktion und Transformation des Sozialen in der Praxistheorie.* Weilerswist: Velbrück Wissenschaft.

Schweiker, W. (2017). *Prinzip Inklusion. Grundlagen einer interdisziplinären Metatheorie in religionspädagogischer Perspektive.* Göttingen: Vandenhoeck und Ruprecht.

Seitz, S. (2009). *Inklusive Didaktik: Die Frage nach dem ›Kern der Sache‹. Zeitschrift für Inklusion*, 1 (1).

Viertel, F. E., Reis, O. & Rohlfing, K. (2022). *Acquiring religious words: dialogical and individual construction of a word's meaning. Philosophical Transactions of the Royal Society* B, 378 (1870), Artikel 20210359. Online verfügbar unter: https://dx.doi.org/10.1098/rstb.2021.0359, Zugriff am 03.03.2023.

Wember, F. B. (2001). Adaptiver Unterricht. *Sonderpädagogik*, 31 (3), 161–181.

Wember, F. B. (2012). Didaktische Prinzipien und Qualitätssicherung im Förderunterricht. In U. Heimlich & F. B. Wember (Hrsg.). *Didaktik des Unterrichts im Förderschwerpunkt Lernen* (S. 81–95). Stuttgart: Kohlhammer.

Zirfas, J. (2014). Struktur und Ereignis. Schule als performativer Handlungsraum. In J. Hagedorn (Hrsg.), *Jugend, Schule und Identität. Selbstwerdung und Identitätskonstruktion im Kontext Schule* (S. 189–203). Wiesbaden: Springer.

9 Das Forschungsprojekt im Spiegel praxistheoretischer inklusionsbezogener Unterrichtsforschung

Franz Schröer, Oliver Reis, Iris Kruse und Katharina J. Rohlfing

Zum Abschluss vergewissert sich die Forschungsgruppe, wie die Erfahrungen des Forschungsprozesses und dessen Ergebnisse sich zu aktuellen Linien des Inklusionsdiskurses in Beziehung setzen lassen. Es lässt sich resümieren, dass sich das Projekt im Hinblick auf das methodische Vorgehen und hinsichtlich der Ergebnisse in die Forschungslinien der Inklusionsforschung einpasst und diesen zugleich neue Impulse hinzufügt. So hat sich die Forschungsgruppe zunächst das Ziel gesetzt, mithilfe der Praxistheorie Inklusion als Herausforderung für Schulen, Unterricht und die involvierten Akteurinnen und Akteure besser zu verstehen. Anschlussfähig ist das Projekt damit insbesondere an solche Diskurse in der Schnittmenge zwischen Fachdidaktik, allgemeiner Didaktik, Erziehungswissenschaft und Sonderpädagogik, die Inklusion und inklusiven Unterricht nicht als zu erreichenden Zustand, sondern als Transformationsprozess begreifen (Ainscow, Booth & Dyson, 2006). Im Projekt sollten dabei die realen Vollzüge im Unterricht als Praktiken genauer erschlossen werden, um sie auf ihre normativen Vorannahmen zu Inklusion, die immer wieder in naturalistischen Kurzschlüssen auf die Praxisvorstellung von inklusivem Unterricht durchschlagen (Schweiker, 2017), zu untersuchen. Die praxistheoretische deskriptive Beobachtung von schulischem Unterricht und dabei speziell mit einem inklusiven Fokus hat sich inzwischen durchaus als Forschungszugang etabliert. Schon die vorliegenden Studien (Budde, Blasse & Johannsen, 2016; Fritzsche, 2014; Stechow et al., 2019) machen darauf aufmerksam, dass das bildungspolitische Anliegen der Inklusion auf ambivalente Weise in den Unterricht integriert wird. Beiträge aus sonderpädagogischer oder erziehungswissenschaftlicher Perspektive decken in den kleinen Operationen hinter den beobachtbaren Differenzierungs- oder auch Adressierungsformen jenseits von gewünschten Haltungen eine Fortschreibung von Exklusions- oder Segregierungspraktiken auf (Rabenstein et al., 2013) – so auch die Vignette »Zielgleich und zieldifferent«. Die Vorstellung eines Unterrichtsflusses, der möglichst für alle oder sonst für Gruppen differenziert versucht, Aufgaben linear durch Zeit zu synchronisieren, ist weiterhin – und auch in den eingefangenen Szenen – dominant. Die Forschungsgruppe fügt sich mit den eigenen Ergebnissen in diese kritischen Analysen, etwa die Diskussion um die ambivalente Besonderung über die Förderbedarfe, ein. Dadurch wird im Sinne theoretischer Sensitivität ein Dialog mit bestehenden Postulaten und Erkenntnissen zu inklusivem (Fach-)Unterricht aufgenommen und es werden die o.g. inklusiven Kerne aus den Lesartenbündeln zu relevanten Diskurslinien in Beziehung gesetzt. Das erkenntnishaltige Moment der Analysen liegt dabei in der Verschränkung von erziehungswissenschaftlichen bzw. sonderpädagogischen und fachwissenschaftlichen/(fach-)didaktischen Perspektiven auf die Vignetten und Lesarten.

Einige Lesarten verweisen in diesem Kontext auf Leerstellen bezogen auf den je adressierten fachlichen Kontext. So nimmt etwa die Vignettenlesart von Häsel-Weide zur Vignette »Zielgleich und zieldifferent« eingangs kritisch den Sinn der aufgerufenen Aufgabe und des vorgegebenen Rechenverfahrens aus mathematikdidaktischer Perspektive in den Blick. Mitunter verstellen auch die fachlichen Kontexte den Blick auf die Inklusivität der Praktiken in Teilen. So werden etwa in den Lesarten zur Vignette »Ich habe ja auch noch Julius« Irritationen über die Adressierung der Schülerinnen und Schüler als Expertinnen und Experten deutlich. Diese werden auch in der Lesartenantwort des Vignettenschreibenden, jedoch weniger aus inklusionsdidaktischer und mehr aus sachunterrichtsdidaktischer Perspektive aufgegriffen und ratifiziert. Auch stellt etwa die fachunterrichtliche Perspektivierung der Vignette »Kommt jetzt bitte mal besoffen?« erziehungswissenschaftliche und allgemeindidaktische Vorstellungen von Inklusion in Frage. Die unterschiedlichen Bezugnahmen präzisieren damit die von Seitz (2003) aufgerufenen Spannungsfelder zwischen allgemeindidaktischen bzw. erziehungswissenschaftlichen und eben fachdidaktischen oder fachbezogenen Anforderungen an die Gestaltung von Unterricht unter dem Schlagwort Inklusion.

Die Spannungsfelder (Ereignis und Struktur, Öffnung und Schließung, Individualität und Sozialität) und die dazu querliegende Hervorhebung von Artefakten und Lernumgebungen bilden auf der einen Seite gewissermaßen eine Landkarte, die zur Verortung und Orientierung, aber besonders zur Fortschreibung und Präzisierung von Leerstellen in verschiedenen Kontexten dienen kann. Die Landkarte sucht das soziale und individuelle Lernen, das sowohl zum Etablieren/Bestehen wie auch Weiterentwickeln einer Praktik im schulischen und unterrichtlichen Alltag beiträgt, zu umspannen. Auf der anderen Seite bilden die Vignetten und Lesarten exemplarische Darstellungen zu den Spannungsfeldern und ihrem Zusammenspiel. Sie können, in der Metapher der Landkarte bleibend, wie ein Fremdenführer, aber auch wie ein Diskussionspartner auf dem Weg verstanden werden. Durch die Landkarte wird deutlich, dass Inklusion ein spannungsvolles Unterfangen ist: Wenn man sich für einen Punkt auf der Landkarte entscheidet, bleiben andere, obwohl dazugehörig, im Hintergrund.

In der Linie praxistheoretischer Arbeiten etwa von Breidenstein & Tyagunova (2020) zum Verhältnis von Fachdidaktik und Praxis haben wir das Anliegen verfolgt, Praktiken im inklusiven Fachunterricht in der Spannung zu den normativen (sonder)pädagogischen bzw. (fach)didaktischen Vorannahmen über »gute« inklusive Praxis zu rekonstruieren. Dabei trat die Forschungsgruppe bedingt etwa durch unterschiedliche Professionalisierungsbiografien, Domänen, Erkenntnisinteressen, Haltungen oder Erfahrungen auch wiederholt in diskursiven Austausch über die Beschaffenheit »guter« inklusiver Praktiken oder über Gelingensbedingungen für »guten« inklusiven (Fach-)Unterricht. Individuelle und interindividuell geteilte oder verschiedene Vorannahmen über Inklusion und inklusiven Unterricht wurden dabei nicht der Form halber im Sinne qualitativ-rekonstruktiver Verfahren vom Forschungsgegenstand getrennt. Stattdessen wurde, wie auch Budde und Hummrich (2015) anregen, eine Perspektive eingenommen, die den Prozesscharakter von Inklusion als Anspruch, Reformanliegen und Entwicklungsaufgabe in Bildungspraxis in den Blick nimmt. Dabei steht nicht mehr die Frage im Vordergrund, *ob* ein

Unterrichtsprozess empirisch als inklusiv ausgewiesen werden kann oder nicht, entscheidend wird die Untersuchung, die Beobachtung unterrichtlicher Prozesse selbst mit den Kriterien für Inklusion selbst zusammenhängt. Die fachliche Beobachtungssprache enthält Vorentscheidungen, was Inklusion als empirisches Phänomen meint, so dass die Beobachtung von Praxis zugleich das Inklusionsverständnis »konzeptionalisiert« (S. 37).

Dass Vorannahmen, wie die o.g. selbst wieder Forschungsgegenstand sein können, dokumentieren auch verschiedene theoriegeleitete Rekonstruktionen der Inklusionsdebatte über inklusive schulische Praxis. Bekannte Systematisierungen wie die von Boger (2015), Harant (2016) oder Leontiy und Schulz (2020) helfen dabei normative Vorannahmen und Haltungen sichtbar sowie beschreibbar und sie damit zum Gegenstand der Auseinandersetzung zu machen. Sie können die unterschiedlichen Erkenntnisinteressen der Akteurinnen und Akteure hinter den normativen Forderungen von Inklusion verständlich machen und systematisieren. Durch den mehrperspektivischen Ansatz wird auch deutlich, dass Inklusionsverständnisse deutliche Auswirkungen auf die Beobachtungen und Beurteilung von Unterricht haben. Allerdings sind diese theoretischen Ordnungen selbst wieder theoretische Konstrukte, die von den beobachteten Praktiken losgelöst sind. Wie Grosche (2015) darlegt, sind Unklarheiten über individuelle oder normative Vorannahmen über Inklusion und inklusiven Unterricht ein relevantes Thema, wenn es um die Beschreibung, Analyse oder Operationalisierung von inklusiven Umgebungen insbesondere in der empirischen Bildungsforschung geht. Eine praxistheoretische Analyse der Beobachtung von Inklusion, die genau die Bearbeitung der obigen Spannung zwischen den Vorannahmen und dem Unterricht selbst untersucht, fehlt bisher. Hier setzt die gemeinsame Arbeit an und stellt ausgehend von den Vignetten als in Text überführte Beobachtung von inklusiven Praktiken über die Lesarten zu einer Beobachtung alternative Lesarten zur Seite. Dadurch werden nicht nur unterschiedlich perspektivierte Betrachtungen unterrichtlicher Praxis eröffnet, vor allem wird die Beobachtung selbst unter Kontingenz gesetzt. Genau dadurch wird es möglich, Positionierungen über die drei Spannungen hinweg als Bearbeitungen *einer* inneren Spannung von Inklusion zu sehen, die sonst leichter abstrakt ausgeblendet wird.

Wie können wir also Inklusion fächerübergreifend verstehen? Ausgehend vom Modell der regelmäßigen Wiederholung von Praktiken haben wir in den Vignetten sowohl nach der Stabilität des Sozialen als auch der Erfüllung individueller Bedürfnisse Ausschau gehalten. Die unser interdisziplinäres Projekt prägende Diskussion im Angesicht der Gegenposition sorgt dabei für eine Widerspiegelung des verdrängten Anderen im eigenen Inklusionsverständnis. Insbesondere die Modulationen der Raum-Zeit-Struktur für das Inklusionsverständnis sind ein völlig neuer Gesichtspunkt, der so noch nicht beschrieben wurde. Für die Zukunft ist es uns ein Anliegen, den interdisziplinären Diskurs, damit meinen wir die Diskussion im Angesicht der Gegenposition, entlang der drei Spannungsfelder, nicht nur in unserer Forschung, sondern auch in der Lehre fortzusetzen. Zwar ist der Wunsch der Studierenden nach erprobten Konzepten für inklusiven Unterricht groß, eine noch größere Rolle müsste jedoch der Fähigkeit zugeschrieben werden, die Dimensionen der Praktiken zu reflektieren, um die Implizitheit und Komplexität schulischen und unterrichtlichen Alltags beschreiben und analysieren zu können (Sturm 2015). Auf diese Weise können die Wechselwirkungen von fachlichen, unterrichtsorganisatorischen und diagnostischen Praktiken in ihren die inklusiven Settings formatierenden sozialen und materialen Dimensionen (Breidenstein, 2021; Häsel-Weide & Nührenbörger, 2021; Kottmann, 2022) mit Bedacht erzeugt oder in Kauf genommen werden. An dieser Stelle ist der Anspruch, dass Studierende die Spannungen, in denen Inklusion steht, nicht aufzulösen versuchen, sondern die Spannungsfelder, die Praxis inhärent sind und die durch die praxistheoretische Analyse als vereindeutigende Entscheidungen in Raum und Zeit sichtbar werden, auf einer Metaebene nutzen, um daraus eigenes verantwortetes Handeln zu entwickeln.

Literatur

Ainscow, M., Booth, T. & Dyson, A. (2006). *Improving schools, developing inclusion.* London, New York: Routledge.

Boger, M.-A. (2015). Theorie der trilemmatischen Inklusion. In I. Schnell (Hrsg.), *Herausforderung Inklusion: Theoriebildung und Praxis* (S. 51–62). Bad Heilbrunn: Klinkhardt.

Breidenstein, G. (2021). Interferierende Praktiken: Zum heuristischen Potenzial praxeologischer Unterrichtsforschung. *Zeitschrift für Erziehungswissenschaft*, 24 (4), 933–953.

Breidenstein, G. & Tyagunova, T. (2020). Praxeologische und didaktische Perspektiven auf schulischen Unterricht. In H. Kotthoff & V. Heller (Hrsg.), *Ethnografien und Interaktionsanalysen im schulischen Feld: diskursive Praktiken und Passungen interdisziplinär* (S. 197–219). Gehalten auf der Diskursive Passungen im schulischen Feld: Ethnografien und Konversationsanalysen sozialer Ordnungsprozesse, Tübingen: Narr Francke Attempto.

Budde, J., Blasse, N. & Johannsen, S. (2016). Praxistheoretische Inklusionsforschung im Schulunterricht. *Zeitschrift für Inklusion*, 10 (4).

Budde, J. & Hummrich, M. (2015). Inklusion aus erziehungswissenschaftlicher Perspektive. *Erziehungswissenschaft*, 26 (2), 33–42.

Fritzsche, B. (2014). Inklusion als Exklusion: Differenzproduktionen im Rahmen des schulischen Anerkennungsgeschehens. In A. Tervooren, N. Engel, M. Göhlich, I. Miethe & S. Reh (Hrsg.), *Pädagogik* (S. 329–346). Bielefeld: transcript.

Grosche, M. (2015). Was ist Inklusion? In P. Kuhl, P. Stanat, B. Lütje-Klose, C. Gresch, H.A. Pant & M. Prenzel (Hrsg.), *Inklusion von Schülerinnen und Schülern mit sonderpädagogischem Förderbedarf in Schulleistungserhebungen* (S. 17–39). Wiesbaden: Springer.

Harant, M. (2016). Der Inklusionsbegriff im Spannungsfeld pädagogischer »Mindsets«. *Pädagogische Korrespondenz*, 54, 37–57.

Häsel-Weide, U. & Nührenbörger, M. (2021). Inklusive Praktiken im Mathematikunterricht. Empirische Analysen von Unterrichtsdiskursen in Einführungsphasen. *Zeitschrift für Grundschulforschung*, 6 (14), 49–65.

Kottmann, B. (2022). Inklusion, (k)eine ganz besondere Kunst?! Das Konstrukt »Sonderpädagogischer Förderbedarf« (als eine Diagnose) zwischen Schutz und Stigma. In A. Brenne & M. Kaiser (Hrsg.), *»Die Bildung Aller«: Inklusive Kunstpädagogik* (S. 27–58). Hannover: fabrico.

Leontiy, H. & Schulz, M. (Hrsg.) (2020). *Ethnographie und Diversität: Wissensproduktion an den Grenzen und die Grenzen der Wissensproduktion.* Wiesbaden: Springer.

Rabenstein, K., Reh, S., Ricken, N. & Idel, T.-S. (2013). Ethnographie pädagogischer Differenzordnungen. Methodologische Probleme einer ethnographischen Erforschung der sozial selektiven Herstellung von Schulerfolg im Unterricht. *Zeitschrift für Pädagogik*, 59 (5), 668–690.

Schweiker, W. (2017). *Prinzip Inklusion: Grundlagen einer interdisziplinären Metatheorie in religionspädagogischer Perspektive (Neukirchener Theologie).* Göttingen: Vandenhoeck & Ruprecht.

Seitz, S. (2003). Wege zu einer inklusiven Didaktik des Sachunterrichts – das Modell der Didaktischen Rekonstruktion (Behindertenpädagogik und Integration). In G. Feuser (Hrsg.), *Integration heute: Perspektiven ihrer Weiterentwicklung in Theorie und Praxis* (S. 91–104). Frankfurt a. M., New York: Lang.

Stechow, E. von, Hackstein, P., Müller, K., Esefeld, M. & Klocke, B. (Hrsg.) (2019). *Grundfragen der Bildung und Erziehung (Inklusion im Spannungsfeld von Normalität und Diversität).* Bad Heilbrunn: Klinkhardt.

Sturm, T. (2015). Rekonstruktiv-praxeologische Schul- und Unterrichtsforschung im Kontext von Inklusion. *Zeitschrift für Inklusion*, 9 (4).

Die Autorinnen und Autoren

Dr.'in Uta Häsel-Weide ist Professorin für Sonderpädagogische Förderung im Fach Mathematik am Institut für Mathematik der Universität Paderborn.

Dr.'in Katharina Kammeyer ist Professorin für Didaktik der Evangelischen Religionslehre unter besonderer Berücksichtigung von Inklusion am Institut für Evangelische Theologie der Universität Paderborn.

Dr.'in Iris Kruse ist Professorin für Germanistische Literaturdidaktik mit dem Schwerpunkt Sprachliche Grundbildung am Institut für Germanistik und Vergleichende Literaturwissenschaft der Universität Paderborn.

Dr.'in Désirée Laubenstein ist Professorin für Sonderpädagogische Förderung und Inklusion in der Schule mit dem Förderschwerpunkt Emotionale und Soziale Entwicklung am Institut für Erziehungswissenschaft der Universität Paderborn.

Dr. Oliver Reis ist Professor für Katholische Religionspädagogik mit dem Schwerpunkt Inklusion am Institut für Katholische Theologie der Universität Paderborn.

Dr.'in Katharina J. Rohlfing ist Professorin für Psycholinguistik am Institut für Germanistik und Vergleichende Literaturwissenschaft der Universität Paderborn.

Franz Schröer ist wissenschaftlicher Mitarbeiter in der Arbeitsgruppe Sachunterrichtsdidaktik mit sonderpädagogischer Förderung im Department Physik der Universität Paderborn.

Dr.'in Claudia Tenberge ist Professorin für Sachunterrichtsdidaktik mit sonderpädagogischer Förderung im Department Physik der Universität Paderborn.